U0135602

前 言

早在孩提時代，我就認定炒作股票是致富的捷徑。這畢竟是一個公平競爭的場所，一場「某些人贏而另一些人輸」的零和對局（請注意，贏家永遠是經紀人）。致勝只要掌握一個原則：挑選上漲的股票，避開下跌的股票。非常簡單。

由雪城大學工學院畢業，當我從事第一份工作的時候，仍然抱持著相同的看法。每天早上，我打開報紙，挑選一些股票，把相關的決策貼在牆壁上。我的同事鮑伯也利用同一份報紙挑選股票。我的選股策略採用嚴格的基本分析，鮑伯的方法就簡單多了：閉起眼睛，揮舞著手臂，以食指點向報紙，然後張開眼睛，記錄所挑選的股票。

如此經過幾個月之後，我發現自己輸慘了。鮑伯隨意挑選的股票，績效遠超過我精選的股票組合。另外，我還發現自己由紙上模擬交易中學習許多東西。

遺傳自父母的猶豫與多疑心態，讓我深入研究 20 多家公司，最後才挑選自己最滿意的股票，實際進場買進。我在貨幣市場開戶，當時的時機很棒，存款利率高達 17%。乍看之下，存款利率水準所蘊含的投資風險似乎應該很高，實際不然。基本放款利率更高達 21%。

　　由於貨幣市場的投資相當成功，我鼓起勇氣，也開立一個經紀商帳戶，把省吃儉用累積的少許資金投入股票市場。同樣地，當時的時機很棒，剛好是一段大多頭行情的起點。我大約在$3½買進某支股票，然後看著股價一路上漲到$46½──這是我所擁有的第一支漲幅超過十倍股票。

　　事實上，一切並非進行得完全順利。我的股票投資組合規模快速成長，但我的就業生涯卻即將出現重大逆轉。我必須承認自己更換工作的頻率稍嫌過高，但最後還是找到一個我稱之為「老家」的地方，值得自己終生投入的工作場所──至少我自認為如此。當我在這家公司工作十年的週年日，收到大老闆的一封信。他感謝我過去十年來對於公司的貢獻，並且期待我將來能夠更成功。六個星期之後，我被裁員了。

　　我仔細評估當時的情況，決定自己──在年僅 36 歲的時候──已經受不了這一切。報紙上稱呼我們這類的人是「遺失的百萬人口」；換言之，基於各種理由，我們離職之後，沒有意願再進入職場。我們提早退休了。每個人──除了表妹瑪麗安之外──都認為我是神經病。當然，他們的看法完全正確。

　　長久以來，我對於股票技術分析都一直很感興趣。剛踏入市場的早期年代，我認為那些彎曲扭動的股價線形，只不過是某種神秘巫術的紀錄。可是，主要經紀商都高薪聘用一些技術分析人員，為什麼？某個偶然的機會裡，我看到一份雜誌《股票與商品技術分析》（ *Technical Analysis of Stocks and Commodities* ）。中午休息的時段，我經常搭電梯到樓下的圖書館，閱讀一些過期雜誌。過去，我雖然也看見自己購買的股票

顯現某些價格型態，但從來不認爲它們具有任何意義。當然，這些精心挑選的股票還是經常失敗，於是我對於股價型態開始產生一些敬意。每當我決定採取某項行動的時候，股票的基本經濟面往往非常樂觀，但技術面已經呈現趨勢變動的訊號。我所買進的股票可能立即賠錢，或者賣得太早而沒有取得合理程度的獲利。

類似情況或許也曾經發生在你身上。對於某支股票，你盡力研究經濟基本面的資料；一旦買進之後，股票可能在一年之內毫無動靜。更糟者，當你進場之後，股價立即暴跌。如果你曉得如何觀察股價走勢圖，答案都蘊含其中。走勢貫穿上升**趨勢線**，股價呈現頭肩頂排列，相對強弱指數（RSI）處於嚴重超買地帶。總之，各種技術指標都顯示你不應該買進──可是，如果你不願睜開雙眼，就看不到這些訊號。

你並不孤獨；我多年以來也是如此。最後，我對於自己的選股策略實在太失望了，於是決定踏入技術分析的領域。在圖書館裡，我閱讀許多這方面的書籍與雜誌，所得到的結論都大致相同：頭肩型態通常有效。可是，所謂「通常」究竟是什麼意思呢？代表 51%或 90%？沒有任何明確的結論。我不願意把辛苦賺來的錢，押在這些模稜兩可的陳述上；身爲工程師，我需要斬金截鐵的事實。所以，我編寫這本書。

本書最後附上一份「股價型態圖例一覽表」（下冊，第 1109 頁）。如果你懷疑某支股票的走勢呈現特定股價型態，但不知道確切的名稱，不妨查閱這份「圖例一覽表」。型態名稱之後，列示本書討論該排列的頁數。

　　本書各章按照型態原文名稱的英文字母順序排列，**讓讀
者**運用上方便於查閱*。關於每章內容的安排，首先提供重要
數據的「摘要資料」與概略討論。其次，「緣起」邀請你進一
步探索股價型態。「辨識準則」包括一份表格與詳細說明，使
你更容易篩選或驗證股價型態。對於某些較簡單的排列，「緣
起」與「辨識型態」合併處理。

　　「失敗案例」討論股價型態的各種失敗狀況與可能性。
接著是最重要的「統計數據」；當你遇到某個股價型態，自然
希望知道該型態的績效表現，以及其他種種值得參考的統計資
料。除此之外，你也希望知道特定股價型態的處理方法，這部
分內容請參考「交易戰術」。

　　如果你對於改裝汽車有興趣，或喜歡自己動手整修房子，
就瞭解正確工具的重要性。你不希望利用「一字形」螺絲起子
扭轉「十字形」的螺絲。雖然還是可以使用，但效果截然不同。
可是，某些情況下，你所需要的是鑿子，這或許就不是螺絲起
子能夠取代的。挑選適當的工具，瞭解正確的使用方法，結果
往往事半功倍。本書的宗旨就是如此，協助你正確判斷股價型
態，挑選適當的交易方法。有些股價型態意味著趨勢非常可能
反轉，你最好獲利了結或認賠出場。另一些股價型態沒有明確
的績效表現，最好避免介入。

---

* 譯按：基於這個緣故，本書「目錄」除了提供股價型態的中文名稱之外，
也附上英文名稱。

運用價格型態在股票市場賺錢，需要累積一些經驗才能辦到；關於這一點，我恐怕不能提供太大的協助，只能建議你首先從事一些紙上模擬交易。藉由這個管道，你不需實際支付代價，就能尋找適合自己個性的交易風格。評估紙上的模擬交易，你就能瞭解停損單是絕對必要的工具。你必須訓練自己，提升自己對於股價支撐與壓力水準的判斷能力，隨時調整停損，想辦法在頭部附近獲利了結或認賠出場，同時讓部位能夠保持繼續獲利的能力。

你也會發現目標價位衡量法則的重要性，尤其是在波動劇烈的行情中。本書針對各種股價型態所提供的平均獲利數據，往往只代表最佳情節的發展結果，操作上實際能夠取得的通常是「最經常發生漲幅或跌幅」。鑽石或許可以讓你獲得女朋友的芳心，但股價型態的菱形排列（鑽石形），績效通常不可捉摸。總之，除了理論方面的知識之外，還需要仰賴經驗的配合。

祝你好運！交易順利！

Thomas N. Bulkowski
1999 年 12 月

謝　詞

每個人的一生當中，通常都有幾個重要的轉捩點。幾年前，我魯莽地投稿給《股票與商品技術分析》雜誌（*Technical Analysis of Stocks and Commodities*）。該雜誌當時的主編 Thom Hartle 決定刊載我的文章，讓我覺得非常訝異與高興。這個事件引導我踏上截然不同方向的人生旅途。

大約投稿十多篇文章之後，我打電話給 Thom Hartle，提到我打算編寫一本書的構想。他非常熱心把我介紹給 John Wiley & Sons 的資深編輯 Pamela van Giessen。於是，我寫了一封電子郵件給她，開啟了另一扇人生的大門。

我很難透過文字表達自己對於 Thom Hartle 與 Pamela van Giessen 的謝意。當然，在我的寫作過程中，還有很多人提供協助，例如我的弟弟吉姆，他經常幫我整理稿子，支持與鼓勵我。對於這些人，我非常謝謝他們。

Thomas N. Bulkowski

譯　按

1.　　譯者把排列（formation）與型態（pattern）視爲同義語，整理型態（consolidation pattern）與連續型態（continuation pattern）也視爲同義語。

2.　　關於時間計算單位，一般書籍或文獻都按照傳統方式界定「年」、「月」、「星期」的意義。**換言之**，1 年代表 365 個行曆天數或大約 252 個交易日；1 個月代表 30 個行曆天數或大約 22 個交易日；1 個星期代表 7 個行曆天數或 5 個交易日。

　　本書採用非常特殊的定義：1 年代表 12 個交易月份或 365 個交易日；1 個月代表 4 個交易週或 30 個交易日；1 星期代表 7 個交易日。所以，本書所謂的 1 年，幾乎是一般的 1.5 年；本書所謂的 3 個月，幾乎是一般的 4 個月。

　　可是，本書也不完全採用前述的定義。舉例來說，當作者解釋股價走勢圖的時候，月份通常都是指一般的行曆月份（因爲股價走勢圖的橫軸時間單位設定爲行曆月份）。

　　由於作者使用時間單位，通常都沒有特別說明，很容易造成困擾（舉例來說，作者曾經提到「3 個月以內的**趨勢**視爲短**期趨勢**」，這種觀點與傳統見解相同，傳統見解把 3 個月定義

為 3 個行曆月份，但我們很難判斷作者究竟是引用傳統觀點或把「3 個月」定義為 90 個交易日）。因此，碰到這種情況，譯文通常會稍做整理，不直接翻譯原文，儘可能避免模稜兩可的陳述。

3. 作者在本書中不斷強調一個觀念：眾數（mode）的參考價值高於平均數（mean）。關於這點，譯者並不贊同；如果讀者有興趣的話，可以翻閱統計教科書。

4. 所謂的「5%失敗」，是指價格朝某個方向突破，但還沒有出現 5%的跟進走勢之前，價格又朝相反方向發生顯著的走勢。請注意，根據本書作者的用法，5%失敗是指股價型態失敗，不是指突破失敗。譯者認為這種用法徒增困擾，因為「5%失敗」根本就是一種「假突破」，不是嗎？

價格型態大體上可以分為兩類，第一類具有預期突破方向（例如：頭肩底或雙重頂），第二類沒有明確的突破方向（例如：等腰三角形或矩形排列）。作者認為第一類價格型態有兩種失敗情況，一是型態本身失敗（例如：頭肩底完成——突破頸線——之前，價格跌破「頭」部谷底；或雙重頂完成之前，價格向上穿越雙重頂的較高峰位）；一是 5%失敗情況。第二種價格型態只有 5%失敗情況（定義與前者相同），因為這種型態沒有預期突破方向，所以型態本身不會失敗。

根據譯者的看法，第一類價格型態也有兩種失敗情況，一是積極的失敗（因為發生某種行為而失敗），或型態本身失敗（如同前述）；一是消極的失敗（因為沒有發生某種行為而

失敗），或「不了了之」的失敗（舉例來說，雙重底既沒有完成——沒有向上突破兩個谷底所夾的峰位水準——價格也沒有跌破雙重底的較低谷底，但走勢持續發展而讓既有的雙重底排列失去意義）。第二類價格型態只有「不了了之」的失敗（例如：等腰三角形排列沒有向上突破，也沒有向下突破，只是漫無目標的穿越三角形頂點；或者，矩形排列沒有向上或向下突破，但隨後的走勢沒有持續觸及矩形的上限或下限，使得既有的矩形排列失去意義）。

至於作者所謂的「5%失敗」，雖然可以定義在第一類價格型態，但沒有必要性，第二種價格型態不能合理界定「5%失敗」的意義。

讓我們考慮頭肩底排列，假定價格向上突破頸線，但幅度不足 5%，隨後又向下折返而貫穿頸線，如果價格向下折返的幅度夠大，根據作者的說明，稱為 5%失敗。這個定義顯然有困擾，多大的價格反向走勢才算「夠大」。所謂失敗，應該是指型態失敗而言；唯有當反向價格走勢跌破「頭」部的谷底，才算失敗。由另一個角度說，只要型態沒有失敗，不論價格反向走勢有多大，都稱不上失敗。所以，5%失敗應該定義為：價格向上突破頸線，但幅度不足 5%，隨後又向下折返而跌破「頭」部的谷底。請問：「某個曾經發生假突破的失敗頭肩底」與「5%失敗的頭肩底」，兩者之間有什麼差別呢？後者除了曾經發生假突破之外，難道不是一般的失敗頭肩底嗎？

第二類價格型態不會發生積極的失敗；由於這類價格型

態不會因爲發生某種行爲而失敗，所以 5%失敗根本不能定義。就矩形排列來說，不論價格突破矩形排列的上限或下限，型態都沒有失敗。如果價格先突破上限，但沒有發生 5%以上的跟進漲勢，稍後突破下限而繼續走低，我們不能稱此爲 5%失敗的矩形排列，因爲這個排列根本沒有失敗，它成功向下突破，先前的向上突破只能視爲假突破。（當然，如果排列最後成功向上突破——不是向下突破——結論也相同。）即使價格隨後沒有突破下限，結果演變爲「不了了之」的失敗，頂多也只能說：這個失敗的矩形曾經發生向上假突破（請注意，此處的「失敗」不是因爲「5%失敗」而失敗）。

結論，對於第一類價格型態，沒有必要定義 5%失敗，否則只是徒增困擾，因爲 5%失敗只是曾經發生假突破的一般失敗型態。對於第二類價格型態，5%失敗與排列是否失敗完全沒有關聯，只不過代表型態曾經發生假突破，而且該型態可能屬於成功的排列。

目 錄

《上冊》

《下冊》

導 論

吉姆正在困境中掙扎。

他是 JCB 超級市場的老闆，鎮上的競爭者把他打得落花流水；吉姆的帳冊上佈滿紅字。他決定採取行動：把 JCB 公開上市。他打算運用公開上市籌措的資金，買下競爭對手，同時在鎮上增添幾個新店面。

由於銷貨數量增加，使得吉姆能夠運用議價能力降低進貨成本。他把節省的部分成本轉移給客戶，獲利增加部分又再投資而成立更多的店面。

吉姆打電話給他的朋友湯姆，告訴他有關業務擴充到全州的計畫。他們聊了一會兒，討論業務擴充的管理策略，彼此交換意見。掛掉電話之後，湯姆決定花一番功夫研究 JCB 的營運。他拜訪了幾家 JCB 超級市場，看到的情況都非常類似：停車場擠滿車子，營業場所人來人往，顧客手推車上都堆滿商品，收銀櫃檯前面大擺長龍。他與一些顧客閒聊，嘗試瞭解顧客的性質，甚至向卸貨的供應商探聽一些消息。回到辦公室之後，他徹底分析 JCB 的財務報表，並且研究競爭對手的情況。核對所有的細節之後，他打電話給自己的財務投資主管，指示他在$10 以下買進 JCB 超級市場的股票。

擴充計畫的新聞傳開之後，金融市場開始恐慌。當時的經濟情況不太理想，甚至可能出現景氣衰退的狀況，顯然非常不適合擴充業務。JCB 股價跌破$10，湯姆的手下開始採取行動，默默吸進股票，沒有引起任何疑惑。可是，股價還是上漲了。先是回升到$11，然後繼續上漲到$12，最後攀升到$13 才開始回檔。

幾個月之後，經濟景氣仍然沒有起色。股價持續下跌到$9。湯姆打電話向吉姆查詢最近發生的一些新聞之後，又指示手下買進更多的股票。湯姆發現，吸進 JCB 股票的過程非常順利，因為投資人賣出股票的意願很強，尤其是在年底節稅相關的賣壓中。

六個星期之後，JCB 公佈銷售業績，結果遠超過預期。股價在幾分鐘之內上漲 15%，當天收盤價為$10¾。這只不過是開始而已。六個月之後，整體情況顯示美國經濟不可能陷入衰退，每個人對於未來的發展都非常樂觀。JCB 股票觸及$20。

幾年之後，股票經過多次分割，假期即將來臨。在 JCB 超級市場的門外，湯姆與一些離去的顧客聊天，發現大家都有相同的抱怨：廣告中的特價品都不見了。湯姆開始深入調查，發現貨物分派管道發生嚴重的問題。JCB 擴充得太快；每個星期增加一個店面，遠超出公司基本設施能夠應付的範圍。

湯姆瞭解，這是開始賣出股票的適當時機了。他指示公司的投資部門拋售 JCB 股票，但價格不得低於$28¼。在股價跌破底線之前，大約賣出三分之一的持股。

　　由於當時正處於假期，市場買氣很強，每個人都嘗試買
進一些什麼。沒有經驗的投資人，在他們認為便宜的價位大量
買進。一些大型經紀商也開始介入，試圖拉高股價，但湯姆瞭
解根本的情況。當 JCB 股價回到先前的高點之後，湯姆拋售
剩餘的全部持股。於是，股票做頭反轉。接下來的一個多月中，
股價逐漸下跌，速度非常緩慢，完全沒有緊急逃生的氣氛，只
有精明資金默默離場所激起的小漣漪。

　　不久，假日銷貨業績公佈，結果遠低於預期。市場出現
一些謠言，包括：貨物分派問題、舖貨錯誤與資金週轉問題。
幾個星期之前還大力拉抬股價的經紀商，現在開始建議客戶賣
出。JCB 股價在一天之內暴跌 39%。

　　少數分析師認為，JCB 股價已經超跌，投資人應該可以逢
低承接。很多人遵循經紀人的建議而買進股票。結果是天大的
錯誤。低檔的買進力道確實短暫推高股價，但新一輪的賣壓又
出現。股價每天都下跌一點，就像海浪逐漸蠶食沙灘上的碉堡。
兩個月的期間內，股價又下跌 30%。

　　JCB 超級市場宣佈，次一季盈餘可能遠低於市場估計水
準。股價又下跌 15%。公司方面嘗試解決貨物分派的問題，
但問題相當棘手。他們決定停止擴張，專心提高既有店面的獲
利能力。

　　兩年之後，湯姆攤開股價走勢圖。長期以來，JCB 股價一
路躺平，就像心臟停止跳動一樣。他打電話給吉姆，閒聊 JCB
超級市場的未來展望。吉姆對於網際網路的新零售概念非常有

興趣。他很興奮的談論著，辦公用品不需要營業場所就可以直接透過網路銷售。當然，其中還是涉及一些風險，因為網路商務仍然處於發展初期，但吉姆認為這個行銷管道的擴展應該非常快速。湯姆頗為認同，所以開始做這方面的研究，然後又買進 JCB 股票。

投資的足印

如果你閉起雙眼，默想 JCB 超級市場的股價走勢，應該可以發現三種價格型態：雙重底（double bottom）、雙重頂（double top）與迴光返照（dead-cat bounce）。對於有經驗的投資人來說，價格型態並不是毫無意義的鬼畫符；它們代表精明資金的足跡。這些足跡即是精明資金累積財富的途徑。對於某些人——例如：湯姆——他們深入研究，經過周詳的考慮，然後才會在某支股票上建立部位。他們就是創造這些足跡的人。他們就代表設定遊戲法則的精明資金；這場遊戲——任何人都可以參與——稱為「投資」。

關於交易決策，不論你採用技術分析或基本分析，都應該瞭解市場究竟在想些什麼。換言之，你應該詳細探究這些足印。這些足印可以帶你遠離懸崖，讓你及時出脫某支股票。印下這些足跡的腳，也就是踢醒你而向你許下賺錢承諾的腳。

本書提供一些工具，讓你審視投資足印，這些足印透露一些玄機：股價走勢的方向、距離與可靠性。這些工具不會讓你發財；很少工具能夠辦到這點。可是，它們是通往財富寶庫

的鑰匙——務必善用。

資料庫

如果你想測試自己對於某個價格排列的認識程度，不妨嘗試告訴電腦如何辨識價格型態。撰寫本書的過程中，我花費很多工夫在這方面。電腦程式協助我發現、分析與挑選 15,000 多個價格排列。電腦程式不能取代我的雙眼或大腦，而不過是另外一套輔助工具罷了。不妨把電腦程式看成另一雙客觀的眼睛，一位朋友碰碰你的肩膀說：「看看這裡，有一個蹦跳-奔馳反轉（bump-and-run reversal）。」

為了收集本書所需要的統計資料，我挑選 500 支股票做為觀察對象，完全採用日線圖，涵蓋期間都是 5 年（由 1991年中期到 1996 年中期）。這些股票包括道瓊工業指數的 30 支成分股，以及各種市值規模的股票。我所挑選的股票排除一些對象：走勢太過於單調（5 年期間的走勢都很平坦）或波動過份劇烈（成交量太小或每天價格區間太大）。

我通常會剔除價格在$1.00 以下的股票，因為這些公司隨時可能宣佈破產。資料庫內的股票，大多是在紐約證交所（NYSE）、美國證交所（AMEX）或那斯達克（NASDAQ）掛牌交易的美國著名公司。本書每章提供的說明範例，即是這些股票的代表性樣本。

某些價格排列非常罕見，以至於 2,500 年（500 支股票乘

以 5 年）的日線圖資料都不夠運用。這種情況下，我就運用目前使用的資料庫，其中包括另一套 300 支股票的圖形，涵蓋期間剛好銜接前一個資料庫。

1996 年~1996 年期間的股價表現

正式探討本書的各種價格型態之前，最好回顧這段期間內的整體市場表現。圖 I-1 是 S&P 500 指數的月線圖。由 1991 年中期開始，我們發現市場走勢相當猶豫，這種情況一直拖到 1992 年 1 月爲止。該月份的行情突然向上發展，可能是受到 1 月效應（January effect）的影響；然後，在 5 月份之前，整體趨勢朝下發展。（所謂 1 月效應，通常是指投資人基於節稅理由而在年底賣出股票，然後在 1 月份再買回。年底的賣壓未必會造成股價下跌，但 1 月份的買進經常造成短暫的推升力量。）1992 年的年底，1 月效應似乎提早發生，股價在 12 月份向上突破整理而創新高。往後，股票市場基本上處於漲勢，直到 1994 年 3 月份出現暴跌走勢，接下來的五個月連續上漲，然後連續下跌四個月。1995 年初，股票市場又恢復上升趨勢，而且步調加快。整個趨勢線的斜率非常陡峭，直到 1996 年初才遭遇一些亂流。

　　這一切究竟有什麼意義？整體而言——包括這 5 年期間與圖 I-1 沒有涵蓋的另外 2、3 年——股票市場處於大多頭環境內。可是，雖然整體股票市場明顯向上，但某些個股未必如此幸運。有些股票持續下跌，另一些股票先是大漲，然後反轉向下（不妨參考 1995 年期間的半導體與半導體資本設備類股）。

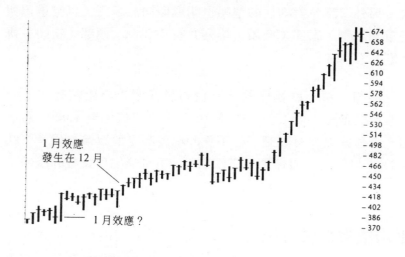

S&P 500 指數

1 月效應
發生在 12 月

—— 1 月效應？

圖 I.1　S&P 500 指數（1991 年~1996 年）

　　處於大多頭行情中，多頭型態的發生頻率較高，失敗的可能性較少，漲勢延伸的期間較長。大環境很理想——漲潮會載浮所有的船隻。

　　普通常識告訴我們，空頭排列失敗的機會較高，跌勢比較緩和。空頭型態可能消失；根本不會出現。股票經過一段漲勢之後，你預料會發生空頭反轉，但價格還是繼續走高，只是暫時停頓喘口氣而已。

　　統計數據也反映前述的現象。多頭排列——這類價格型態通常出現在下降趨勢之後，意味著行情將向上反轉——的發生頻率高於空頭排列。等腰三角形（symmetrical triangles）就是很

好的例子,向上突破的案例總共有 225 次,向下突破則只有 176 次。另外,許多對稱性的型態也明顯傾向於多頭,以雙重頂與雙重底爲例,底部（多頭）排列共有 542 例,頭部（空頭）排列則只有 454 例。

最後,漲、跌幅度的性質也對於多頭市場比較有利。一支股票的價格可能上漲 50%或 100%,也可能出現 1,000%的漲勢。上漲幅度沒有限制,但下跌的幅度呢？股票價格頂多下跌 100%；換言之,股價頂多下跌到 0,不可能出現負數的股價。

平均數與次數分配

本書經常提到次數分配（frequency distribution）,值得在此特別說明。討論次數分配之前,首先解釋平均數（average）的觀念。平均數是某些數據的加總和,除以這些數據的個數。舉例來說,如果你希望衡量五個價格走勢的報酬率（五個樣本讀數）,分別爲 30%、40%、50%、60%與 120%,平均報酬率爲 60%；換言之,把五個報酬率加總之後（300%）,除以個數（5）。

這個例子可以說明離群值──數值特別大或特別小的樣本──對於平均數的影響。如果前述報酬率不包括 120%,則平均數就下降爲 45%（180%÷4）。由於一個偏高的數據,使得整體平均數向上跳動,扭曲統計數據的真正代表性。當我們討論多頭排列的時候,這種扭曲現象很重要。假定我們考慮某特定價格型態的平均報酬率,如果一個案例的報酬率爲 600%,顯然會影響整體平均報酬率。我們不打算剔除離群值（換言之,

剔除報酬率特別高與特別低的案例），但採用次數分配。

「次數分配」聽起來似乎非常神秘，但實際上有其道理。建立次數分配的過程中，首先由樣本的最高與最低讀數決定次數分配的區間。把讀數區間劃分為 10 等份，因為你希望把所有的樣本讀數歸納到 10 個欄位（「10」是任意設定而經常採用的數據）。然後，你開始做歸納——把每個樣本讀數歸納到 10 個欄位中的適當位置。完成之後，針對每個欄位，計算樣本的發生個數（次數）；換言之，對於每個欄位，計算該欄位總共有幾個樣本讀數。這有一點像「韓信點兵」，不考慮每個士兵是高矮胖瘦，只是數人頭而已。

讓我們舉一個例子來說明。請觀察表 I.1，假定我正在研究某種價格排列的報酬率，總共有 50 個案例。為了單純起見，假定這 50 個案例的最低報酬為 5%，最高報酬為 95%。在表 I.1 中，第一個欄位容納報酬率低於 10%的案例，最後一個欄位容納報酬率高於 90%的案例。這個例子沒有顯示所有 50 個案例，只考慮最初 10 個案例，它們的報酬率分別為：8%、35%、70%、13%、95%、9%、6%、33%、3%與 63%。所以，8%屬於第 1 欄位、35%屬於第 4 欄位、70%屬於第 7 欄位、13%屬於第 2 欄位、95%屬於第 10 欄位……，63%屬於第 7 欄位，依此類推，把 50 個報酬率都歸納到適當欄位之後，計算每個欄位內的報酬率發生次數（請參考表 I.1 最下側一列）。

由表 I.1 最下側一列的數據可以發現，第一個欄位發生的次數最多（20 次），這個欄位代表報酬率低於 10%的案例。換言之，假定你發現某支股票也呈現此處所考慮的相同價格型

表 I.1　　某價格型態的次數分配

1 <10%	2 11~20%	3 21~30%	4 31~40%	5 41~50%	6 51~60%	7 61~70%	8 71~80%	9 81~90%	10 >90%
1			1						
		1							
									1
1									
1			1						
1									
						1			
…	…	…	…	…	…	…	…	…	…
20	8	6	5	5	1	2	0	0	3

附註：假定總共有 50 個案例，最後一列的數據代表每欄位的發生次數。

態，如果你投資這支股票，那麼報酬率最可能介於 0 與 10%
之間，因為這個報酬率區間代表最高的次數分配——在 50 個
樣本中，總共有 20 個案例（40%）的報酬率落在這個區間。
可是，如果我們考慮 50 個案例的平均報酬率，結果應該高於
10%，尤其是較高欄位代表的報酬率很高或發生的次數很多。

　　次數分配最高欄位所代表的報酬率，我稱為「最經常發
生報酬率」或「最可能發生報酬率」。某些情況下，幾個欄位
的發生次數可能彼此很接近，所以最經常發生報酬率變成幾個
區間的集合，例如：11~20%與 31~40%。請注意，如果某個價
格型態的最經常發生報酬率是 10%，你操作這個價格型態的
報酬率未必就一定是 10%。事實上，根據機率理論的大數法

則，只要你交易某類價格型態的案例夠多，最後的結果將逼近於該型態的平均報酬率——不是最經常發生報酬率。然而，我個人認為，最經常發生報酬率更能夠讓投資人瞭解特定價格型態的代表性績效或可靠性。

對於任何特定的價格型態，每當我希望顯示最經常發生或最可能發生的報酬率區間（換言之，每當我希望排除離群值對於平均數造成的扭曲影響），就會採用次數分配。這代表另一種觀點，投資者能夠運用的另一種工具。

運用價格排列進行投資

我可以把牙醫的鑿齒鑽子給任何人，但未必願意讓他接近我的牙齒。這本書的情況也是如此：*提供投資成功的必要工具*。本書告訴你哪些價格型態最可靠，哪些應該避開。至於你是否可以運用它們賺錢，則完全取決於你個人的慧根。

我稱本書為百科全書或總覽，因為這正是我運用本書的方式。每當我擁有或考慮買進的股票呈現某種價格型態，我就會參照本書的對應章節，提醒自己一些重點：型態辨識特質、績效或任何足以運用的資料。然後，我會觀察相同股票在不同時間刻度上是否呈現類似的型態，我也會觀察相同產業內的其他股票是否呈現類似的型態。我會詳細的對照，判斷這些資料是否能夠運用到當時的情況。另外，我也嘗試由錯誤中學習。

除此之外，我也針對每天追蹤的 250 支股票進行價格型

態的紙上交易（不要緊張，整體瀏覽一次，只需要一小時）。即使我自認為是一個有經驗的投資者（將近 20 年的經驗，要不然應該稱為什麼？），持續性的紙上交易也能夠讓我保持靈敏。這些操作讓扣動扳機的決策——買賣股票——由刻意行為變成自然反應。不斷檢視價格型態的表現，迫使我對於走勢排列、股票與市場產生一種直覺的感受。

培養投資風格

你如何培養一種投資風格？這是我最經常遭遇的一個問題，雖然實際的用詞可能更直接一些，例如：你如何投資股票賺錢？第一次碰到這個問題的時候，我不知道如何回答。如果你把某種藍色顯示給四個人，要求他們分別描述這種藍色的性質。其中一個人是色盲，所以你完全不考慮他的說法。某個人說，這是深藍色。另一個人說，這根本不是藍色，而是綠色。最後一個人則認為，這是藍色與綠色的混合。對於每個人來說，藍色就是藍色——只是不願彼此對照答案。

培養一種交易風格也類似如此。這是一種個人的努力，基本上是由經驗累積而成。我沒有辦法直接把經驗交給你，但可以建議一些方法，讓你取得自己的經驗。

假定你閱讀本書的某一章，然後買進第一支顯示該章價格型態的股票。這筆交易或許可以成功。對於初學者來說，第一筆交易幾乎總是成功，甚至第二筆或第三筆也是如此。可是，運氣畢竟不可靠（事實上，第一筆交易就可能失敗）。某一次，

當你按照價格型態進行投資，結果將失敗。你甚至可能遭逢一連串的失敗。你可能質疑自己的神智，質疑上帝，但你可以確定一點：這種做法無效！

大多數人購買股票，心態就像購買水果一樣。他們看一看，或聞一聞，然後就買下了。請注意，此處談論的不是價值 $1.59 的東西，而是花費數千元取得某家公司的部分所有權。

如果你曾經擔任某家公司的董事，就瞭解我在說些什麼。你被股東推舉或任命為董事，你與這些股東之間就存在信託關係，也必須承受對應的信託責任。你不只需要深入研究公司管理階層交給你的資料，還必須實地勘查，實際踢一踢輪胎。不要假定管理階層的看法必定正確或具有代表性。多聽、多看、多問，嘗試提供協助，但不要成為麻煩人物（我總是被歸納為麻煩人物）。身為一家公司的股東——公司的頭家——難道就有任何差別嗎？

最近，我曾經考慮買進某家公司的股票，因為它的股價走勢由等腰三角形向上突破。電腦程式告訴我，這家公司屬於機械產業，專門生產耐火產品。我繼續進行研究，最後發現自己還是全然不知道何謂耐火產品。雖然努力嘗試，但始終不能得到一般潛在投資對象給我的舒適感受。所以，我沒有實際買進這家公司的股票，雖然還是進行紙上交易。這種心態或許可以稱為「彼得林區徵候群」（Peter Lynch Syndrome）：對於你不瞭解或不能以一段話清楚解釋的東西，絕對不要投資。不錯的建議。

　　當然，如果你盲目地按照價格型態從事交易，而且結果確實有效，我難道可以宣佈你的做法錯誤嗎？顯然不行。透過這種方法，如果你能夠穩定的賺錢，那麼你已經發展一套適合自己個性的投資風格。

　　我的投資風格結合了基本分析、技術分析、情緒分析與資金管理。雖然採用技術分析，這並不表示我完全不理會本益比、股價／每股銷售金額比率或其他更深奧的分析數據。除此之外，我的投資還涉及情緒分析。完全空手幾個月之後，突然看見一個非常不錯的投資機會，我決定進場。三天之後，我又產生交易的念頭。為什麼？這顯然不是我應有的交易頻率。我之所以希望交易，究竟為了什麼？因為我渴望處在行動狀態中？或因為我希望某個女人知道我的存在？或向她炫耀我的荷包厚度？這正是紙上交易扮演的功能所在。我可以測試新的技巧，但沒有必要實際承擔資本風險。如果紙上交易的模擬足夠真實，我的潛意識就不能察覺紙上交易與實際交易之間的差異，也可以汲取相同的經驗。

　　解決情緒問題之後，就必須處理資金管理的問題。如何評估合理的獲利程度？如何決定自己能夠承擔的損失？如何設定適當的交易規模？什麼情況下應該加碼？某支股票需要多久才能達到我預期的目標區？是否應該挑選成功機率較小而走勢發動時間較快的對象？

　　運用圖形排列進行投資，基本上屬於一種機率的活動。只要嘗試的次數夠多，理論勝算就會變成實際獲利。當然，某些投資還是會失敗，你必須學習如何在虧損失控之前認賠出

場。反之，為了獲得最大的成功，應該讓獲利部位持續發展。可是，看著股票價格成長兩倍或三倍，千萬不可又望著它們下跌到原來的價位或更低。

當日沖銷 / 部位交易 / 買進-持有的投資

撰寫本書的過程中，我不斷考慮一個問題：價格型態運用上的最佳時間架構究竟是什麼？最適用於當日沖銷？部位交易？或買進-持有的投資？這些問題的答案都是肯定的。圖形排列可以協助當日沖銷者——這些人建立與結束交易部位的時間發生於同一天。許多當日沖銷者透過價格型態判斷支撐與壓力。他們只挑選可靠的價格排列進行短線交易。

部位交易者的持有期間超過一天，但不會超過幾個月。這種情況下，圖形排列可以用來設定進場點與出場點。我把自己歸類為部位交易者。如果某筆交易進行得不順利，就立即出場。如果交易進行得很順利，就沒有必要急著出場。當獲利達到最大，或者股票走勢已經告一段落，我就考慮結束部位。如同當日沖銷者一樣，我也嘗試挑選最可靠的價格型態，希望在最短時間內，取得最大的獲利。

對於買進-持有的投資人，圖形排列也可以提供進場與出場的訊號。我最近買進一家石油服務公司的股票，相信這項投資在兩、三年之內不會有顯著的報酬（結果判斷錯誤：股價在三個星期之內上漲一倍）。按照當初的想法，我估計這支股票的價格在三年之後可以到達 30 多塊，大概是最低價的六倍。

或許稱不上潛力黑馬股，但也不會很溫馴。短期內的發展並不
順利，我趁著股價下跌而加碼買進。由於我是基於長期觀點進
行投資，所以願意持續低價買進。如果這支股票沒有任何表現，
那麼我對於行情趨勢的判斷就發生錯誤，但也可以因此而得到
一場教訓。

交易範例

我們討論價格型態時，經常引用一些「交易範例」，這些範例
都屬於虛構的例子，只有等腰三角形底部的一筆交易為例外。
書中提到這些交易範例，主要是為了說明我所希望強調的技
巧。相關的人物純屬虛構，發生的背景或許有些不尋常，但我
希望讀者能夠體會如何增加獲利與侷限損失。

你是否喜歡這本書……

如果我花錢買下一本書，當然希望有一些收穫。我經常抱怨自
己完全不能由一本書中學習任何東西。另一些書籍提供的資訊
非常有意思，但沒有實際的用途，或是因為內容太深奧或成本
太昂貴。

　　我希望本書能夠提供真正的價值。讀者很容易查閱相關
的資訊，目錄按照英文字母順序列示所有的型態名稱，每章開
頭都列示價格型態的摘要資料，相關的建議也清楚顯示在表格
中。每種價格型態都透過許多例子說明。可是，如果你嘗試由

頭到尾閱讀本書，恐怕會昏昏欲睡——即使你患有最嚴重的失眠症也是如此。所以，不妨把本書看成一本工具書，進行交易之前，參考對應的章節。

如果本書協助你避開某些交易虧損，給你扣動扳機的勇氣，提高你的交易信心，或讓你的獲利增加，那麼我的目標就達成了。

❖　1　❖

擴張底排列

摘要資料

向上突破

外觀	排列發生之前,曾經出現延伸性的跌勢。 喇叭狀的型態,高點持續墊高,低點持續創下滑。向上突破。
反轉或整理	短期的(少於 3 個月)多頭反轉排列。
失敗率	2%。
平均漲幅	25%,最經常發生報酬率低於 10%。
成交量趨勢	不規則,通常隨著價格起伏:價漲量增／價跌量縮。
價格目標 　達成率	59%。
意外發現	排列末端出現部分漲勢,向下突破的可能性爲 67%;排列末端出現部分跌勢,向上突破的可能性爲 80%。
參閱排列	(2)上升直角三角形擴張排列,(3)下降直角三角形擴張排列,(4)擴張頂排列,(5)上升擴張楔形排列,(6)下降擴張楔形排列。

向下突破

外觀	排列發生之前，曾經出現延伸性的跌勢。 喇叭狀的型態，高點持續墊高，低點持續創下滑。 向下突破。
反轉或整理	短期的（少於 3 個月）空頭整理排列。
失敗率	6%。
平均跌幅	27%，最經常發生跌幅介於 15%與 20%之間。
成交量趨勢	不規則，通常隨著價格起伏：價漲量增／價跌量縮。
價格目標 　達成率	70%。
參閱排列	（2）上升直角三角形擴張排列，（3）下降直角三角形擴張排列，（4）擴張頂排列，（5）上升擴張楔形排列，（6）下降擴張楔形排列。

整理擴張底（broadening bottoms）的統計數據時，我必須重複查證，因為相關的結果不太尋常。在擴張底排列中，向下突破的績效超過向上突破。就整體價格型態而言，多頭排列的平均漲幅大約為 40%，空頭排列的平均跌幅大約為 20%；可是，擴張底向上突破的平均漲幅只有 25%，擴張底向下突破的平均跌幅卻有 27%。這項資料告訴我們，擴張底雖然可能向上突破，但這種型態基本上屬於空頭排列。如果型態向上突破，價格漲幅低於多頭型態平均水準（25%<40%），如果向下突破，價格跌幅超過空頭型態平均水準（27%>20%）。

報酬率次數分配所反映的最經常發生報酬率大約符合我們的預期：向上突破的漲幅為 10%，向下突破的跌幅介於 15% 到 20%之間，後者相對較高。

型態的失敗率非常低：向上突破為 2%，向下突破為 6%。關於失敗率，只要讀數低於 20%，我認為就可以接受。

擴張底的發展過程中，如果某次回檔只出現部分跌勢（換言之，該次回檔低點沒有觸及或靠近下側趨勢線），隨後反彈走勢向上突破的發生頻率為 80%；如果某次反彈只出現部分漲勢（換言之，該次反彈高點沒有觸及或靠近上側趨勢線），隨後折返走勢向下突破的發生頻率為 67%*。

緣起

讀者或許希望知道，擴張底與擴張頂（broadening top）之間究竟有什麼差別。就型態本身而言，兩者的結構完全相同，差別在於型態發生之前的走勢。擴張底發生之前，價格出現延伸性下跌趨勢；擴張頂發生之前，價格出現延伸性上漲趨勢。透過這個方法區別這兩種價格型態，雖然有些武斷，但我可以按照價格型態發生在 12 個月價格區間內的位置來區別擴張底與擴張頂（擴張排列位在價格區間的上半部，視為擴張頂，位在下半部，則視為擴張底）。可是，這種方法也有問題，萬一擴張排列發生在年度價格區間的中央，究竟應該視為擴張頂或擴張底？

所以，採用擴張排列發生之前的價格趨勢，也不一定能夠有效界定擴張頂與擴張底。如果這個價格趨勢呈現水平狀，或在排列開始之前突然變更方向，我就採用移動平均。換言之，

---

* 譯按：按照推理，一旦發生部分漲勢或部分跌勢，擴張排列就已經結束。

考慮 90 天期移動平均的趨勢向上或向下。一旦知道排列發生之前的趨勢發展方向，就可以定義擴張頂或擴張底。

　　某些人不認為擴張底排列存在，因為他們把所有的擴張排列都歸納為擴張頂。我決定區分這兩者，因為它們的表現或行為不同。關於型態分析，讀者也許希望結合兩者的統計數據，或進行自己的研究。

　　圖 1.1 是擴張底的範例。這屬於 5 點反轉的排列，因為總共有 5 個反轉點或轉折點，包括 2 個轉折低點與 3 個轉折高點。5 點反轉的情況相當罕見，在我考慮的 77 個擴張底排列中只

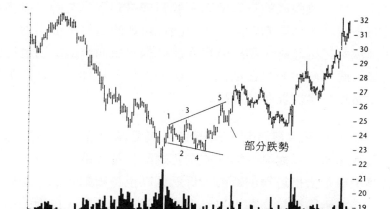

Banc One Corp.（銀行，NYSE，代碼 ONE）

圖 **1.1**　擴張底排列，屬於 5 點反轉的類型，因為有兩個反轉低點（標示為 2 與 4）與三個反轉高點（標示為 1、3 與 5）。

有 5 個。由 8 月底開始，價格出現延伸性跌勢，低點出現在排列開始之前的第 2 天。價格由這個低點向上反彈，然後出現第 1 個反彈高點，我仍然認為整個價格趨勢向下發展而進入擴張底排列。

圖 1.1 的擴張底排列出現部分跌勢。價格由$26（點 5）向下折返到$24½，位置遠高於前一波折返走勢的低點（點 4），然後向上反彈而穿越點 1／點 3／點 5 的延伸壓力線。大約在一年之後，股票創$38½的高價。

辨識準則

表 1.1 列示擴張底的辨識準則。擴張底排列發生之前，價格趨勢向下。在排列開始之前，可能出現短暫的價格上漲走勢，這部分漲勢可以忽略，仍然視為底部排列。這個辨識準則也符合直覺：底部應該發生在價格下降趨勢之後，延伸性價格漲勢的末端顯然不應該發生底部排列。

排列的形狀很清楚。這讓我想起混沌理論，一系列的小型上下起伏，偶爾發生無限的突兀擺動，造成重大的破壞。在股票市場，價格持續創新高，折返低點也持續創新低。如果繪製一條趨勢線銜接高點，另一條趨勢線銜接低點，排列的形狀類似喇叭型態。

銜接高點與銜接低點的兩條趨勢線很重要。銜接高點的趨勢線應該朝上傾斜，銜接低點的趨勢線應該朝下傾斜。這兩

表 1.1　擴張底的辨識特質

特質	討論
價格趨勢	進入排列的中期價格趨勢應該向下。
形狀	喇叭狀型態，高點持續墊高，低點持續下滑。
趨勢線	價格遵循兩條趨勢線：銜接高點的趨勢線向上，銜接低點的趨勢線向下。
觸及點	至少需要兩個轉折高點與兩個轉折低點，但轉折高點與轉折低點不一定交替出現（譯按：參考表 1.4 的解釋）。
成交量	不規則，但通常是價漲量增，價跌量縮。
突破	突破方向可能朝上或朝下，在明確突破之前，也可能出現長達數個月的橫向走勢。

條趨勢線的方向相互發散，使得擴張底不同於其他排列，例如：直角三角形擴張排列（其中一條趨勢線為水平狀）或擴張楔形（兩條趨勢線都向上或向下傾斜）。所以，擴張底的兩條趨勢線必須朝不同方向傾斜（上側趨勢線向上傾斜，下側趨勢線向下傾斜）。

　　擴張底至少需要兩個轉折高點與兩個轉折低點，如此才能構成有效的排列。換言之，如果轉折高點或轉折低點的個數少於兩個，就不能界定擴張底排列。何謂轉折高點或轉折低點呢？在某個排列內，價格經過一段上漲，然後向下拉回，在上檔形成顯著的反彈峰位，這稱為轉折高點。轉折低點的定義也非常類似：價格經過一段下跌，然後向上反彈，在下檔形成顯著的折返底部，這稱為轉折低點。圖 1.1 顯示五個轉折點，包括三個轉折高點(標示為奇數)與兩個轉折低點(標示為偶數)。請注意，轉折高點與低點不需要交替出現（如同圖 1.1 顯示的

情況），只要能夠找到兩個峰位與兩個谷底——不管發生的位置如何——就可以了（譯按：請參考表 1.4 的解釋）。

成交量的發展沒有什麼特殊之處。我由排列開始到排列結束（不是突破點，後者通常發生在排列結束之後的一個月）進行迴歸分析，發現成交量增加的情況大約只佔 58%（向上突破）或 59%（向下突破）的案例。所以，擴張底成交量增加的可能性，只稍高於純粹的巧合，不足以歸納出任何明確的結論。

如果你仔細觀察擴張底排列，就會發現成交量大多配合價格走勢發展。在圖 1.1 中，當價格由峰位 1 下跌到谷底 2，成交量縮小。當價格由谷底 2 上漲到峰位 3，成交量放大。可是，我們可以確定一點：成交量呈現不規則變動，價漲量增／價跌量縮只是大致上的情況，這個準則經常不成立。當我挑選擴張底排列的時候，完全忽略成交量型態。

在擴張排列的發展過程中，突破點很難辨識。如果由事後角度觀察，顯然相當容易。我觀察價格穿越上側或下側趨勢線的位置，或價格在排列結束之後出現持續性的走勢。如果價格在排列之內貫穿趨勢線，貫穿點就是突破點。如果價格上漲而沿著上側趨勢線發展，但沒有貫穿趨勢線，則由先前一個轉折高點畫一條水平直線，一旦價格向上貫穿這條水平直線，貫穿點就視爲突破點。（譯按：一段明顯的走勢沒有觸及或靠近對應趨勢線，擴張排列就告結束，雖然當時還沒有發生突破。）

讓我們考慮一個例子。請觀察圖 1.2 的擴張底。在排列出現的前一個月內，價格趨勢明顯朝下發展。兩條趨勢線向外發

Standard Microsystems Corp.（電腦與周邊，NASDAQ，代碼 SMSC）

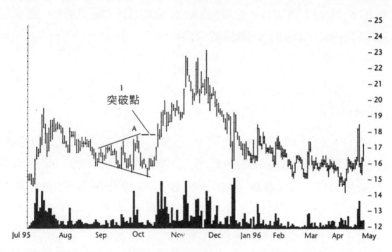

圖 1.2 　當價格上升穿越排列的最高點（A 點），擴張底視為突破。

散，這是擴張底排列的典型結構。轉折高點與轉折低點的數量
都不只兩個，符合表 1.1 的「觸及點」準則。

　　突破的位置在哪裡？目前這個例子很容易判斷。如果延伸
上側趨勢線，我們發現隨後的價格走勢顯然向上穿越趨勢線，
這意味著向上突破確實發生。接下來，讓我們決定突破的位置：
由排列內的最高點（A 點；換言之，最近的轉折高點）繪製一
條水平直線，價格向上穿越這條直線的位置就是突破點❖。

❖ 譯按：這種說法存在嚴重的矛盾。在圖 1.2 中，價格在 10 月中旬向上穿
越 A 點的水平位置（圖形標示為「突破點」），當時顯然不能判斷向上突破

圖 1.2 是典型的擴張底排列。向上突破發生在$18，突破之後的最高價爲$23½，由突破點衡量的漲幅爲 23%，幾乎等於擴張底向上突破的平均漲幅 25%。

失敗案例

擴張底排列的失敗案例總共只有三個：由好的方面來說，我們不需過份擔心排列失敗的可能性；由壞的方面來說，案例太少而不能提供有效的資訊。圖 1.3 是三個擴張底失敗的案例之一。由 4 月份到 8 月份之間的價格排列顯示，這似乎是一波暴跌走勢之後的迴光返照型態（dead-cat bounce）。任何股票只要顯現迴光返照的型態，不論排列多麼誘人，我都不建議介入。在隨後的 6 個月到 1 年期間內，股票逐漸復甦而恢復常態（或解決股價發生暴跌的原因）。

在排列發生之前的 3 個星期，價格出現迴光返照的巨幅反彈過程。由 6 月份開始，價格在排列頭部出現水平狀盤整，

是否發生，因爲我們不知道這波走勢是否會觸及上側趨勢線而折返（換言之，當時的擴張排列還沒有結束，根本不可能判斷突破發生）。事實上，突破應該發生在這波走勢向上貫穿上側趨勢線的位置（這個時候擴張排列才結束）；換言之，貫穿點就是突破點，也是排列結束的位置。反之，在圖 1.1 中，當部分跌勢發生時，擴張排列已經結束，但突破還沒有發生。稍後，當收盤價向上穿越點 5 的水平位置，就是爲向上突破點。此處的突破點顯然不是上側趨勢線的貫穿點。圖 1.3 的情況也一樣，6 月份發生部分跌勢，擴張排列已經結束，關於隨後可能發生的突破，位置應該考慮排列高點或低點。總之，關於突破的位置，首先應該考慮排列當時是否已經結束；如果已經結束，突破位置是排列高點或低點；如果突破當時才結束，突破位置是趨勢線貫穿點。

持續到 8 月初轉趨下跌。這段過程內，價格向上穿越排列高點
（參考 A 點）。

　　我所謂的突破，是指收盤價突破而言。就圖 1.3 來說，首
先發生盤中突破的當天收盤價為 $33^7/$_8$，遠低於排列高點
$34¼，所以不視為向上突破。兩天之後，盤中價格再度向上
穿越 A 點，但收盤價還是低於排列高點。

　　價格嘗試向上突破而失敗之後，由 7 月中旬開始走軟。8
月底之前，收盤價跌破排列低點；當時，排列低點為 $30^3/$_8$，8
月底的最低收盤價為 $29^7/$_8$。雖然收盤價向下突破排列低點的
程度只有 50 美分，但已經構成有效的向下突破。在向下突破
發生之後的一個星期內，價格暴漲到 $33，然後繼續上升，只
是趨勢稍微緩和。

　　圖 1.3 是我所謂的 5%失敗狀況：價格雖然向下突破，但
沒有出現 5%以上的跟進跌勢，就開始向上反轉。同樣的定義
也適用於向上突破的失敗狀況：價格雖然向上突破，但沒有出
現 5%以上的跟進漲勢，就開始向下反轉。

統計數據

表 1.2 顯示擴張底向上突破與向下突破的一般統計數據。在我
通常採用的 500 支股票 5 年期資料庫中，由於擴張底的案例不
多，所以此處也包括我目前使用的 300 支股票資料庫，期間大
約是 3 年，剛好銜接前一個資料庫的時間，沒有重疊的部分。

American Brands, Inc.（煙草，NYSE，代碼 AMB）

圖 1.3 這個擴張底排列發生在迴光返照型態的復甦過程中。當收盤價向下貫穿排列低點，向下突破視為完成。A 點顯示盤中價格向上穿越排列高點，但收盤價並沒有穿越，所以不視為向上突破。這個擴張底排列之所以失敗，因為價格向下突破之後，並沒有出現 5%以上的跟進走勢，就開始向上反轉。

請注意，相對於 1991 年~1996 年的 5 年期間（2,500 年的日線價格資料），1996 年~1999 年的 3 年期間（900 年的日線價格資料）的擴張底案例較多，前者為 35 例，後者為 42 例。

在所有的 77 個案例中，擴張底向上突破全部屬於既有**趨勢**的反轉排列，向下突破則完全是整理排列。前文曾經提到，**擴張底**排列發生之前，價格處於下降趨勢，所以前述現象非常合理：擴張底向上突破（45 例）完全是反轉排列，因為向上

表 1.2　擴張底的一般統計數據

說明	向上突破	向下突破
排列數量： 1991 年~1996 年的 500 支股票共有 35 個；1996 年~1999 年的 300 支股票共有 42 個	45	32
反轉或整理排列	45 個反轉	32 個整理
失敗率	1/45 相當於 2%	2/32 相當於 6%
成功排列的平均漲幅 / 跌幅	25%	27%
最經常發生漲幅 / 跌幅	10%	15%~20%
在成功排列中，符合或超越目標價位者	26 個或 59%	21 個或 70%
排列平均長度	2 個月（61 天）	2 個月（57 天）
部分上漲而最後下跌		12/18 相當於 67%
部分下跌而最後上漲	16/20 相當於 80%	
3 個月內發生趨勢反轉的百分率	48%	52%

突破與原先下降趨勢的發展方向相反；擴張底向下突破（32 例）完全是整理或連續排列，因為向下突破與原先下降趨勢的發展方向相同。

　　排列完成之後的失敗率很低，向上突破為 2%，向下突破為 6%。我認為失敗率之所以偏低的理由如下。擴張底排列的兩條趨勢線相互發散，價格擺動愈來愈大，如果價格朝某個方

向突破，當時正夾著最大的動能，所以突破之後不太容易立即改變方向（在 5%的跟進走勢發生之前）。換言之，已經發生的突破趨勢傾向於繼續發展。

擴張底向上突破的平均漲幅爲 25%，向下突破的平均跌幅爲 27%。這兩個數據都不太尋常：結構完整的一般多頭排列，平均漲幅爲 40%；正常的空頭排列，平均跌幅爲 20%。由此觀察，擴張底基本上屬於空頭排列，完成之後的向上漲幅低於平均水準，向下跌幅則超過平均水準。

向上突破的最經常發生漲幅爲 10%，大約屬於平均水準；向下突破的最經常發生跌幅爲 15%~20%，超過常態水準。圖1.4 顯示向上突破與向下突破的次數分配。我稱最高欄位爲**最經常發生漲幅或跌幅**，因爲這是發生次數最多的欄位（在所有的樣本排列中，落在該欄位的樣本個數最多）。如果某人針對該排列進行投資，這也是最可能發生的報酬率。

次數分配的形狀看起來有些奇怪，最經常發生漲幅或跌幅集中在兩個區域：一是由 10%到 25%，另一是在 35%以上。這可能是因爲樣本太小的緣故，總共只有 45 / 32 個案例分配在 10 個欄位中，所以形狀古怪。

擴張底的目標價位，是由突破點向上或向下衡量排列的高度（詳細內容請參考「交易戰術」一節）。擴張底向上突破之後，只有 59%的案例達成目標價位；向下突破之後，則有 70%的案例達成目標價位。就我個人的看法，如果價格型態足夠可靠，排列完成之後達成目標價格的比率至少應該是 80%；所

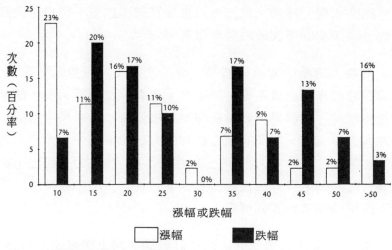

圖 1.4　擴張底報酬率次數分配

以，前述兩個數據顯然都偏低。

　　向上突破與向下突破的擴張底排列平均長度非常接近，大約都是 2 個月。由於 2 個月是平均數，實際的長度可以是任何數據。如果你希望強調擴張底的最大特色，或許就是型態的發展時間。價格擺動於高限與低限之間，需要時間來醞釀與進行。

　　擴張排列有一種異常現象：部分漲勢或部分跌勢。圖 1.1 就是一個典型的部分跌勢案例：價格由反彈高點向下拉回，正常地朝下發展，但折返低點還沒有創新低之前，價格突然向上反轉，然後向上突破。在所有的案例中，只要發生部分漲勢，67%的案例隨後出現向下突破；只要發生部分跌勢，80%的案例隨後出現向上突破。所以，如果你在擴張底發展過程中看見

部分跌勢或部分漲勢，或許可以進場買進或放空，因為隨後發生向上突破或向下突破的機率很高。

某些人認為，當擴張底向上突破之後（具有多頭意涵），距離最終的高點已經不遠；換言之，主要峰位即將出現，隨後將發生延伸性的跌勢。我曾經檢定這項假設，結果發現這種說法基本上不正確。在所有擴張底向上突破的案例中，大約只有48%在突破之後的 3 個月內出現趨勢反轉（峰位）。我想，在3 個月的時間之後，已經屬於另一季財務報表的影響範圍，股價下跌應該由其他原因解釋。

表 1.3 顯示擴張底突破的統計數據。向上突破總共有 45個案例，向下突破總共有 32 個案例。一旦排列結束之後，**實際突破的發生時間大約在 1 個月之後**。如同前文解釋的，所謂「突破」，是指收盤價穿越上側或下側趨勢線，或價格沿著**趨勢線發展一段期間，收盤價穿越排列高點或低點**。排列一旦向上突破，價格峰位大約出現在 4 個月之後；排列一旦向下突破，價格谷底大約出現在 3 個月之後。

突破通常發生在年度價格區間的哪個位置？為了回答這個問題，我把年度價格區間分為三等份（下緣／中央／上緣），依此考慮每個排列的突破位置。向上突破的突破點位置通常落在中央或下緣的部分，意味著整個型態位在價格區間的偏低位置。這是相當合理的現象，因為向上突破的擴張底發生之前，曾經出現一段延伸性的價格跌勢。可是，突破點位在排列本身的上端，大概靠近年度價格區間的中央偏低位置。向下突破的突破點位置通常落在年度價格區間三等份的上緣。

表 1.3　擴張底突破的統計數據

說明	向上突破	向下突破
突破次數	45 個或 58%	32 個或 42%
排列結束與突破的相隔時間	28 天	36 天
對於成功的排列，突破與 最終峰位 / 谷底的相隔時間	4 個月 (123 天)	3 個月 (95 天)
突破點位在最近 12 個月價格 區間的下緣、中央或上緣	下緣 40% 中央 42% 上緣 19%	下緣 78% 中央 15% 上緣 7%
前述突破位置的 平均漲幅 / 跌幅	下緣 26% 中央 23% 上緣 26%	下緣 30% 中央 28% 上緣 22%

　　我們希望瞭解突破點位置與隨後價格漲幅 / 跌幅之間的關係。向上突破的突破位置落在最近 12 個月價格區間的下緣或上緣，突破之後的平均漲幅都是 26%。對於向下突破，如果突破位置落在近 12 個月價格區間的下緣，隨後的跌幅平均為 30%。如果突破位置落在價格區間的上緣，隨後走勢的平均跌幅為 22%。

　　表 1.4 顯示最後一組統計數據——按照排列內的交替觸及點個數來劃分（觸及點是指觸及趨勢線的轉折點）。請注意，根據擴張底辨識條件的規定（參考表 1.1），排列中至少需要兩個轉折高點與轉折低點，這與目前考慮的交替觸及點不同。舉例來說，在擴張底的定義中，兩個轉折低點之間可以不存在轉折高點的觸及點（請參考圖 1.1，點 4 之後又出現一個轉折

表 1.4　　交替觸及點個數與成功突破次數之間的關係

交替觸及點個數	向上突破		向下突破	
	個數	累積%	個數	累積%
3	10	23%	4	13%
4	12	52%	13	57%
5	10	75%	8	83%
6	6	89%	2	90%
7	3	95%	3	100%
8	1	99%	0	100%
9	1	100%	0	100%

低點，但兩個轉折低點之間不存在轉折高點的觸及點。換言之，
兩個轉折低點之間的反彈走勢高點沒有向上穿越前一波反彈走
勢的高點，也就是說目前這個反彈高點沒有觸及上側趨勢線）。
可是，此處所謂的交替觸及點，是指兩個同向觸及點之間必須
存在另一個反向觸及點；舉例來說，兩個觸及高點之間必須存
在一個觸及低點，也就是說觸及高點與觸及低點必須交替出
現。此處考慮所有的擴張底案例，計算每個案例的交替觸及點
個數，然後觀察交替觸及點個數與突破頻率之間的關係。由表
1.4 可以發現，4 個交替觸及點的擴張底排列，發生突破的案
例最多，向上與向下突破各有 13 個。可是，在向上突破的案
例中，最常見的交替接觸點個數介於 3 個到 5 個之間。

　　這有什麼意義呢？如果你擁有或考慮買進的股票出現擴
張底排列，可以計算排列內的交替觸及點個數。如果排列內有
4 個交替觸及點，下一波走勢很可能發生突破。根據表 1.4 的

數據顯示，4 個交替觸及點發生之後，向上突破的可能性為 52%，向下突破的可能性為 57%（第 1 個觸及點的位置可以決定突破方向：如果第 1 觸及點在上側，4 個交替觸及點發生之後很可能向上突破）。

此處說明觸及點的計數，請參考圖 1.1 的標示。我不把進入排列的第一點視為觸及點。在圖 1.1 中，進入排列的第一點大約在$23^1/_8$。價格由$23^1/_8$上漲，出現峰位而向下反轉，這個峰位是第 1 個觸及點。價格下跌穿越$23^1/_8$而出現新低的觸及點。請注意，第 4 個觸及低點發生之後，隨後又出現另一個觸及低點，這兩個觸及低點之間夾著轉折高點，但轉折高點並沒有觸及上側趨勢線，所以隨後出現的另一個觸及低點不計數。

交易戰術

表 1.5 顯示擴張底的交易戰術。第一個戰術是決定進場交易的獲利潛能。這個衡量法則有助於預測目標價位。把排列最高價減去排列最低價，結果是排列的高度。把排列最高價加上排列高度，結果就是向上突破的目標價位，把排列最低價減去排列高度，結果就是向下突破的目標價位。

圖 1.5 清楚顯示計算程序（參考第 39 頁）。A 點是排列最高價$14^1/_8$，B 點是排列最低價$12，排列高度是$2^1/_8$。由排列高價向上衡量排列高度，向上突破的目標價位是$16¼；由排列低價向下衡量排列高度，向下突破的目標價位是$9^7/_8$。由圖 1.5 可以看見，價格向下突破之後，始終沒有接近目標價位。

表 1.5　擴張底的交易戰術

交易戰術	解釋
衡量法則	設定排列內的最高價與最低價，計算兩者的距離。由突破點向上或向下衡量前述的距離，結果就是向上突破或向下突破之後的目標價位。
低點買進	一旦判定擴張底排列之後，買點設定在股票於低點向上轉折的位置。
多頭停損	停損點設定在轉折低點下側 1/8 點處，防範趨勢向下反轉。
高點放空	賣點設定在股票於高點向下轉折的位置。
空頭停損	停損設定在轉折高點上側 1/8 點處。當股價觸及下側趨勢線而向上轉折，回補空頭部位。如果排列向下突破，在目標價位或任何支撐水準附近回補。
調整停止點	一旦價格穿越前一個轉折高點（多頭部位），將停止點調高到前一個轉折低點；一旦價格穿越前一個轉折低點（空頭部位），將停止點調降到前一個轉折高點。
其他	如果擴張底出現部分漲勢或部分跌勢，前者適合放空，後者適合做多。

對於向下突破的擴張底，價格滿足衡量法則的達成率為 70%，向上突破更只有 59%。我認為，可靠價格型態滿足目標價格的達成率至少應該有 80%，前述兩個數據都明顯偏低。

　　當你看見某個擴張底排列出現兩個轉折高點與兩個轉折低點，就可以考慮進場交易。價格由下側趨勢線反彈，適合買進股票。當價格向下反轉時，考慮賣出。向下反轉可能發生在部分漲勢之後，也可能觸及上側趨勢線之後才反轉。請注意，反彈走勢也可能演變為向上突破，所以不要太早賣出而縮減獲利。

在上升走勢中，把停損點設定在轉折低點的下側 1/8 點處。萬一股票向下反轉，多頭部位可以侷限損失。當股價朝上側趨勢線發展，一旦股價穿越前一個轉折高點，停止點可以移到前一個轉折低點下側 1/8 點處。轉折低點可以扮演支撐功能，結束多頭部位之前，應該讓股票有機會在支撐點反彈❖。

向下突破也採用相同的交易戰術。當價格觸及上側趨勢線而開始向下反轉，進場放空股票。停損點設定在排列最高點上側 1/8 點處，然後祈禱股價下跌。如果蒙受幸運之神的眷顧而股價確實朝下發展，把停止點向下調降到前一個轉折高點的上側 1/8 點處。

如果擴張底排列出現部分漲勢或部分跌勢，可以考慮採取行動。這是相當可靠的突破訊號。部分漲勢意味著向下突破，正確機率有 67%；部分跌勢意味著向上突破，正確機率有 80%。不要錯失這類勝算偏高的機會，但必須把停損點設定在最近轉折點的上側或下側 1/8 點處，防範意外情況發生。

交易範例

蘇太太自認為是家裡的智慧主宰。蘇先生是一位水泥工，這幾

❖ 譯按：關於停損點的調整，此處的說明過份簡略。以圖 1.1 為例，假定多頭部位建立在第 4 點向上反彈之後，起始停損設定在第 4 點下側 1/8 點處，一旦價格向上穿越第 3 點，把停止點調高到第 2 點下側 1/8 點處。空頭部位的情況也類似。

天正因為天氣下雨而在家裡休息，她則忙著敲鍵盤，服侍她的電腦主人。蘇太太是一位相當活躍的股票交易者，甚至不害怕建立股票空頭部位，只要放空對象的基本面與技術面都非常弱的話。金融投機的壓力或許很大，但賺錢的機會也很多。

當她察覺圖 1.5 的擴張底排列，就開始追蹤分析。1991 年 11 月初，股價曾經創 $37^3/_8$ 的高價，然後就一路走低。現在是 1993 年 4 月下旬，股價位在 $14 附近，她懷疑下檔還有多少空間。沿著排列上緣與下緣分別繪製趨勢線，計算交替觸及點的個數（圖 1.5 標示三個觸及點，A 點是第 4 個觸及點）。

由於大多數擴張底排列都在完成四個交替觸及點之後就進行突破，而且當時價格正由排列頭部向下轉折，她猜想股價可能直接向下貫穿下側趨勢線。所以，她在 $13^7/_8$ 放空。當然，這是一場賭博，但她自認為掌握勝算。雖說如此，空頭部位建立之後，她還是立即把停損買單設定在 $14^1/_4$（A 點上側的 1/8 點處）。

兩天之後，股價開始暴跌，在 B 點觸及下側趨勢線。蘇太太非常高興，因為交易通常不會如此順手。她決定保障既有的獲利，把停止買單調降到最近轉折低點（C 點）上側 1/8 點處，相當於是 $13¾。然後，等待。

股價觸及下側趨勢線之後，並沒有如她預期的直接貫穿，而是向上彈升。她決定耐心觀察，看看隨後的走勢。由於停止買單設定在當初放空的價位附近，部位應該不會發生虧損，所以她不覺得有什麼壓力。

Acuson Corp（醫療供應品，NYSE，代碼 ACN）

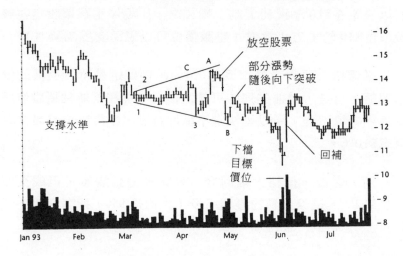

圖 1.5　五個交替觸及點的擴張底排列。由於發生部分漲勢，預料向下突破。

　　股價在$12\frac{1}{8}$觸及支撐而止跌，然後向上反彈，結果在出現部分漲勢之後又下滑。反彈峰位出現之後的第二天，她相信股票下一次觸及下側趨勢線必定會突破。於是，她在$12¾加碼放空。蘇太太的判斷不完全正確。股價雖然下跌，但不久之後又向上反彈。她調整停止買單的數量，但價位仍然設定在$13¾，然後繼續等待。股價緩慢攀升，最後在$13\frac{1}{8}$創反彈高點之後下跌。這次的跌勢相當兇猛，在下側趨勢線的支撐區稍做停頓，然後貫穿。

　　股票跌破 B 點之後，蘇太太把停止點移到 B 點上側的 1/8 點處，相當於$12\frac{1}{8}$。然後，利用衡量法則計算下檔的目標價

位，結果是$9⁷/₈。她非常懷疑股價滿足這個目標價位的可能性，所以決定在$10¹/₈獲利了結；換言之，出場停止買單設定在整數價位$10的上方1檔處（整數價位可以視爲支撐或壓力）。

當價格夾著大量暴跌到$10³/₈，她懷疑這是單日反轉的價格型態。可是，這種排列的可靠性很低，實在不能判斷股價將反轉或繼續下挫，所以她決定不採取行動，出場點還是設定在原處$10¹/₈。

兩天之後，價格大幅回升，停止點遭到觸發，但成交價格是$12¹/₈。這筆交易的獲利不多（大約是9%，持有期間1個多月），但得到一點經驗，銀行戶頭的存款也多了一些。

❖ 2 ❖

擴張排列
上升直角三角形

摘要資料

外觀	水平狀底部，高點持續墊高，上側趨勢線向上傾斜。
反轉或整理	短期的（少於 3 個月）空頭反轉排列。
失敗率	34%。
等待突破之後的失敗率	9%。
平均跌幅	18%，最經常發生跌幅大約是 10%。
成交量趨勢	不規則。
回升	72%。
價格目標達成率	43%；採用排列高度的一半，達成率為 91%。

這個型態經常讓人誤以爲價格具有上漲的傾向，因爲排列的名稱是上升直角三角形擴張排列（right-angled ascending broadening formations）。然而，它實際上屬於短期空頭反轉排列。這不是什麼特殊的發現，很多書籍都曾經討論上升擴張排列的空頭性質。排列名稱中的「上升」，是指轉折高點持續墊高的現象。這個排列的底部呈現水平狀，但上側趨勢線向外發散，通常向右上方傾斜。

「摘要資料」內沒有什麼令人訝異之處。如果在向下突破之後才進場買進，失敗率可以由 34%下降到 9%。等待突破之後才採取行動，通常都會讓失敗率改善，但改善的程度很少如此顯著，這主要是因爲完全排除向上突破的可能性，而且向下突破的失敗案例很少。

另一個有趣的統計數據是價格向下突破之後，向上回升（pullback）到排列底部的走勢發生頻率。這個數據之所以偏高，一方面是因爲突破走勢拖泥帶水，經常向上反轉。價格向下突破之後，呈現一段起伏頗大的水平狀走勢，然後繼續下跌。突破的貫穿程度經常只有 10%~20%，很容易收復，所以回升走勢的發生頻率高達 72%。

緣起

上升直角三角形擴張排列：這個名稱蘊含什麼意義？直角意味著這個排列的形狀屬於三角形家族的直角三角形：底部爲水平狀，斜邊（hypotenuse）向右上方傾斜，由斜邊向底部垂直的線

段構成第三邊。第三邊與底部的夾角為 90 度，這也是所謂的
「直角」。上升是指三角形斜邊將隨著排列發展而上升（對照
第 3 章討論的下降直角三角形擴張排列）。擴張排列意味著排
列發展過程中，高價持續墊高。請注意，不論哪種擴張型態，
排列的價格擺動將隨著時間經過而發散；反之，在三角形排列
中，不論上升、下降或等腰三角形，排列的價格擺動將隨著時
間經過而收斂（請參考第 38 章~第 41 章）。

　　請參考圖 2.1 的排列結構，其中包括兩個案例。第一個排
列的形狀比較不標準，但呈現典型的行為。這兩個排列的底部

Edwards, A.G. Inc.（證券經紀，NYSE，代碼 AGE）

圖 2.1　　兩個上升直角三角形擴張排列，底部為水平狀，斜邊向右上方傾斜。
價格向下突破。

都是由水平狀趨勢線銜接轉折低點而構成。向右上方傾斜的斜邊則銜接轉折高點。結果，排列呈現三角形的形狀，價格向外發散，但不要讓持續墊高的高點瞞騙。這個排列屬於空頭型態：價格通常朝水平狀底部突破。

　　上升直角三角形擴張排列爲什麼會形成呢？請觀察圖2.2，股價由 1991 年 12 月中旬開始上漲，成交量也出現 2 個月以來的大量。2 月底的時候，股價在$14 創新高。接著，股價回檔而在$12¼獲得支撐，並且在此盤整 2 個星期，形成水平狀的趨勢線。

　　水平狀趨勢線發生的原因之一，是此處價位代表市場認

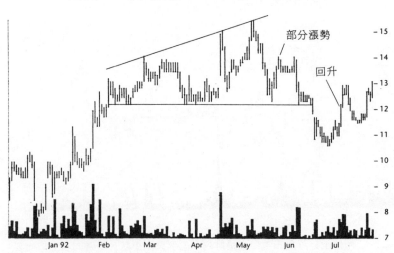

Baker J. Inc.（鞋類，NASDAQ，代碼 JBAK）

圖 2.2　　回升排列底部的走勢。上升擴張排列經常出現回升走勢。

同的價值。當股價逼近$12 附近，許多散戶與法人開始買進。
投資人希望在他們認為理想的價位買進，而且賣方繼續殺低的
意願也下降。買進力道使得跌勢獲得支撐，最後甚至推高股價。
4 月中旬，價格夾著大量暴漲，價格創新高。隔天的動能不減，
盤中價格再創新高，但收盤價拉回。銜接兩個高點的暫時趨勢
線朝右上方傾斜，逐漸顯露擴張排列的形狀。

　　價格快速下跌，甚至夾著大量。這波跌勢停頓的位置，
隔著下側趨勢線還有一段距離。然後，價格又開始回升，並且
在 5 月 6 日創新高$15½。這個新高價剛好落在上側趨勢線的
延伸線，凸顯這條趨勢線的壓力強度。

　　隔天，成交量劇減，但動能還足以讓股價測試高點。測
試失敗之後，精明資金開始打道回府，成交量進一步萎縮。隨
著價格挫跌，一般散戶也加入賣出行列，成交量上升。不到兩
個星期，股價就回到下側趨勢線附近。

　　股價嘗試回升，但成交量無法配合放大，最後在相對高
檔出現一個多星期的橫向走勢——部分漲勢經常預示著更大的
麻煩。6 月 4 日，價格夾著大量回挫到下側趨勢線。股票在此
盤整大約一個星期，終於跌破$12¼的支撐。

　　突破之後，上升擴張排列經常出現回升走勢（pullback），
所以最初的跌勢很快就趨於緩和。第一波貫穿走勢的跌幅大約
有 13%，然後價格回升到排列底部。雖然圖 2.2 沒有顯示，但
這支股票隨後繼續上漲，10 月底開始形成另一個上升擴張排
列，底部位在$16½。

　　上升擴張排列顯示投資人與交易者嘗試在某特定價位吸納股票，就圖 2.2 的例子來說，這個價位是$12¼。買進力道推升股價，直到漲勢遭逢上檔阻力而被壓回。每波漲勢的獲利了結賣壓發生在愈來愈高的價位，所以上側趨勢線朝右上方傾斜。最後，排列底部的買盤力道瓦解，支撐力道潰散。一旦發生這種情況，股價向下突破而展開跌勢。整個下跌走勢持續發展，直到市場認定該價位又具有投資價值而買進。

表 2.1　上升直角三角形擴張排列的辨識特質

特質	討論
形狀	略似喇叭狀，但排列底部爲水平狀，上側趨勢線朝右上方傾斜。
底部水平支撐線	銜接轉折低點的趨勢線呈現水平狀或類似水平狀。至少需要兩個顯著的轉折低點才能銜接一條趨勢線。
頭部向上傾斜趨勢線	排列的轉折高點持續墊高，銜接爲一條向右上方傾斜的趨勢線。至少需要兩個顯著的轉折高點才能銜接一條趨勢線。
成交量	不規則，缺乏穩定的型態。
提前突破	非常罕見。只要收盤價貫穿水平趨勢線，通常都是真正的突破。
突破前的價格行爲	突破之前，價格經常出現長達幾個月的橫向盤整走勢。突破之後，可能回升排列底部附近。
向下突破	向下突破過程中，通常會夾著大量。
支撐與壓力	兩條趨勢線的延伸，將繼續發揮支撐與壓力功能。

辨識準則

上升擴張排列具有哪些特質？爲了考慮這個問題，請詳閱表 2.1
的內容，同時參照圖 2.3，這是一份上升擴張排列週線圖，整
體形狀類似於一邊水平狀的喇叭。排列底部呈現水平狀，上側
趨勢線朝右上方傾斜。上側趨勢線至少需要觸及兩個轉折高
點。所謂的**轉折高點**，是指圖形上淸楚可見的價格峰位，顯著
不同於其他高點。下側的水平趨勢線也至少觸及兩個轉折低
點。所謂的**轉折低點**，是指淸楚可以辨識的價格谷底。這些觸
及點可以協助界定價格排列的邊界。

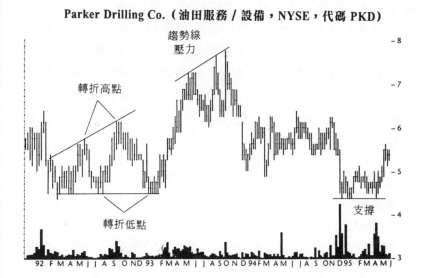

Parker Drilling Co.（油田服務 / 設備，NYSE，代碼 PKD）

圖 2.3 週線圖：趨勢線提供支撐與壓力的功能，而且延伸到未來。

由圖形 2.3 或先前兩個走勢圖可以察覺，成交量型態缺乏
規則。可是，大多數情況下，突破過程會出現大量。雖然圖 2.3
的案例沒有向下突破，但 1993 年初還是出現大量。

所謂的提前突破（premature breakout，即是所謂的假突破
[false breakout]），是指收盤價穿越排列的邊界，但穿越之後沒
有出現跟進走勢，在型態結束之前又回到排列之內。這種型態
的提前突破相當罕見，應該沒有考慮的必要。

某些上升擴張排列，初期的價格高點持續墊高，下側形
成堅實的水平底部，但後期階段卻出現長達幾個月的橫向盤
整。最後，價格會穿越排列上緣或突破底部趨勢線。一旦突破
發生之後——大多是向下突破——通常會出現回升走勢
（pullback）。對於向下突破，價格經過一段跌勢之後，可能向
上折返到底部趨勢線附近，這段折返走勢稱為向下突破的回升
走勢。向上回升的過程中，價格雖然可能繼續上漲，但通常碰
到水平趨勢線之後都會再度下挫，然後展開正式的下跌走勢。
所以，回升走勢往往是投資人放空股票或加碼空頭部位的良
機。可是，採取行動之前，最好確定回升走勢已經結束，價格
又恢復跌勢。

圖 2.3 呈現兩個共通的支撐與壓力區域，都是由趨勢線決
定。首先觀察上升擴張排列的水平狀底部，它在二年之後繼續
提供支撐的功能（1994 年底到 1995 年 4 月份之間）。排列的
上側趨勢線也是如此，這個壓力在一年之後曾經三度壓回漲勢
（1993 年 5 月到 10 月之間）。這個事實凸顯一項重要意涵。
如果你持有某支股票，價格剛創新高，當然希望估計上檔還有

多少空間。估計的方法之一，是觀察先前發生的排列（類似圖 2.3 的情況）。過去的趨勢線往往能夠延伸到未來，**繼續發揮支撐或壓力的功能**。

在圖 2.3 中，上側**趨勢線**雖然不能預測絕對價格高點，但透露價格壓回的可能位置。結果，這個壓力區域確實代表理想的賣出機會。

失敗案例

讓我們觀察排列失敗的案例，看看能夠得到什麼結論？圖 2.4 有兩個擴張排列，左側排列不成功，沒有向下突破，但右側排列則彌補前述的失敗。這個案例顯示一個清楚的教訓：突破經過確認之後，才可以採取行動；換言之，必須等待價格跌破下側**趨勢線**，才可以結束多頭部位或建立空頭部位。雖然大部分的上升擴張排列都向下突破，但失敗率還是很高（34%），不適合提早採取行動。如果在圖 2.4 的第一個擴張排列中建立空頭部位，大約在半年之後才能開始獲利。對於稍早的圖 2.3，如果在排列低檔放空股票，就必須忍受數年的虧損。

過早賣出股票，情況也幾乎一樣糟。在圖 2.4 中，如果你在 6 月底賣出股票，恐怕會非常後悔，因為一直到 12 月份，股價才低於你當初的賣價。反之，如果你決定等待價格向下突破，則第一個排列不會讓你賣出股票。在第二個排列中，如果**賣點**設定在價格向下貫穿水平**趨勢線**的位置，結果也應該優於第一個排列內的任何**賣價**。

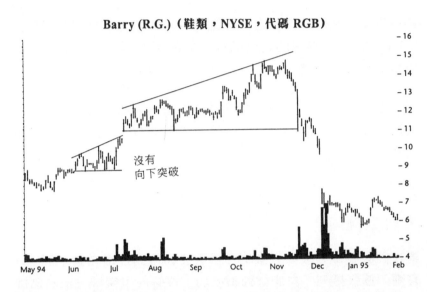

Barry (R.G.)（鞋類，NYSE，代碼 RGB）

沒有
向下突破

圖 2.4 兩個擴張排列。左側排列是一個失敗案例，價格沒有突破下側趨勢線。
你應該等待價格確實突破之後，才能針對上升擴張排列進行投資。

統計數據

表 2.2 列示一般性的統計數據。如同本書考慮的其他擴張排列
一樣，由於案例數量相對偏低，除了採用 1991 年~1996 年的
5 年期資料之外，另外還納入較近期資料的 35 個案例。所以，
總共的案例有 216 個，數量還是不多。在這些案例中，81 例
屬於既有趨勢的連續（整理）排列，但絕大部分的 135 例屬於
反轉排列。

我採用兩種方式計算失敗率。由於上升擴張排列應該向
下突破，所以我計算沒有向下突破的案例，結果有 74 個，失

表 2.2　上升直角三角形擴張排列的一般統計數據

說明	統計數據
排列數量（1991 年~1996 年的 500 支股票）	181
排列數量（1996 年~1999 年的 296 支股票）	35
反轉或整理排列	81 個整理，135 個反轉
失敗率	74/216 相當於 34%
等待向下突破之後的失敗率	13/151 相當於 9%
成功排列的平均跌幅	18%
最經常發生跌幅	10%
失敗排列的平均漲幅	32%
失敗排列的最經常發生漲幅	20%
在成功排列中，符合或超越目標價位者	60 個或 43%
同上（目標價位採用排列的一半高度衡量）	125 個或 91%
排列平均長度	3 個月（86 天）
最後低點發生的天數	3 個月（81 天）

附註：上升擴張排列大約只有三分之二的案例按照預期向下突破，最經常發生跌幅只有微不足道的 10%。

敗率相當於 34%。反之，如果等待價格向下突破呢？這稱為「突破確認」（breakout confirmation）。這使得失敗率下降為 9%，遠低於我認為可靠型態的失敗率門檻 20%。所以，針對這個排列，我建議：採取行動之前，確認向下突破已經發生❖。

❖ 譯按：「失敗」是指向下突破之後沒有出現 5%或以上的跟進跌勢。此處的「確認」是指收盤價實際突破而言，不是利用其他訊號來確認突破。

　　排列向下突破之後，平均跌幅爲 18％，最經常發生跌幅
則不足 10％。最經常發生跌幅是採用次數分配衡量，我把所
有案例的跌幅歸納爲 10 個區間：10％或以下、11％~20％、
21％~30％……81％~90％與 90％或以上。案例發生次數最多的
區間，即代表最經常發生跌幅，目前這個排列是 10％或以下。
平均跌幅顯然超過最經常發生跌幅，主要是因爲有幾個讀數偏
大的離群值，還有相當多案例的跌幅介於 15％到 20％之間。

　　關於失敗案例的漲幅，我也採用相同的方法衡量。所謂
失敗，是指排列向上突破或向下突破的跟進走勢沒有超過 5％。
失敗排列的平均漲幅爲 32％，最經常發生漲幅爲 20％。在向
上突破的案例中，四分之一以上（27％）的漲幅超過 50％。

　　關於目標價位，如果按照一般方式由突破點向下衡量排
列高度，結果相當令人失望：成功向下突破的案例中，只有43％
的案例滿足或超過目標價位。於是，我把排列高度取代爲排列
的一半高度。換言之，排列最高價減去排列最低價，差值除以
2；然後，同樣由突破點向下衡量這項距離。結果，有 91％的
成功排列得以滿足目標價位。

　　排列的平均時間長度幾乎是 3 個月，型態已經足以顯示
在週線圖上。另外，我也衡量排列結束到隨後最低價發生的時
間距離，結果大約是 3 個月。

　　表 2.3 顯示突破相關的統計數據。在所有向下突破的 151
個案例中，只有 13 個突破沒有發生 5％或以上的跟進跌勢（相
當於 9％）。另外，在所有向上突破的 52 個案例中，只有 3 個

表 2.3   上升直角三角形擴張排列突破的統計數據

說明	統計數據
向下突破而失敗	13/51 相當於 9%
向上突破而失敗	3/52 相當於 6%
向上突破	52/216 相當於 24%
水平突破	13/216 相當於 6%
向下突破	151/216 相當於 70%
向上突破回挫次數	23/52 或 44%
回挫完成的平均時間	11 天
向下突破回升次數	109/151 或 72%
回升完成的平均時間	12 天
對於成功的排列，突破與最終谷底的相隔時間	2 個月(69 天)
對於失敗的排列，突破與最終峰位的相隔時間	3 個月(96 天)
向下突破點位在最近 12 個月**價格區間**的下緣、中央或上緣	下緣 22% 中央 42% 上緣 36%
前述突破位置的平均跌幅	下緣 17% 中央 18% 上緣 18%
相對於突破前一天，突破當天與隨後 5 天的成交量	157%，170%，122% 107%， 99%，102%
大成交量或小成交量的突破成功百分率	大 74%，小 26%
大成交量或小成交量的突破失敗百分率	大 80%，小 20%

附註：向下突破發生回升的案例有 72%。

突破沒有發生 5%或以上的跟進漲勢（相當於 6%）。由這些數據顯示，上升擴張排列只要發生突破，通常都會出現跟進的走勢。投資人顯然應該注意這項性質，順勢操作。

所有的案例中，約有四分之一（24%）向上突破，6%呈現水平突破（參考第 75 頁），剩下的 70%案例向下突破。所謂「突破」是指收盤價跌破下側趨勢線或穿越上側趨勢線。某些情況下，價格可能出現長達幾個月的橫向盤整，最後才突破。

價格向上突破之後，往往會回挫（throwback）到上側趨勢線附近，發生的頻率為 44%。向上突破回挫走勢的平均時間長度為 2 星期（11 天），這是指價格向下反轉到觸及上側趨勢線的時間。如果價格經過 1 個月以上的時間折返趨勢線，應該視為正常的價格行為，不視為向上突破的回挫。

價格向下突破之後，發生回升走勢（pullback）的頻率更高 72%。這是指價格向下突破之後，價格重新折返下側趨勢線附近。完成回升走勢的平均時間為 12 天。同樣地，此處不包括 30 天以上的折返走勢。

上升擴張排列突破之後，到達最終低點或高點的時間很短，分別為 69 天或 96 天。下跌走勢相當短促，一方面是因為排列的跌幅不深（最經常發生跌幅低於 10%），所以不需要很長的時間就能到達最終低點。

大多數上升擴張排列都發生在最近 12 個月價格區間的中央附近（我考慮下側趨勢線的突破位置）。事實上，不論排列發生在價格區間三等份的最下緣或最上緣，平均跌幅都差不多，分別為 17%與 18%。所以，在年度價格區間之內，排列發生位置與隨後發展結果，兩者之間沒有統計上的顯著關聯。請注意，某些排列在這方面呈現顯著的關聯。

整個排列發展過程中，雖然成交量都不規則，但我衡量突破前後的成交量數據。以突破前一天的成交量為基準，突破隔天的成交量通常最大，較基準量平均多出 70%，往後四天的成交量遞減。這種型態似乎很正常，因為投資人一旦察覺價格向下突破，通常都會賣出持股。

接著，我希望知道排列的成功或失敗，是否與突破過程的成交量大小有關。不論向上或向下突破，突破過程通常都夾著大量。所以，突破成交量的大小，並不是決定排列成功或失敗的重要因素。換句話說，即使向下突破的成交量很小，也不能因此而懷疑價格可能回升。

交易戰術

表 2.4 列舉相關的交易戰術。衡量法則顯示向下突破之後的目標價位。首先計算排列最高點與水平趨勢線之間的排列高度。由水平趨勢線向下衡量排列高度，結果就是目標價位。一般而言，衡量法則都指最低目標價位而言，但對於上升擴張排列來說，價格通常都不能到達目標（達成率只有 43%）。

比較保守的做法，是由水平趨勢線向下衡量排列高度的一半。如此計算的目標價位，達成率高達 91%。這個保守的目標價位顯示上升擴張排列似乎不值得進行交易——至少向下突破是如此。

圖 2.5 清楚說明目標價位的計算方法。上升擴張型態的最

表 2.4　上升直角三角形擴張排列的交易戰術

交易戰術	解釋
衡量法則	計算型態最高點到水平趨勢線之間的排列高度。由水平趨勢線向下衡量排列高度，結果就是目標價位。另一種比較保守的估計方法，是取排列高度的一半距離向下衡量。
等待確認	由於排列的失敗率相對偏高（34%），應該等待收盤價向下穿越水平趨勢線，或向上穿越上側趨勢線。
向上突破買進	一旦突破之後，價格通常都會繼續朝突破方向發展。向上突破之後買進，最經常發生報酬為 20%。
忽略向下突破	大多數排列都向下突破，但這類情況的最經常發生跌幅尚不足 10%。由於價格跌幅很小，似乎不值得承擔空頭部位的風險。

附註：最佳運用方法是在向上突破之後買進。

高價為 $34^1/_8$，水平趨勢線位在 $29^1/_4$，排列高度是 $4^7/_8$。由水平趨勢線向下衡量排列高度，目標價位是 $24^3/_8$。由於這個目標價位的達成率只有 43%，所以另外取排列一半高度 $2.44，計算保守的目標價位 $26.81。一旦排列向下突破之後，完成保守目標價位的比率有 91%。

由於排列的整體失敗率高達 34%，所以投資人應該等待價格突破之後才採取行動。

雖然上升擴張排列通常都向下突破，但你也可以專門挑選向上突破進行交易。如果價格向上突破，最經常發生的漲幅

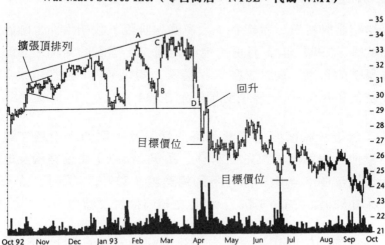

圖 2.5　上升擴張排列。利用排列的完整與一半高度衡量目標價位。1992 年 10 月底似乎出現擴張頂排列。

為 20%。同樣地，你應該等待價格確實向上突破，然後才進場買進，因為向上突破的機會大約只有三分之一。

當價格向下突破，我不贊成放空股票。雖然突破方向通常都朝下，而且失敗的比率不高，但最經常發生跌幅畢竟只有 10%，似乎不值得承擔放空股票的風險。如果你已經持有股票，不希望發生 10% 或更大的價格跌幅，可以在收盤價跌破下側趨勢線的時候賣出，或者是在價格接近或觸及上側趨勢線而向下反轉的時候賣出。

交易範例

老鮑相當神經質，就像吞下太多的咖啡因，我相信你也碰過這類的人。1993 年 2 月份，他遇到圖 2.5 顯示的情況，立即採取果斷的行動。當股票在 A 點觸及上側趨勢線，他進場放空，成交價格為$33³/₈，停損買單設定在$34。

然後，股價開始下滑，不久就觸及下側的水平趨勢線。不幸地，因為沒有預先設定停止買單；所以，當價格觸及低點而快速反彈，老鮑不能在下側趨勢線（$29³/₈）獲利了結，隔天才在$30½回補（B 點），而且在相同價位反轉做多。

多頭部位的停損賣單設定在下側趨勢線的稍下方$29¼。老鮑把既有的上側趨勢線稍作延伸，但擔心股價或許沒有辦法觸及這條趨勢線。所以，他把目標價位設定在先前高點（A 點）的下側 1/8 點。不到一個星期，股價觸及目標價位，多頭部位在$33½出場（C 點）。由於股票當時的上升動能仍然強勁，老鮑沒有反手放空，只是靜待趨勢反轉。三天之後，他又進場建立空頭部位，放空價格為$33。這次，他把獲利了結的停止買單設定在下側趨勢線（$29½）的上方 1/8 點處（D 點）。這個空頭部位最初發生虧損，價格曾經上漲到$34，然後出現 3 個星期的橫向整理，但價格始終沒有觸及$34³/₈ 的停損點。橫向走勢結束之後，價格暴跌而直接貫穿下側趨勢線，空頭部位在 D 點回補出場。

由於市場的氣氛轉趨樂觀，他在回補空頭部位的同時，又在 D 點買進股票，停損設定在水平趨勢線下側 1/4 點處。隔

天，價格觸發$29¼的停損單，老鮑認賠出場，這筆交易損失 3/8
點。基於某種不明的原因，老鮑沒有繼續交易這支股票，或許
是因為最後一筆交易發生些微的虧損，也可能是因為血液內的
咖啡因濃度轉淡。

❖ 　3　 ❖

擴張排列
下降直角三角形

摘要資料

外觀	水平狀頭部，低點持續下滑，下側趨勢線向下傾斜。
反轉或整理	短期的（少於 3 個月）反轉排列。
等待向下突破的失敗率	3%。
等待向上突破的失敗率	19%。
平均漲幅	27%，最經常發生漲幅介於 20% 到 30% 之間。
平均跌幅	19%，最經常發生跌幅大約是 10% 到 15% 之間。
成交量趨勢	不規則。
回升	向下突破有 33% 發生回升走勢。
回挫	向上突破有 23% 發生回挫走勢。
價格目標達成率	成功的向下突破 69%，成功的向上突 89%。

研究某種特定排列之前，我會瀏覽既有的文獻，決定該排列的可能突破方向。對於一般性的擴張排列來說，大多數資料都顯示型態向下突破；換言之，擴張排列應該屬於空頭型態。可是，當我整理這個排列的統計數據，卻意外發現下降直角三角形擴張排列（right-angled descending broadening formations）向上突破的案例多過向下突破。最初，我把向上突破視爲失敗案例，因爲我預期突破的正確方向應該朝下。這個看法顯然錯誤。所以，我重新檢視文獻，發現下降擴張排列可能朝上或朝下突破。於是，我重新整理相關的統計數據與案例，確定它們符合新的處理方法。

在「摘要資料」的「反轉或整理」欄位中，並沒有歸納排列的多頭或空頭性質，因爲這取決於突破的方向。如果向上突破（47 個案例，相當於 57%），則屬於多頭排列；如果向下突破（30 個案例，相當於 37%），則屬於空頭排列。其餘的案例呈現水平突破或沒有特定的突破方向。

如果排列朝某個方向突破，但沒有出現相同方向的 5%跟進走勢，就視爲失敗。對於任何型態，我認爲失敗率低於 20%就可以接受。在我們所考慮的下降擴張排列案例中，向上與向下突破的失敗率分別爲 19%與 3%，都屬於可以接受的範圍。

目前這個排列的平均漲幅（27%）與平均跌幅（19%）都低於標準（整體多頭排列的平均漲幅大約是 40%，整體空頭排列的平均跌幅大約是 20%）。可是，對於向上突破的案例，最經常發生漲幅相對偏高，介於 20%與 30%之間。由於我們

是利用次數分配來計算最經常發生漲幅，而且每個報酬率區間
的發生次數分配相當均勻，所以漲幅偏高案例會造成平均漲幅
向上偏頗（27%）。不幸地，由於樣本案例很少，前述數據的
可信度不高。我相信最經常發生漲幅應該介於 10%到 15%之
間，約略等於一般多頭排列的正常水準。

關於目標價格的衡量法則，這個排列顯然優於上升擴張
排列。對於向下突破的案例，符合或超越目標價位的達成率爲
69%，大約每 10 個就有 7 個。在向上突破的案例中，目標價
位的達成率爲 89%。前一個數據介於兩可之間，後者則相當
不錯。達成率偏高的意涵很清楚：等待突破，然後順著突破方
向交易。

緣起

下降擴張排列的形狀如何？構成原因是什麼？請參考圖 3.1 的
範例。這個排列的最大特色是頭部平坦，底部向下傾斜。在排
列的上端，價格上漲到某特定水準之後下跌。經過一段期間，
這些轉折高點可以銜接爲一條水平狀趨勢線。在排列的下側，
價格向上反彈的轉折低點則銜接爲一條向下傾斜的趨勢線。最
後，收盤價可能向上穿越上側趨勢線，或跌破下側趨勢線。

圖 3.1 的排列向下突破，因爲收盤價跌破下側趨勢線。請
注意，突破是以收盤價爲準，所以 11 月 3 日的突兀線形不視
爲向上突破。當天是以最低價$19 收盤價，但上側趨勢線的位
置大約在$19½。

Applebees（餐廳，NASDAQ，代碼 APPB）

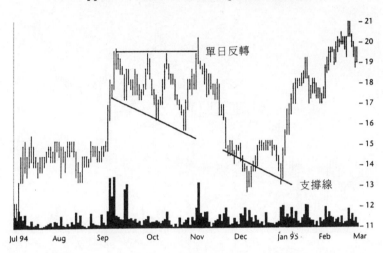

圖 **3.1** 下降擴張排列。排列上緣形成水平狀趨勢線，轉折低點則銜接爲一條向下傾斜的趨勢線，這是該型態的最大特色。下降趨勢線經過延伸，提供未來走勢的支撐或壓力。11 月 3 日發生單日反轉的線形，當天價格夾著大量向上突破排列頭部，但以最低價收盤。

　　前文曾經提到，大部分的下降擴張排列（57%）向上突破，圖 3.2 就是一個例子。在排列的上緣，幾個轉折峰位在相同價位構成清楚的水平趨勢線。可是，下側趨勢線是由三個單日線形的低點銜接而成。根據定義，趨勢線觸及點可以是單日突兀線形或連續幾天線形的觸及點。

　　圖 3.2 的擴張排列向上突破之後，大約兩個星期就出現 10%的漲幅。如果時間延伸到 1996 年 5 月，股價曾經到達$29，漲幅爲 25%。這個案例向上突破之後的 4 個星期左右，價格一

Valero Energy Corp.（綜合石油，NYSE，代碼 VLO）

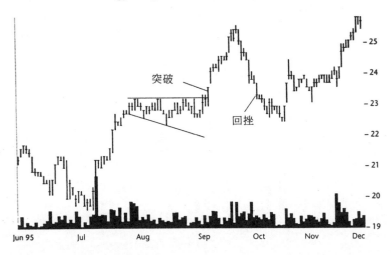

圖 **3.2** 向上突破的下降擴張排列。突破之後的 4 個星期左右，價格回挫到排列內部，然後才向上展開攻勢。

度回挫到排列內側。我認為，回挫或回升走勢發生在突破的 30 天之後，就屬於一般價格的轉折走勢，不屬於向上突破的回挫（throwback）或向下突破的回升（pullback）。目前這個例子，回挫時間為 27 天。

　　為什麼會發生下降擴張排列的股價型態呢？請觀察圖 3.3。1993 年 4 月初，價格上漲到$35 而拉回，成交量沒有明顯放大。在$33½到$35 之間，買、賣雙方的力道相持，呈現橫向盤整的走勢，直到 5 月 10 日才跌破先前的轉折低點。價格持續下跌，直到$31 附近獲得 3 月中旬轉折低點的支撐。由於

Varity Corp.（機械，NYSE，代碼 VAT）

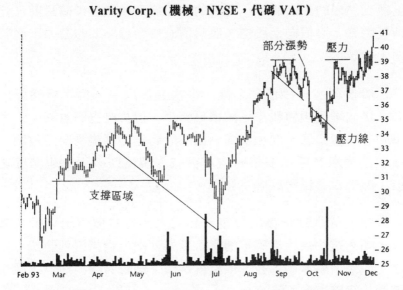

圖 3.3　　兩個下降擴張排列。在第一個排列中，價格跌勢曾經在過去的低點支撐觸及下側趨勢線，然後向上反彈。第二個排列中出現部分漲勢，這種走勢經常發生在向下突破之前。另外，價格向下突破之後，反彈走勢在下側趨勢線遭逢壓力；克服這個壓力之後，隨後漲勢又在先前的上側趨勢線遭逢壓力。

這個支撐，投資人相信跌勢將告一段落而回升。確實如此，**價格夾著大量向上跳空，很快就回到先前的高點。**

在先前的高點$35 附近，走勢遭逢法人機構與其他投資人的**賣壓**，這些供給籌碼阻止股價繼續上漲。價格在高檔盤旋幾天，小跌之後又稍作盤整，然後出現重挫走勢而創新低。

價格夾著大量下跌，直到觸及下側趨勢線才得到支撐。在**超賣**情況下，投資人進場買進，再度驅動股價走高。當股價

上漲到$35 的先前峰位，此處的供給籌碼顯然在幾個月前已經消耗完畢。股價向上跳空，收盤價直接穿越$35 的壓力，展開向上突破。

　　股價經過一段漲勢之後，很快又形成另一個下降擴張排列。這個排列規模較小，結構更緊密，但具有空頭意涵。9 月下旬，股價由底部向上反彈，但不能到達上側趨勢線而拉回，這個部分漲勢顯示價格將向下突破。價格跌破下側趨勢線之後，繼續沿著趨勢線向下發展。

　　這兩個排列背後的故事都相同。某特定價位出現供給籌碼，如果這些供給籌碼被消化，價格就向上穿越排列頭部；反之，如果供給籌碼太多，價格就跌破下側趨勢線。所以，這個排列的突破方向不確定。

辨識準則

表 3.1 列示下降直角三角形擴張排列的辨識準則。排列的形狀類似於上側水平狀的喇叭。價格上漲到特定價位而拉回，構成上側趨勢線；下跌走勢則呈現持續下降的底部，銜接為向下傾斜的下側趨勢線。不論頭部或底部，趨勢線都至少必須由兩個轉折點銜接而成。由於擴張排列需要很長的醞釀時間，所以趨勢線通常都由兩個以上的觸及點構成。

　　這個排列缺乏穩定的成交量型態。有些情況類似三角形排列，成交量在排列過程中逐漸萎縮，然後爆量突破。另一些

表 3.1 　下降直角三角形擴張排列的辨識特質

特質	討論
形狀	稍微下傾的喇叭狀，但排列頭部爲水平狀，下側趨勢線朝右下方傾斜。
頭部水平壓力線	銜接頭部成爲水平狀壓力線。至少需要兩個顯著的觸及點（轉折高點）才能銜接一條趨勢線。
底部向下傾斜趨勢線	持續下滑的底部銜接爲一條向下傾斜的**趨勢線**。至少需要兩個顯著的轉折低點才能銜接一條趨勢線。
成交量	不規則，缺乏穩定的型態。
提前突破	非常罕見。收盤價突破趨勢線，通常就是真正的突破。
突破	價格可能朝上或朝下突破，通常伴隨大量，但成交量很快就恢復正常。
部分漲勢或跌勢	在明確的排列型態內，價格朝上反彈或朝下拉回，但不能實際觸及上側或下側**趨勢線**，隨後通常會朝相反方向進行突破。
支撐與壓力	兩條趨勢線的延伸，偶爾會繼續發揮支撐與壓力功能。

情況下，成交量逐漸放大而展開突破。第一種情況的發生頻率高於第二種，比率分別爲 53%與 47%。可是，由於兩個數據非常接近，所以成交量型態沒有重要參考價值。

　　部分漲勢（參考圖 3.3）或部分跌勢經常可以顯示隨後突破的方向。一旦部分漲勢（或跌勢）發生反轉之後，通常會直接——換言之，不會在排列內繼續發生轉折——向下（或向上

突破）。在我們考慮的案例中，部分跌勢發生的頻率高於部分漲勢，比率分別為 78%與 58%（請參考「統計數據」一節）。

趨勢線向未來延伸幾個月（甚至幾年），仍然可以扮演往後走勢的支撐或壓力（究竟是支撐或壓力，則取決於價格由哪個方向接近延伸趨勢線；相關案例請參考圖 3.1、3.3 與 3.7）。

失敗案例

由於下降擴張排列可能向上或向下突破，所以我們考慮兩種失敗的情況。圖 3.4 的例子在 11 月底出現一波具有預示意義的部分跌勢。部分跌勢結束之後，價格向上彈升，最後貫穿上側趨勢線。當收盤價穿越趨勢線之後，不久就出現向上突破之後的回挫走勢。在正常的情況下，價格在回挫走勢中會重新測試排列的突破位置，或是觸及上側趨勢線，或是重新進入排列，但應該只停留在排列三等份的上緣；測試完畢之後，價格繼續上漲。可是，在目前這個例子中，價格在$45 被壓回，回挫走勢折返到排列的中央位置。回挫走勢結束之後，價格一度向上彈升，但觸及原先的上側趨勢線之後，就展開持續性下跌。

如果你在向上突破之後進場，買進價格大約在$44½附近，但突破失敗的低價為$36⅞。即使你把停損設定在排列最低點的下側，恐怕也只能在$39 出場，損失還是很慘重。可是，在突破確定失敗之後，如果繼續持有股票（不建議這麼做），最後的獲利相當豐厚。圖 3.4 最右端跌勢的低點發生在 4 月份的$36⅞（圖形沒有顯示），這個價格實際上也是未來兩年的最低

圖 3.4 　下降擴張排列的失敗案例：向上突破之後沒有出現跟進漲勢。部分跌勢顯示最後的突破方向朝上，但結果演變為假突破，價格最後朝下發展。

價。1993 年 11 月初，這支股票在$60 附近創峰位。

　　圖 3.5 顯示一段更可怕的過程，因為其中涉及放空交易。1994 年 10 月 14 日，投資人看到連續兩天的暴跌走勢，很可能按耐不住而在隔天進場放空。如果真的這麼做，甚至稍待幾天，結果都是在最低價附近放空。向下突破之後，價格回升測試突破點。稍作整理，然後一路攀升到排列的上緣。如果你是一位投資新手，空頭部位沒有設定停損，在圖 3.5 的最右端，部位的虧損可能是$35 減去$24$^3/_8$，後者是 10 月中旬向下突破的最低價。

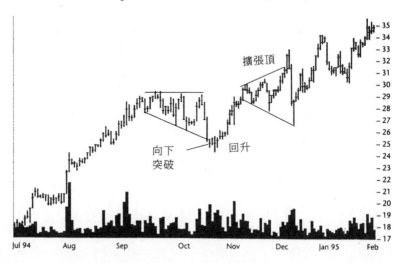

Healthcare Compare（醫療服務，NASDAQ，代碼 HCCC）

擴張頂

向下
突破

回升

圖 3.5　下降突破的失敗案例：向下突破之後，沒有出現 5%以上的跟進跌勢。
價格在低檔稍作整理，最後上漲到 $42。這類程度的失敗案例非常罕見，但還
是曾經發生，所以務必設定停損。11 月初發生擴張頂排列。

　　圖 3.5 即是我所謂的「5%失敗」類型；換言之，收盤價
朝某個方向突破，但隨後沒有出現 5%或以上的跟進走勢，價
格又朝突破的相反方向發展。如果發生這種類型的失敗，結果
可能是小賺或大賠，沒有預先設定停損的風險很大。

　　圖 3.4 與 3.5 也提供一些正面功能：這類的失敗案例很少
見。根據下一節討論的「統計數據」顯示，每 10 個案例當中，
有 8 個突破會出現 5%或以上的跟進走勢。可是，剩下的 2 個
案例也足以迫使你採用停損。即使你準備採用心理停損，也必
須確定在情況真正惡化之前扣動扳機。

統計數據

表 3.2 列示下降擴張排列的一般性統計數據。對於我們截至目前為止所研究的擴張排列，目前這種最為罕見。採用兩個資料庫，在長達 3,000 年的日線圖排列中，只找到 82 個案例。夠罕見吧！

反轉排列的案例（44 個）較連續排列（38 個）多出 6 個。所謂「反轉排列」是指型態發生之前與之後的趨勢方向相反，所謂的「連續排列」（或整理排列）是指型態發生之前與之後的趨勢方向相同。

價格朝某個方向突破之後，在反向走勢出現之前，如果沒有發生 5%或以上的跟進走勢，排列視為失敗。表 3.2 顯示兩個突破方向的失敗率。向上突破失敗率為 19%，向下突破失敗率只有 3%。我個人認為，任何排列的失敗率在 20%以下，就屬於可靠的型態。所以，這兩個突破方向的排列都很可靠。

向上突破的平均漲幅為 27%，但最經常發生漲幅介於 20%與 30%之間。由於最經常發生漲幅是來自漲幅次數分配，但樣本實在太小，結論未必具有統計上的顯著意義，請不要過份重視這些數據。舉例來說，最高的次數是 7 次，落在 21%~30%的區間，其次是 11%~20%的 5 次。一般來說，發生次數在 30次或以上，才具有統計上的可靠性。對於其他典型的排列而言，最經常發生漲幅大多落在 10%到 15%之間，我相信如果目前這種排列的樣本數量夠多，結果大概也差不多是如此。

表 3.2　下降直角三角形擴張排列的一般統計數據

說明	統計數據
排列數量（1991 年~1996 年的 500 支股票）	69
排列數量（1996 年~1999 年的 296 支股票）	13
反轉或整理排列	38 個整理，44 個反轉
向上突破的失敗率	9 個或 19%
向下突破的失敗率	1 個或 3%
成功向上突破的平均漲幅	27%
最經常發生漲幅	20%~30%
成功向下突破的平均跌幅	19%
最經常發生跌幅	10%~15%
成功向上突破，符合或超越目標價位者	34 個或 89%
成功向下突破，符合或超越目標價位者	20 個或 69%
排列的平均長度	3 個月（88 天）
向上突破距離最後高點的天數	5 個月（148 天）
向下突破距離最後低點的天數	3 個月（86 天）
出現部分漲勢之後的排列成功率	7/12 或 58%
出現部分跌勢之後的排列成功率	18/23 或 78%

附註：這種排列向上突破的績效較佳，平均漲幅爲 27%。

　　向下突破的平均跌幅爲 19%，非常接近一般空頭排列的平均跌幅 20%。最經常發生跌幅介於 10%到 15%之間。同樣地，請注意樣本數量實在太小，結論未必有任何意義；雖說如此，但 10%~15%的跌幅則屬於相當典型的數據。

　　我們可以運用衡量法則，估計突破之後的目標價位。「交易戰術」一節會舉例說明目標價位的計算過程，把排列的最高價減去最低價，結果是排列高度，然後由突破位置向上或向下衡量排列高度，結果就是突破之後的目標價位。一般來說，這個目標價位代表最低的目標價位。下降擴張排列向上突破的目標價位達成率為 89%，向下突破只有 69%的案例會到達或超過目標價位。我個人認為，目標價位達成率應該超過 80%才具有可靠性，所以向下突破的數據太低。

　　排列的平均時間長度大約是 3 個月（88 天），突破之後需要 3 個月（向下突破）或 5 個月（向上突破）的時間才會到達最後極端價位。向上突破到達最後峰位所需要耗費的時間較長，這點相當合理，因為向上突破平均漲幅（27%）大於向下突破平均跌幅（19%）。換言之，距離愈遠，所需要的時間愈久。

　　部分漲勢是指價格由排列下側向上發展，但還沒有到達上側趨勢線之前就向下反轉；一旦發生這種走勢，結果有 58%的案例向下突破。相對於純粹巧合，這個比率並不算高。可是，如果發生部分跌勢——價格由排列上側向下發展，但還沒有到達下側趨勢線之前就向上反轉——結果有 78%的案例向上突破。這個比率就具有策略意義：如果你看見價格跌勢到達下側趨勢線之前就向上反轉，不妨考慮買進。

　　表 3.3 列示突破的統計數據。由於這個排列可能向上突破或向下突破，所以需要考慮兩個方向的失敗率。一旦排列向上突破之後，隨後沒有發生 5%或以上跟進走勢的案例只有 19%。

表 3.3　下降直角三角形擴張排列突破的統計數據

說明	統計數據
向上突破而失敗	9 個或 19%
向下突破而失敗	1 個或 3%
向上突破	47 個或 57%
水平突破	5 個或 6%
向下突破	30 個或 37%
向上突破回挫發生次數	11 次或 23%
回挫完成的平均時間	11 天
向下突破回升發生次數	10 次或 33%
回升完成的平均時間	14 天
向上突破點位在最近 12 個月價格區間的下緣、中央或上緣	下緣　0% 中央 26% 上緣 74%
前述突破位置的平均漲幅	下緣　0% 中央 41% 上緣 25%
向下突破點位在最近 12 個月價格區間的下緣、中央或上緣	下緣 40% 中央 40% 上緣 20%
前述突破位置的平均跌幅	下緣 31% 中央 14% 上緣 10%
相對於突破前一天，突破當天與隨後 5 天的成交量	143%，105%，96% 92%，83%，71%
大成交量或小成交量的突破成功百分率	大 76%，小 24%
大成交量或小成交量的突破失敗百分率	大 70%，小 30%

附註：這個排列傳統上被視爲空頭型態，但向上突破（57%）的發生頻率高於向下突破（37%）。

在向下突破的情況下，沒有出現跟進跌勢的案例只有 1 個（相當於 3%）。請注意，向上突破與向下突破的樣本數量，分別只有 47 個與 30 個。

突破分爲三種類型：向上、水平與向下。大多數案例都向上突破（57%）。向下突破的案例有 37%，其餘爲水平突破。如果你想知道水平突破的狀況，請參考圖 3.6。下降擴張排列結束之後（價格沒有繼續觸及上側與下側趨勢線），出現 6 個月左右的橫向走勢，然後收盤價才向上突破。即使是突破之後，價格仍然在排列上緣附近盤旋 4 個月。一直到 1994 年 7 月，才出現決定性的漲勢，完全脫離排列上側趨勢線的糾纏。

Avery Dennison Corp.（專業化工，NYSE，代碼 AVY）

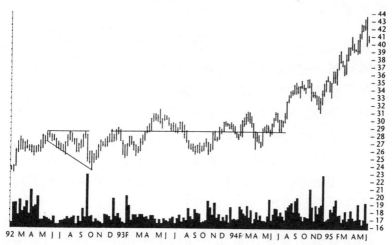

圖 3.6 週線圖的水平突破案例：排列結束的幾個月之內，價格沒有顯著向上或向下突破。

　　向上突破之後的回挫（throwbacks），以及向下突破之後的回升（pullbacks），這兩種走勢都相當罕見，發生的比率分別只有 23%與 33%。回升走勢的平均期間長度為 14 天，稍微超過所有排列的回升走勢長度（10 天~12 天）。如果期間長度超過 30 天，我就不視為是突破之後的回挫或回升走勢，而屬於正常的價格起伏。

　　如果把最近 12 個月的價格區間劃為三等份——上緣、中央與下緣——則向上突破大多發生在上緣（74%）。所以，這意味著下降擴張排列經常發生在上升趨勢的末端。請注意，沒有任何向上突破的案例發生在年度價格區間的下緣。這個現象相當自然，因為此處是考慮向上突破，突破點一定發生在排列頂部，既然是排列的頂部，當然比較不可能發生在年度價格區間的下緣。

　　就向上突破之後的表現來說，突破發生在年度價格區間中央的案例，漲幅通常最大，理由不清楚。就其他的排列而言，發生在年度價格區間上緣的向上突破，表現通常最佳，這可能是順勢交易的普遍心態：一旦價格向上突破年度高價區，技術玩家認為趨勢將繼續朝上發展，而且上檔海闊天空。至於下降擴張排列，或許因為型態本身的形狀向下（上側趨勢線為水平狀，下側趨勢線向下傾斜），使得投資人覺得顧忌，甚至在向上突破之後也是如此。

　　向下突破的情況則不同。突破點的位置相當均勻地分配在年度價格區間的下緣與中央。突破點落在上緣的向下突破案例只有 20%，理由與向上突破類似：既然是向下突破，突破

點一定發生在排列底部，排列底部自然比較不可能發生在年度
價格區間的上緣。由績效角度來說，發生在年度價格區間下緣
的向下突破，跌幅通常最大（31%），這個現象似乎頗爲合理，
同時也意味著創年度新低的股票才是放空的適當對象，不是股
價創年度新高者。

突破過程的成交量變化非常劇烈，突破當天的成交量平均
較前一天放大 43%，往後幾天的成交量快速遞減，突破之後第
5 天的成交量只有突破前一天的 71%。關於這些成交量數據，
我是考慮整體下降擴張排列，沒有區別爲向上與向下突破。

對於突破成功與失敗的案例，成交量型態沒有顯著的差
異。不論突破成功與否，大約有四分之三的案例都夾著大量進
行突破。所以，如果你看到某個向上突破沒有大量配合，不必
因此而特別懷疑突破將失敗。

交易戰術

表 3.4 列示下降擴張排列的簡要交易戰術。圖 3.7 說明向上突
破目標價位的計算過程。首先計算型態最高價（$49½）與最
低價（$43½）之間的排列高度（$6），由突破點（水平趨勢線
的位置$49½）向上衡量排列高度，目標價位是$55½（=49½+6）。
1996 年 3 月中旬，價格滿足這個目標價位，隨後繼續攀升到 60。

如果圖 3.7 的排列向下突破，目標價格的計算方法也幾乎
完全相同。排列高度仍然是$6，由突破點（$43½，相當於下

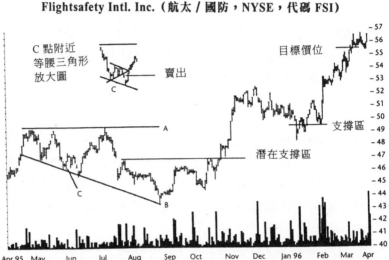

Flightsafety Intl. Inc.（航太／國防，NYSE，代碼 FSI）

圖 3.7　　下降擴張排列的向上突破。這個例子說明向上突破的目標價位計算方法，首先計算排列高點（A 點）與低點（B 點）之間的距離，由突破位置（A 點）向上衡量排列距離，結果就是向上突破之後的目標價位。在這個例子中，價格向上突破之後，大約花了 7 個月才穿越目標價位。請注意，C 點位置出現一個等腰三角形排列。

側趨勢線的 B 點）向下衡量排列高度，目標價位是 $37½（=43½−6）。請注意，向上突破的目標價位達成率為 89%，高於向下突破的 69%。

決定目標價位之後，你可以評估交易的風險／報酬關係。相對於目標價位，可能的損失有多大？為了獲取可能的報酬，是否值得承擔對應的潛在風險？就圖 3.7 而言，當價格向上突破而建立多頭部位，上檔目標價位在 $55½，下檔的支撐在何處？為了決定支撐與壓力，可以考慮先前價格走勢的峰位與谷

表 3.4 下降直角三角形擴張排列的交易戰術

交易戰術	解釋
衡量法則	計算水平趨勢線到型態最低點之間的排列高度。由突破位置向上或向下衡量排列高度，就分別代表向上或向下突破的目標價位。
等待確認	我們很難預先判斷突破的方向，所以最好等待收盤價穿越上側或下側趨勢線。一旦發生突破，就順著突破方向進行交易。
停損	一旦突破發生而進場建立順勢部位，停損可以設定在對側趨勢線的外緣。可是，大多數情況下，為了建立更緊密的停損，恐怕必須另外尋找支撐或壓力。如果股價朝預期方向發展，儘快把停損點移到損益兩平位置。
排列之內的交易	一旦判定擴張排列，可以考慮在排列之內進行區間操作，當價格觸及下側趨勢線而向上折返，進場買進，當價格觸及上側趨勢線而向下折返，結束多頭部位或反轉為空頭部位，如此來回操作，但必須防範突破走勢而設定停損。
部分跌勢	在排列發展過程中，如果看到部分跌勢開始向上反轉，進場買進。

附註：務必等待收盤價突破，然後順著突破方向進行交易。

底。我們可以考慮幾個支撐。第一，1995 年 3 月（圖 3.7 沒有顯示）曾經出現一個等腰三角形的密集交易區，三角形頂點在 $46；第二，在 7 月底到 10 月底之間（參考圖 3.7），$47 附近曾經發生兩個價格峰位，兩個峰位的壓力被克服之後，功能轉換為支撐。所以，$46~$47 代表下檔的支撐，停損點可以設定在支撐的稍下方。

　　實際的停損可以設定在$45¾。如果你準備按照向上突破隔天的收盤價$50½買進，潛在損失超過 10%。就目標價位$55½衡量，上檔獲利潛能為 10%。所以，風險／報酬結構是 1：1 的關係，似乎不太值得。這種情況下，你可以考慮調緊停損（但停損很可能被正常的價格波動觸發），或者另外尋找風險／報酬關係更棒的機會。請注意，市場沒有規定你必須進行交易。

　　表 3.2 的統計數據顯示，如果排列過程出現部分跌勢，隨後有 78%的機會向上突破。這是相當不錯的勝算。如果你看見部分跌勢（跌勢幅度多深並不重要，只要沒有觸及或靠近下側趨勢線），而且價格開始向上反彈，就進場買進。如果你的運氣不太差，價格很可能向上突破，並且繼續走高。當然，你還是應該設定停損，然後隨著價格攀升而不斷調整停止價位。

交易範例

老王非常重視圖形排列，擅長捕捉價格型態的獲利機會。當他看見下降擴張楔形或下降直角三角形擴張排列，經常出現強烈的交易衝動。在圖 3.7 的 C 點（$46³/₈），當價格由下側趨勢線向上反彈，他進場買進。

　　建立多頭部位之後，他密切觀察後市的發展。第二天，股價走高，但隨後開始下滑。幾天之後，老王看見一個等腰三角形排列逐漸形成。根據他的判斷，等腰三角形通常屬於連續排列，總是朝排列之前的趨勢方向繼續發展，而且排列之前的趨勢方向是朝下。當股價下跌而貫穿三角形的下側趨勢線，老

王抛掉持股，成交價格是$46½。

老王由電腦螢幕中觀察更新的走勢圖，他知道自己先前的決定非常明智，因爲三角形排列完成也代表部分漲勢開始向下反轉，這通常意味著向下突破即將發生。

隔天，價格進一步下跌，再度測試擴張排列的下側**趨勢線**。可是，行情隨後開始反彈。往後幾個星期內，老王非常訝異地看著股價快速攀升，再度觸及排列上側的趨勢線。回顧當初建立的多頭部位，考慮交易佣金之後，發生一些虧損。老王究竟是沉不住氣而賣得太快？或者是太過謹慎？這筆交易的結果應該提供什麼啓示？讀者不妨嘗試尋找自己的答案，如此會**讓你成爲更精明的投資人**。

❖ 4 ❖

擴張頂排列

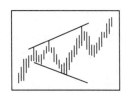

摘要資料

向上突破

外觀	排列發生之前，曾經出現延伸性的漲勢。 喇叭狀的型態，高點持續墊高，低點持續創下滑。向上突破。
反轉或整理	短期的（少於 3 個月）多頭整理排列。
失敗率	4%。
平均漲幅	34%，最經常發生報酬率介於 10%到 15%之間。
成交量趨勢	不規則，通常隨著價格起伏：價漲量增／價跌量縮。
價格目標 　達成率	75%。
意外發現	排列末端出現部分漲勢，向下突破的可能性為 65%； 排列末端出現部分跌勢，向上突破的可能性為 86%。
其他名稱	發散三角形，標準擴張頂，五點反轉。
參閱排列	（1）擴張底排列，（2）上升直角三角形擴張排列，（3）下降直角三角形擴張排列，（5）上升擴張楔形排列，（6）下降擴張楔形排列。

向下突破

外觀	排列發生之前，曾經出現延伸性的漲勢。 喇叭狀的型態，高點持續墊高，低點持續創下滑。 向下突破。
反轉或整理	短期的（少於 3 個月）空頭反轉排列。
失敗率	4%。
平均跌幅	23%，最經常發生跌幅介於 10%與 20%之間。
成交量趨勢	不規則，通常隨著價格起伏：價漲量增／價跌量縮。
價格目標 　達成率	64%。
參閱排列	（1）擴張底排列，（2）上升直角三角形擴張排列， （3）下降直角三角形擴張排列，（5）上升擴張楔 形排列，（6）下降擴張楔形排列。

擴張頂（Broadening tops）的行為，非常類似於擴張底。兩者之間最大的差別，在於型態發生之前的價格趨勢。對於頭部型態，中期價格趨勢是朝上；底部型態則是朝下。這項區別相當武斷，只是用來觀察這兩種排列的行為是否存在差異。現在，讓我回答讀者可能的質疑：這兩種排列的行為非常類似，但績效稍有差別。

　　擴張頂分為兩種類型：向上突破與向下突破。在「摘要資料」中，兩種類型的失敗率都是 4%。這是相當不錯的讀數。根據我的看法，失敗率在 20%以下的型態都可以接受。

　　向上突破的平均漲幅為 34%，一般結構理想的多頭排列平均漲幅為 40%。擴張頂向下突破的平均跌幅為 23%，一般空頭排列的平均跌幅大約是 20%。

就目標價位的達成率來說，擴張頂排列的表現優於某些其他型態。每 4 個向上突破的案例中，就有 3 個達成目標價位，達成率為 75%；向下突破的目標價位達成率為 64%。雖說如此，我認為 80%以上的達成率才屬於可靠的型態，所以擴張頂排列的目標價位達成率稍嫌不足。

每當擴張頂排列發生部分漲勢（部分跌勢）——換言之，價格朝上（朝下）發展，但還沒有碰到上側（下側）趨勢線之前就反轉——通常都預示價格將向下突破（向上突破）。凡是出現部分漲勢的擴張頂排列，65%的案例向下突破。凡是出現部分跌勢的擴張頂排列，86%的案例向上突破。

緣起

擴張排列具有多種的形式與名稱，包括：擴張頂／擴張底、上升／下降直角三角形擴張排列、發散三角形（expanding triangle）、標準擴張頂（orthodox broadening top）與五點反轉（five-point reversal）。最後三者都是擴張頂排列，後兩者的型態都有 5 個轉折點。

讓我們透過圖 4.1 說明排列的緣起。這支股票起漲於 1994 年 12 月，在 1995 年 5 月與 6 月之間稍作整理，然後繼續上漲，9 月中旬創高價$53¾。股票持有人發現整段漲勢的期間與幅度都已經很大，決定賣出股票，於是股價下跌。1995 年 9 月 25 日是典型的賣壓高潮，價格開低走高，成交量暴增，形成單日反轉的底部$48¾。由 6 月份的波段起漲點衡量，9 月中旬以來

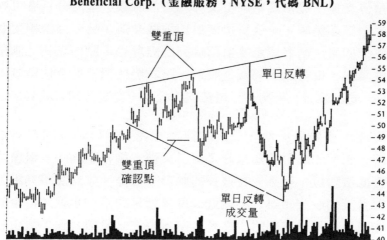

Beneficial Corp.（金融服務，NYSE，代碼 BNL）

圖 4.1 雙重頂演變為擴張排列。1995 年 12 月底，價格向上測試雙重頂失敗，留下單日反轉的線形。在擴張頂排列的低點，呈現積極的買盤與不願殺低的賣盤，排列高點則存在獲利了結的動能玩家。

的下跌走勢已經回檔 40%左右，投資人認定股價已經超跌，進場買進股票，推升股價走高。

10 月 19 日，股價再創新高$54½。當股價由高點回檔，許多謹慎的投資人擔心雙重頂頭部正在形成，於是拋售股票，造成股價暴跌。當價格向下貫穿雙重頂排列兩個頭部所夾的谷底$48¾，雙重頂排列經過確認而正式完成。

由 1995 年 6 月份以來，成交量逐漸放大，意味著供給與需求之間的競爭轉趨劇烈。當買盤意願勝過殺低賣壓，跌勢終

於獲得支撐，股價開始向上反彈。這個時候，型態分析者可以繪製兩條趨勢線，一條銜接雙重頂兩個頭部，另一條銜接兩個谷底。如果交易者認定雙重頂排列已經誕生，股價正朝上側**趨勢線**發展，就可以進場買進股票。這支股票似乎完全按照劇本發展，向上攀升，觸及上側趨勢線而拉回，股價再創新高$55½。

波段漲勢最後兩、三天的線形實在太過陡峭，顯然無法持續。頭部的峰位看起來像是單日反轉，價格開高，收盤價位在最低價附近，留下一支很長的線形。可是，成交量不具說服力。當天的成交量雖然超過近一個星期來的平均水準，但全然不能與 11 月份底部的成交量比擬。總之，股價暴跌，很快觸及下側**趨勢線**而反彈，創新低價$43½。一旦價格恢復漲勢，動能玩家上轎推波助瀾，成交量隨著價格漲勢成長。買進力道與上升動能持續推升股價，相當順利地穿越上升**趨勢線**──這是擴張頂排列的向上突破。

這個排列內的每個峰位與谷底，都代表買賣雙方的鬥爭。在低點附近，買方相信股票已經超賣，積極進場買進，股價止跌反彈。在頭部附近，獲利了結的賣壓出籠，造成股價下挫。

某些投資人看著股價向下穿越他們的買點，雖然有些懊惱，但相信股票具有價值，在低檔持續累積股票。這種行為可以說明股價何以在低點向上反轉，或許也能夠解釋投資人在頭部害怕錯失高點而急於獲利了結的心態。只要股價創較高的高點而向下反轉，賣壓也會擴大，造成股價夾著更大的成交量下挫。這種現象清楚顯示在排列的第二個與第三個峰位。

　　圖 4.1 的排列也說明最後突破點的判斷非常困難。每當股價靠近或觸及上側趨勢線／下側趨勢線，就代表最後的突破可能即將出現。唯有當股價朝相反方向折返，才意味著突破沒有發生。關於這些行為，我們將在「交易戰術」一節探討其中的運用可能性。

辨識準則

表 4.1 列示擴張頂排列的辨識準則。第一項準則是有關進入排列的價格趨勢。這個價格趨勢也是造成擴張底與擴張頂排列之所以不同的特質。擴張頂發生之前，必須出現延伸性的價格漲勢；底部排列發生之前，則必須出現延伸性的價格跌勢。我是由主觀角度設定這兩個排列的區別準則。

表 4.1　擴張頂的辨識特質

特質	討論
價格趨勢	進入排列的中期價格趨勢應該向上。
形狀	喇叭狀型態，高點持續墊高，低點持續下滑。五點反轉具有 3 個峰位與 2 個谷底。
趨勢線	價格遵循兩條趨勢線：銜接高點的趨勢線向上，銜接低點的趨勢線向下。
觸及點	至少需要兩個轉折高點與兩個轉折低點，但轉折高點與轉折低點不一定交替出現。
成交量	不規則，但通常是價漲量增，價跌量縮。
突破	突破方向可能朝上或朝下，在明確突破之前，也可能出現長達數個月的橫向走勢。

　　沿著峰位與谷底繪製的兩條趨勢線，使得排列呈現喇叭狀的型態。高點持續墊高，低點也持續下滑，這是擴張頂排列的特色。趨勢線的傾斜方向，是造成這項排列不同於其他排列的重要因子之一。上側趨勢線必須向右上方傾斜，下側趨勢線必須向右下方傾斜。如果這兩條趨勢線之一呈現水平狀，就屬於上升或下降直角三角形擴張排列。如果兩條趨勢線都朝單一方向傾斜，則屬於擴張楔形排列。

　　價格型態發展為擴張頂之前，至少必須有兩個轉折高點與兩個轉折低點。轉折點是指價格由漲勢反轉為跌勢或由跌勢反轉為漲勢的關鍵位置。轉折高點是指顯著的價格峰位而言，轉折低點則是指顯著的價格谷底而言。圖 4.1 顯示 3 個轉折高點觸及上側趨勢線，觸及或靠近下側趨勢線的轉折低點則有 4 個。在排列的形成過程中，轉折高點與轉折低點不一定必須交替出現。

　　根據線性迴歸分析顯示，價格漲勢與跌勢之間的成交量趨勢沒有明顯的差異。對於典型的擴張頂排列，通常會有價漲量增／價跌量縮的現象。請回頭參考圖 4.1，成交量隨著價格攀升而增加，當價格形成峰位而下跌，成交量也開始下降。可是，我不認為擴張頂排列的成交量型態具有任何重要意義。

　　當價格穿越到趨勢線界定的範圍之外，或價格沿著趨勢線出現延伸性的走勢，就視為突破發生。在圖 4.1 中，如果把上側趨勢線向未來延伸，大約與價格走勢交錯在$58 附近。價格穿越這個水準而繼續走高。一旦突破發生，我把排列的最高

峰位視爲實際的突破價位。就圖 4.1 的例子而言，突破價位是
$55½，這也是 12 月初的價格峰位*。

讓我們引用圖 4.2 來說明前述的各項準則。整個形狀確實
像一個喇叭，價格走勢形成兩條明顯的趨勢線，上側趨勢線向
上傾斜，下側趨勢線向下傾斜，兩條趨勢線都至少銜接兩個轉
折高點或兩個轉折低點。隨著時間經過，高點持續墊高，低點
持續下滑，價格可能靠近、觸及或稍微穿越趨勢線之後才折返，
最後則發生突破。

成交量型態缺乏規則，但大致呈現「價漲量增 / 價跌量
縮」的趨勢。這種現象在圖 4.2 中看得很清楚。舉例來說，11
月中旬的價格夾著大量上漲，回檔過程的成交量明顯縮小。

這種排列通常會落在最近 12 個月價格區間的哪個位置
呢？如同我們所預期的，排列應該落在年度價格區間的上端。

---

* 譯按：請參考第 25~26 頁的註腳。作者當然可以把突破價位「定義」在任
何位置，但譯者認爲這種定義不應該違背股價型態分析的邏輯。突破明明發
生在 1996 年 4 月初的$58 附近，爲什麼要把 1995 年 12 月初的高點$55½定
義爲突破價位，這有什麼意義呢？如果收盤價向上穿越$58 定義爲突破發生，
爲什麼突破價位需要另外定義爲$55½呢？突破發生的時候，你還能夠在$55½
附近（不論是 1995 年 12 月份的$55½或 1996 年 3 月份的$55½）買進嗎？如
果價格穿越$58 之後排列才結束，爲什麼排列最高價$55½竟然會低於排列內
的其他價位呢？事實上，作者本人的說法也相互矛盾。在第 24 頁倒數第二
段提到「如果價格在排列之內貫穿趨勢線，貫穿點就是突破點。」（原文第
16 頁：If prices pierce the trendline, then the penetration point becomes the breakout
point.）請注意，假定 1996 年 1 月份的低點沒有觸及或靠近下側趨勢線（發
生部分跌勢）。在這種情況下，擴張頂排列已經結束，隨後當價格在 1996 年
3 月份向上穿越排列最高價$55½（由於排列已經結束，排列最高價具有明確
的定義），可以視爲向上突破。

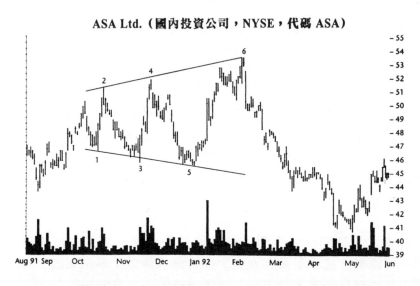

圖 4.2 擴張頂排列的高點持續墊高，低點持續下滑，兩條趨勢線隨著時間經過而向外發散。

　　請注意，擴張頂排列的整體型態通常是水平狀（換言之，以水平線爲軸心而上下對稱）。這個排列不同於兩條趨勢線同時向上或向下的上升或下降擴張楔形。擴張排列的上側趨勢線必須向上傾斜，下側趨勢線必須向下傾斜。

　　標準擴張頂與五點反轉都代表相同形式的排列，它們只不過是具備 3 個轉折高點與 2 個轉折低點的擴張頂。圖 4.3 就是典型的例子。除了名稱以外，我看不出擴張頂與標準擴張頂／五點反轉之間存在任何差異。

　　某些分析家認爲，五點反轉具有空頭意涵，通常會向下

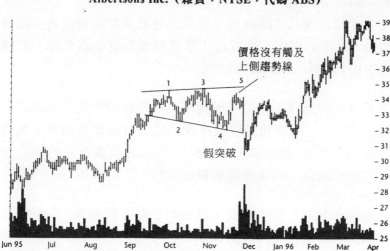

圖 4.3 　五點反轉或標準擴張頂。3 個轉折高點與 2 個轉折低點構成 5 點反轉。

突破。我的統計數據——雖然只有 30 個案例——並不支持這個
論點：16 個案例向上突破，其他為向下突破。雖然樣本太小
而不足以提出任何結論，但相關數據符合一般擴張頂排列傾向
於向上突破的現象（53%）。

失敗案例

圖 4.3 與 4.4 是擴張排列失敗的兩個例子，因為價格沒有朝突
破方向繼續發展。在圖 4.3 中，價格夾著大量向下突破下側趨
勢線，而且前一波漲勢高點靠近而沒有實際觸及上側趨勢線（可

以解釋爲部分漲勢），所以這似乎顯示有效的突破。然而，價格向下突破之後又立即回升，整個過程並且伴隨著大量。這是一個 5%失敗的案例；換言之，收盤價雖然突破趨勢線，但隨後沒有出現 5%以上的跟進跌勢。

圖 4.3 與圖 4.4 代表兩種極端不同的突破形式。此處之所以列入圖 4.4，因爲我發現很多擴張頂的行爲都是如此。整個走勢沒有明顯貫穿兩側的趨勢線，價格呈現數個月的橫向盤整，然後穿越排列的最高價或最低價*。

在圖 4.4 中，價格跌破 7 月初的低點而創新低，但很快就止住跌勢。價格稍做回升，然後在 8 月初又創新低，但立即反彈。往後的 6 個月內，價格在$40½與$44½之間橫向整理，最後才出現向上突破。

即使在圖 4.3 中，當價格於 1996 年初向上突破排列最高點之後，也出現大約 6 個星期的橫向走勢，然後才朝突破方向明確上漲。

最後，我希望強調一點，擴張頂排列的失敗案例非常罕見，將近 200 個排列才出現 8 個失敗案例。所以，擴張排列一旦突破之後，價格通常都會繼續朝突破方向發展。

---

* 譯按：8 月份出現相對峰位之後，可以判定擴張排列已經結束，這個時候可以決定排列的最高點與最低點。隨後，只要收盤價穿越排列最高點或最低點，就可以視爲突破。

圖 4.4　　這個擴張頂排列向上突破之前，價格曾經出現 6 個月的橫向走勢。這種現象經常發生於擴張排列。

統計數據

當我跑完主要的資料庫之後，發現擴張頂排列的案例顯然太少。在我檢驗的股票之中，大約只有 25% 曾經出現擴張頂型態。所以，我採用當時每天運用的資料庫，希望增添一些樣本。後面這個資料庫較小，大約只包括 300 支股票，而且只涵蓋 3 年的期間（1996 年~1999 年）。本書運用的主要資料庫則涵蓋 500 支股票與 5 年的期間（1991 年~1996 年）。綜合兩個資料庫之後，案例還是不多，大約只有 189 個，但樣本數量已經足以歸納有效的結論。表 4.2 列示一般的統計數據。

表 4.2　擴張頂的一般統計數據

說明	向上突破	向下突破
排列數量： 1991 年~1996 年的 500 支股票共有 132 個；1996 年~1999 年的 300 支股 票共有 57 個	100	89
反轉或整理排列	100 個整理	89 個反轉
失敗率	4/100 相當於 4%	4/89 相當於 4.5%
成功排列的平均 漲幅／跌幅	34%	23%
最經常發生漲幅／跌幅	10%~15%	10%~20%
在成功排列中，符合 或超越目標價位者	72 個或 75%	54 個或 64%
排列平均長度	2.5 個月（72 天）	2 個月（67 天）
部分上漲而最後下跌		45/69 相當於 65%
部分下跌而最後上漲	25/29 相當於 86%	
3 個月內發生趨勢 反轉的百分率	41%	47%

　　相對於排列發生之前的既有價格趨勢，擴張頂屬於反轉或整理型態？在全部 189 個案例中，100 個排列持續既有的趨勢而屬於整理型態（又稱為連續型態），89 個發生趨勢反轉。當然，排列屬於整理或反轉型態，完全取決於突破的方向。根據定義，擴張頂排列發生之前的既有價格趨勢向上，所以向上突破的排列屬於連續型態，向下突破的排列屬於反轉型態。

　　某些分析家認爲擴張頂排列在本質上屬於空頭反轉型態，但我找不到任何證據支持這個論點。我寧可把向上突破的擴張頂視爲弱勢的多頭型態，或把向下突破的擴張頂視爲稍微強勢的空頭型態*。

　　失敗率不容易決定，因爲這種排列沒有向上或向下突破的明顯傾向，所以我採用 5%的跟進走勢做爲判斷基準。所謂「突破」，是指收盤價貫穿到排列最低點之下或穿越到排列最高點之上；突破發生之後，在出現 5%以上的跟進走勢之前，如果價格朝突破的相反方向發展，則視爲排列失敗。

　　我採用這種處理方式，理由很簡單。如果你在向上突破之後買進股票，但隨後沒有發生 5%以上的跟進漲勢，你一定覺得失望，甚至可能認賠。在前述的定義之下，考慮全部 189個擴張頂案例，只有 8 個排列在突破之後沒有發生 5%的跟進走勢。相當不錯的數據。

　　突破發生之後，走勢的平均幅度如何？向上突破的平均漲幅爲 34%，向下突破的平均跌幅爲 23%。前者低於一般多頭型態的漲幅水準 40%，後者則超過一般空頭排列的跌幅水準 20%。

　　平均數可能受到離群值的扭曲，所以我透過次數分配計算最經常發生漲幅與跌幅，請參考圖 4.5。在向上突破的情況

＊ 譯按：請參考本頁倒數第二段的解釋。

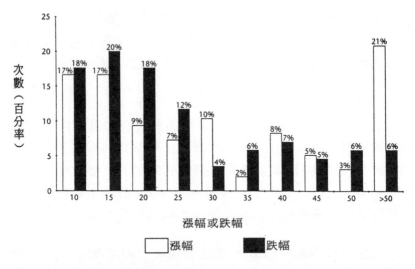

圖 4.5 擴張頂報酬率次數分配 向上突破的最經常發生漲幅為 10%~15%，向下突破的最經常發生跌幅為 10%~20%。

下，離群值顯然發生在上側，漲幅超過 50%的案例佔 21%，漲幅平均數（34%）受到扭曲而向上偏頗。如果我們忽略這個欄位（漲幅超過 50%者），次高欄位的報酬率是 10%~15%。換言之，如果你在擴張頂排列向上突破的時候進場買進，這項投資最可能發生的報酬率是 10%~15%。如果你很幸運，實際的報酬率可能更高，但不要抵押房屋來下注。

　　向下突破的最經常發生跌幅介於 10%與 20%之間，包括圖形內的最左側三個欄位；由於這三個欄位緊靠在一起，所以我把它們歸納為一個區間。在全部向下突破的案例中，超過半數（前三個欄位的總和為 56%）的跌幅低於 20%。

目標價位的衡量方法也類似於大多數其他排列。把排列最高價減去最低價，結果是排列高度；由突破價位向上或向下衡量排列高度，結果就是目標價位。

請參考表 4.2，向上突破的目標價位達成率爲 75%，向下突破的達成率只有 64%。我認爲，達成率超過 80%，型態的目標價位才具備可靠的參考價值，擴張頂顯然不太符合這個標準。關於目標價位的詳細計算過程，請參考「交易戰術」一節。

兩種突破方向的排列平均長度大約相同，分別爲 72 天與 67 天。排列長度足夠讓型態顯示在週線圖上。

部分漲勢與部分跌勢是判斷排列突破方向的可靠指標，投資人可以依此提早建立部位。請參考圖 4.3，點 5 的部分漲勢預示隨後的向下突破。如果擴張頂排列發生部分漲勢——價格由下側趨勢線反彈走高，但還沒有靠近上側趨勢線之前就折返——有 65%的案例隨後緊跟著發生向下突破。部分跌勢的預測可靠性更高；如果價格由上側趨勢線向下反轉，但還沒有靠近下側趨勢線之前就反彈走高，這類擴張頂案例隨後有 86%發生向上突破。

某些分析家認爲，擴張頂排列屬於空頭型態，即使擴張頂沒有向下突破，隨後也應該很快就發生趨勢反轉。我瀏覽相關的資料庫，觀察前述結論是否正確。對於向上突破的排列，只有 41%的案例在隨後 3 個月內出現最後峰位。換言之，向上突破擴張頂代表頭部反轉型態的可能性不到一半。向下突破的情況稍微好一點，數據爲 47%，但仍然不足以支持前述結

論。所以，按照我的統計數據顯示，擴張頂排列不代表上升趨勢已經結束，即使該排列向下突破也是如此。

表 4.3 顯示突破的相關統計數據。圖 4.4 是一個很好的例子，說明排列結束與突破發生之間的距離往往很遠。不論突破方向如何，在排列結束之後，價格到達突破點的平均時間超過 1 個月。所謂「突破」，是指收盤價穿越到排列最高價之上或最低價之下。

在我所考慮的 100 個向上突破案例中，最終高點大約發生在突破之後的半年（166 天）。向下突破的最終低點大約發生在突破之後的 4 個月（129 天）。後者的時間較短，這是相

表 4.3　擴張頂突破的統計數據

說明	向上突破	向下突破
突破次數	100 個或 53%	89 個或 47%
排列結束與突破的相隔時間	46 天	34 天
對於成功的排列，突破與 最終峰位／谷底的相隔時間	5.5 個月 (166 天)	4 個月 (129 天)
突破點位在最近 12 個月價格 區間的下緣、中央或上緣	下緣　0% 中央　6% 上緣 94%	下緣 10% 中央 49% 上緣 40%
前述突破位置的 平均漲幅／跌幅	下緣　0% 中央 24% 上緣 35%	下緣 22% 中央 24% 上緣 22%

附註：漲幅最大的擴張頂排列向上突破，突破位置在年度價格區間的上緣。

當合理的現象，因為向上突破的平均漲幅為 34%，向下突破的平均跌幅為 23%，漲幅距離較大，耗費的時間也應該較久。前述的期間長度，是衡量突破點到最終高點或低點的距離，最終高點或低點是指顯著的趨勢反轉點。

如果把先前 12 個月的價格區間劃分為三等份，突破發生在哪個位置呢？大多數向上突破發生在價格區間三等份的上緣（94%）。這個數據似乎有些偏高，但還是相當合理。向上突破的位置當然是在排列的上端，自然也應該發生在年度價格區間的上緣。同理，向下突破的位置發生在排列的下端，但擴張頂排列本身則發生在上升趨勢的末端（換言之，排列本身大約處在年度價格區間的上半部），所以向下突破最經常發生在年度價格區間的中央（49%）或上緣（40%）。

如果擴張頂向上突破的位置發生在年度價格區間的上緣，平均漲幅為 35%；如果突破位置發生在年度價格區間的中央，平均漲幅為 24%。對於向下突破，不論突破點位在年度價格區間的哪個位置，平均跌幅都差不多是 22%（只有中央位置為 24%）。

表 4.4 顯示交替觸及點的統計數據。擴張頂排列在成功突破之前，通常會出現幾個交替觸及點？根據次數分配的統計數據顯示，不論向上或向下的突破，大多發生在擴張頂排列出現 4 個交替觸及點之後。可是，某些案例在突破發生之前，排列出現 6 個或 7 個交替觸及點。

我如何計算交替觸及點呢？請回頭參考圖 4.2，標示的數

表 4.4　交替觸及點個數與成功突破次數之間的關係

交替觸及點個數	向上突破		向下突破	
	個數	累積%	個數	累積%
3	8	8%	8	9%
4	42	52%	35	51%
5	31	84%	21	75%
6	12	97%	17	95%
7	3	100%	4	100%

附註：大多數成功的擴張頂排列，突破之前出現 4 個交替觸及點。

字代表交替觸及點的個數。我通常把第 1 個交替觸及點標示在
價格進入排列位置的反側。由於擴張頂是發生在上升趨勢的末
端，價格是由下側進入排列，所以第 1 個觸及點通常標示在上
側。可是，在圖 4.2 中，價格進入排列之後沒有觸及上側趨勢
線，所以我把第 1 個交替觸及點標示在下側。圖 4.3 則是一個
比較正常的例子。

　　讓我們回到表 4.4，把突破次數表示為百分率格式，如此
可以顯示突破可能發生的位置。舉例來說，某個擴張頂排列中，
第 1 個觸及點在上側，而且當時已經出現 5 個交替觸及點（第
5 個觸及點在上側），如果價格直逼下側趨勢線，向下突破的
可能性為 95%＊。發生的可能性雖然很高，但並不代表排列必

＊ 譯按：這種說法很容易造成誤會。表 4.4 的 95%究竟代表什麼事件的發生
機率呢？向下突破發生在第 6 個觸及點或之前的機率為 95%。正文考慮的事
件又是什麼呢？「假定先前 5 個觸及點都沒有突破，而突破剛好發生在第 6
個觸及點」。請注意，這兩個事件全然不同，後者的發生機率絕對不會是 95%。

定向下突破。由於價格已經由上側趨勢線下跌，但還是可能出現部分跌勢而反彈，然後向上突破。

　　某些技術分析者相信，突破會發生在觸及點數較少的一邊。對於 5 點反轉排列（上側有 3 個觸及點，下側有 2 個觸及點），突破的方向應該朝下。我的資料庫中總共有 30 個 5 點反轉案例，其中只有 47%向下突破。

　　逆向的 5 點反轉排列又如何呢？這類排列有 2 個轉折高點與 3 個轉折低點。統計數據顯示，這類排列向上突破的案例數量是向下突破的兩倍（68%對 32%）。可是，我希望強調一點，還有 36 個案例的觸及點超過 5 個。換言之，不論順向或逆向，5 點反轉會繼續發展，來回觸及對側趨勢線。一旦發生這種情況，就已經不屬於 5 點反轉排列。總之，不論 5 點反轉或其逆向排列，完全都沒有任何神奇之處。它們都屬於擴張排列，我實在找不出它們有任何特殊的性質。

交易戰術

表 4.5 列示擴張頂排列的交易戰術。首先考慮突破之後的目標價位衡量法則。對於大多數排列來說，最低目標價位的衡量方法是計算排列的高度，然後由突破點向上或向下衡量。擴張排列的目標價位也適用這種衡量方法。請參考圖 4.6，排列高度是排列最高價（$12\frac{1}{8}$）減去最低價（$10），相當於$2\frac{1}{8}$。這個例子向上突破，由突破點（也是排列最高價$12\frac{1}{8}$）向上衡量排列高度，目標價位是$14\frac{1}{4}$（$=12\frac{1}{8}+2\frac{1}{8}$）。

Esterline Technologies.（精密儀器，NYSE，代碼 ESL）

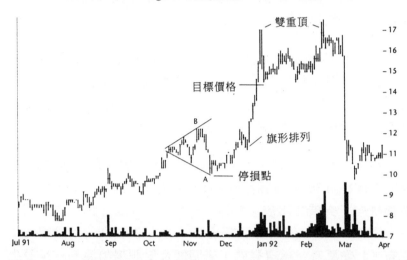

圖 4.6 衡量目標價位。首先，計算排列的高度，把排列最高價減去排列最低價。其次，由突破點向上或向下衡量排列高度（衡量方向取決於向上或向下突破），結果就是突破之後的目標價位。

　　衡量法則或目標價位有什麼用處呢？假定你考慮買進圖 4.6 的股票。由於不能確定擴張頂排列的突破方向，所以很難設定長期的進場點。針對這個排列，最簡單的操作方法是在股價觸及下側趨勢線而向上反轉的時候買進。

　　擴張排列至少需要兩個轉折高點與兩個轉折低點才能確定，所以圖 4.6 的 A 點代表一個可能的進場買點。實際下單買進之前，透過衡量法則計算目標價位。目標價位可以協助你評估這筆交易的風險／報酬關係。就圖 4.6 的例子，當股票由 A 點向上反彈，進場買進的價位大約是$10³/₈，目標價位為$14¹/₄，

表 4.5　擴張頂的交易戰術

交易戰術	解釋
衡量法則	設定排列內的最高價與最低價,計算兩者的距離。由排列最高點或最低點,向上或向下衡量前述的距離,結果就是向上突破或向下突破的目標價位。
低點買進	一旦辨識擴張頂排列之後,買點設定在股票於低點向上轉折的位置。
多頭停損	停損點設定在轉折低點下側 1/8 點處,防範趨勢向下反轉。
高點放空	賣點設定在股票於高點向下轉折的位置。
空頭停損	停損設定在轉折高點上側 1/8 點處。當股價觸及下側趨勢線而向上轉折,回補空頭部位。如果排列向下突破,在目標價位或任何支撐水準附近回補。
調整停止點	一旦價格穿越前一個轉折高點(多頭部位),將停止點調高到前一個轉折低點;一旦價格穿越前一個轉折低點(空頭部位),將停止點調降到前一個轉折高點。
其他	如果擴張頂出現部分跌勢,可以考慮做多。一旦向上突破,可以考慮加碼。

潛在報酬率爲 37%。這筆交易的停損點設定在 A 點($10)下側 1/8 點處,大約是$9⅞,所以潛在損失爲 5%。整體而言,這筆交易的風險╱報酬關係是 1：7,非常理想的比率關係❖。

❖ 譯按:此處有一個大問題,當價格由 A 點向上反彈,如何判斷這個擴張頂排列已經結束?換言之,當你考慮進場買進的時候,根本不知道排列最高點與最低點究竟在哪裡,自然也不能計算目標價位。就算排列已經結束,上檔目標價位$14¼代表向上突破之後的目標價位,顯然不適用於 A 點的買進部位。事實上,在 A 點買進,應該是針對橫向走勢進行交易,不是向上突破。

排列向上突破之後，目標價格達成率為 75%。這意味著價格向上突破的時候，前述買進部位沒有必要急著脫手，可以讓獲利持續擴大。

當價格觸及下側趨勢線而反彈，進場買進股票。停損設定在最近轉折低點下側（A 點下側 1/8 點處）。

如果股票不能向上突破，這個部位或許可以掌握價格攀升到上側趨勢線的 20%漲幅。價格由下側趨勢線向上反彈，該處代表買點；當走勢向上穿越前一個轉折高點，就應該準備獲利了結。價格可能在此向下轉折，或稍作停頓，然後繼續挺進到上側趨勢線。務必調高停止賣點，保障既有的一部分獲利。

向下突破的目標價位又如何呢？同樣地，由突破點（$10）向下衡量排列高度（$2$\frac{1}{8}$），結果是7\frac{7}{8}$。換言之，如果價格向下突破，至少應該會跌到$7$\frac{7}{8}$。可是，向下突破的目標價位達成率只有 62%，顯然不太可靠。

針對擴張頂排列建立空頭部位，進場點可以考慮價格觸及上側趨勢線（圖 4.6 的 B 點）而向下反轉的時機。停損點設定在最近轉折高點（B 點12\frac{1}{4}$）的上方 1/8 點處。一旦股價到達 A 點附近（換言之，跌破 B 點之前的轉折低點），就把停損點調降到前一個轉折高點（譯按：B 點之前的轉折高點），或者是擴張頂的頂點[*]（目前這個例子是 11$\frac{1}{8}$ 或 11$\frac{7}{8}$）。某些

---

[*] 譯按：上側與下側趨勢線朝向左方的交會點（朝右方則發散）。

情況下，股價在距離下側趨勢線很遠的地方就向上回升；另一些情況下，價格在回升或繼續下跌之前，可能出現一段相當長的橫向盤整走勢。向下調整停止點，至少可以保障一部分的既有獲利。

最後，讓我們考慮部分漲勢或部分跌勢的戰術運用。當價格朝下（朝上）發展，但還沒有靠近下側（上側）趨勢線之前，又朝上（朝下）發展，這種走勢稱為部分跌勢（漲勢）。一旦發生部分跌勢（部分漲勢），隨後經常立即向上（向下）突破。所以，當你察覺部分跌勢（部分漲勢），可以立即進場建立多頭部位（或空頭部位），突破實際發生的時候，可以考慮加碼。

交易範例

周小姐對於股票市場一直很感興趣，但始終沒有足夠的資金參與投資。所以，她經常進行一些紙上模擬交易，夢想有一天能夠實際進場。不久，她的父母在一場車禍中不幸喪生。

往後一年的日子非常難熬，因為周小姐與父母親的感情很好，很難忍受這種意外的變化。於是，她養了一條狗，希望彌補一些空虛，但畢竟不一樣了。還好，她的父母都有保險，也有一點儲蓄，完全都由她繼承。繳納遺產稅之後，周小姐突然發現自己實在沒有必要繼續工作。「為什麼要等到健康狀態惡化之後？我可能與父母親一樣早死？」所以，她在 29 歲就退休了。

周小姐盤算著，如果儘量省吃儉用，或許就不需動用儲蓄。於是，她繳清房屋與汽車貸款，也付清信用卡欠款，同時決定不再外出用餐。整個生活方式都改變了，但她有一個絕對不願妥協的願望：股票交易。

在某家經紀商開戶之後，她開始等待最好的機會，最後終於找到圖 4.6 的股票。她很早就察覺這個擴張頂排列，掌握突破之前的進場點。當股票觸及 A 點的兩天之後，她下單買進，成交價格是 $10^1/_2$。然後，她把停損點設定在 A 點下側 1/8 點處（$9^7/_8$），潛在損失為 6%。

周小姐運用衡量公式計算上檔的目標價位為 $14^1/_4$。如果一切都順利的話，這筆交易的報酬率將超過 35%。建立部位之後，她開始等待，但繼續留意行情的發展。當價格攀升到先前的高點（B 點）附近，走勢陷入停頓。她懷疑股價可能向下反轉，考慮是否應該獲利了結，最後還是決定繼續持有多頭部位。經過幾天，她發現一個旗形排列，期待這是飄揚在旗桿中點的旗形（旗形排列通常是連續型態，發生在既有趨勢的中點）。如果真是如此，旗形突破之後的上檔目標價位為 $13^1/_4$（這段走勢的起點在 $10，走勢中點設定為旗形最低點 $11^1/_8，由旗形頭部 $12^1/_8 向上衡量：$12^1/_8 + [$11^1/_8 - $10] = $13^1/_4）。

幾天之後，股票不只滿足旗形的目標價位，而且也滿足擴張頂的目標價位。周小姐是否賣出？沒有，因為股票的漲勢沒有停頓的趨勢，她很明智地決定讓獲利繼續發展。可是，還是決定把停止賣點調高到 $11^7/_8，相當於排列最高點的下方 1/8

點處。她認為排列最高點代表支撐區，如果股價回檔，應該在支撐區止跌反彈，不至於觸發停止賣單。

2 月中旬，當股票在$17 附近創第二個峰位，她發現潛在的雙重頂排列。於是，她把停止賣點調高到雙重頂確認點的下方 1/8 點處（14^1/_4$）。大約又經過兩個星期，這個停止賣單遭到觸發，因為股價暴跌到12^1/_8$（前一天收盤價為$15$^5/_8$）。扣除佣金成本之後，這筆交易在不足 4 個月內獲利 33%。

❖ 5 ❖

上升擴張楔形排列

摘要資料

外觀	價格沿著兩條向上傾斜的趨勢線發展。兩條趨勢線向外發散。
反轉或整理	短期的（長達 3 個月）空頭反轉排列。
失敗率	24%。
等待向下突破的失敗率	6%。
平均跌幅	20%，最經常發生跌幅為 10%。
成交量趨勢	隨著時間經過而稍有增加。
回升	向下突破有 21%發生回升走勢。
回挫	向上突破有 7%發生回挫走勢。
價格目標達成率	61%。
意外發現	排列末端出現部分漲勢，向下突破的可能性為 84%。

我稱這種排列為上升擴張楔形（ascending broadening wedge），
因為這種擴張排列的外觀很像上升楔形（rising wedge）。在搜
尋等腰狀擴張排列（symmetrical broadening formations）的過程
中，我開始注意到這種排列。什麼是等腰擴張排列呢？這種排
列在水平軸兩側出現相互對稱的價格型態：價格高點持續墊
高，價格低點持續下滑，所銜接的兩條趨勢線分別向上與向下
傾斜。

　　上升擴張楔形與上升楔形不同。兩種排列中，界定價格
行為的兩條趨勢線都向上傾斜，但這就是兩者的唯一相似之
處。上升擴張楔形的兩條趨勢線向外發散（擴張）；換言之，
上側趨勢線的斜率陡峭程度超過下側趨勢線，兩條趨勢線向未
來延伸不會相交。反之，上升楔形的兩條趨勢線向外收斂。

　　上升擴張楔形與上升楔形的成交量型態也不同。上升擴
張楔形接近突破點的位置，成交量通常會放大，但上升楔形的
成交量通常會隨著時間經過而縮小。

　　「摘要資料」列示上升擴張楔形的一些統計數據。這種
價格型態的失敗率相當高 24%，如果等待向下突破，失敗率
下降到 6%。按照我的標準，型態的失敗率低於 20%才可以接
受；所以，如果針對這個型態操作，應該等待向下突破之後才
放空。

　　突破之後的回升（pullbacks）與回挫（throwbacks）走勢相
當罕見，發生的機會分別為 21%與 7%，在擴張排列中顯得稍
微不尋常。這些數據顯示，突破一旦發生，通常就不會回頭；

向下突破之後，就繼續下跌。當然，這種說法也不一定完全正確；請參考本章首頁的小圖，股價在下側趨勢線附近，還是顯得有些猶豫。

排列突破之後，滿足目標價位的達成率為 61%，低於我希望接受的水準（至少 80%）。事實上，這個達成率還有些高估。請注意，衡量目標價位並不採用排列高度，而是把排列最低點設定為目標；換言之，此處是按照楔形排列的方法衡量目標價位。價格跌破下側趨勢線之後，大約有三分之二的案例會繼續下跌到排列最低點或以下。

部分漲勢（partial rise）是上升擴張楔形的意外發現。所謂「部分漲勢」，是指價格由下側趨勢線向上反彈，在靠近上側趨勢線之前，又開始向下折返。一旦發生部分漲勢，向下突破的可能性為 84%。

緣起

上升擴張楔形排列的形狀究竟如何？請參考圖 5.1。首先，我們發現兩條向上傾斜的趨勢線，上側趨勢線的陡峭程度超過下側趨勢線。換言之，這兩條向上傾斜的趨勢線，隨著時間經過而向外擴張。一旦下側趨勢線被突破之後，價格出現暴跌走勢。整個形狀如同向上傾斜的楔形，所以稱為上升擴張楔形。在排列內，價格起伏波動，受到兩條趨勢線的界定。這兩條趨勢線不是相互平行。如果平行的話，就是通道（channel）或矩形排列（rectangle，如果兩條趨勢線都是水平狀的話）。

Air Express Intl. Corp.（空運，NASDAQ，代碼 AEIC）

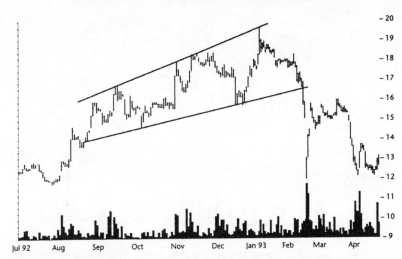

圖 5.1　上升擴張楔形。界定價格行為的兩條趨勢線向上傾斜，而且隨著時間經過向外擴張（發散）。

　　圖 5.2 是一個更典型的例子，兩條趨勢線的陡峭程度明顯不同，非常清楚的向外擴散。

　　圖 5.1 與 5.2 的情況非常類似。兩個排列都發生在上升**趨勢**的末端，代表可能的反轉型態。雖然上升擴張楔形不一定向下突破，排列也不一定發生在上升趨勢的末端，但這兩種情況的發生機會很大。

　　圖 5.2 也顯示一個有趣的型態，這是判斷另一個新價格**趨勢**的重要參考：部分漲勢。價格觸及下側**趨勢**線而向上反彈，但沒有觸及上側**趨勢**線。價格向下反轉之後，跌破下側**趨勢**線，

Barrick Gold（礦產，黃金／白銀，NYSE，代碼 ABX）

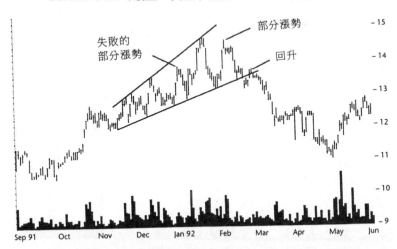

圖 5.2 上升擴張楔形。兩條趨勢線隨著時間經過而明顯向外擴張。部分漲勢沒有觸及上側趨勢線，意味著價格即將向下突破。

而且繼續下跌。請注意，1992 年 1 月份也出現一個類似的部分漲勢。在這個例子中，價格向下反轉之後，只觸及而沒有貫穿下側趨勢線，然後又恢復正常的上升擴張楔形走勢。這個部分漲勢沒有正確預示趨勢變動。我們稍後還會繼續討論部分漲勢的問題。

　　擴張楔形為什麼出現呢？假定你是某家大型投資機構的主管，手頭上有一大筆資金，準備買進另一家公司的股票。當時的股價很低，你指示交易部門買進股票。交易部門透過幾家不同的經紀商分批買進，但突如其來的買盤還是推高股價。雖然儘可能保持低調，但你進場的消息還是傳到市場上。動能玩

家自然會趁機搭轎，進場買進。這使得股票更進一步上漲，所以你的交易部門暫停買進。

價值型投資人發現股價進入超買狀態，在高價拋售股票。很快地，價格開始回檔。可是，在價格回到先前的低價之前，準備回檔接手的人又進場，阻止股價繼續下跌。你的交易部門察覺股價底部墊高，也趁著價格還算合理而買進。某些投資人發現這支股票值得一試，也加入買進行列。甚至這家公司本身也進場買進，執行董事會很久之前宣佈的股票買回計畫。這個股票買回計畫已經接近到期，公司方面認為目前是履行承諾而買進股票的適當時機。

股價創新高。當價格向上過度延伸之後，賣壓逐漸蓄積而超過買進力道，造成股價下跌，但跌幅不深——因為太多人希望在理想價位買進。所以，在失控的買盤力道刺激下，股價高點持續墊高，而你嘗試在下檔某固定價位買進。可是，你的買進計畫也不太成功，被迫在愈來愈高的價位買進，結果低點也愈墊愈高。

不久，股價上漲到你也不能接受的水準。於是，你決定賣出部分或全部持股。在這種情況下，當動能玩家再度驅動股價走高的時候，股價已經不能靠近上側趨勢線。

每個人都有觸角或管道，嘗試瞭解市場的演變。遙遠的地方，隱隱約約出現一些雜音。空頭表示，本季的相同店面銷售量將下降。這一次，空頭謠言獲得廣泛的認同。精明資金首先採取行動而奔向出口。價格開始快速下滑。在下側趨勢線附

近，一些還沒有察覺風向變動的無知投資人或許會買進股票。可是，這些有限的買盤力道很快就消耗完畢，股價貫穿下側**趨勢線**，而且繼續下跌。

辨識準則

表 5.1 列示一些獨特的辨識準則。當我們討論這些辨識準則時，請參考圖 5.3。這個排列不同於圖 5.1 與 5.2，因爲型態發生之前屬於橫向整理走勢。由 1991 年 7 月份開始，價格就出現橫向盤整走勢，不曾跌破$15³/₈的水準（圖 5.3 只顯示一部分走勢）。

1992 年前後，橫向盤整走勢開始發生變化。價格在 12 月

表 5.1　上升擴張楔形的辨識特質

特質	討論
形狀	向上傾斜的喇叭狀，界定價格行爲的兩條趨勢線都向上傾斜。
趨勢線	兩條趨勢線都向上傾斜，上側趨勢線的陡峭程度超過下側趨勢線。
觸及點	每側趨勢線都至少需要 3 個不同的觸及點（或近似觸及點）。這有助於確認型態與績效。
成交量	不規則，但隨著時間經過而稍有增加的傾向。
提前突破	非常罕見。收盤價跌破下側趨勢線，通常代表真正突破。
突破	絕大多數情況向下突破，但還是可能向上突破。
部分漲勢	價格觸及下側趨勢線，向上反彈而不能觸及上側**趨勢線**，然後向下反轉而突破下側趨勢線。

23 日向上發展，1 月中旬創新高，但很快又下跌。這個時候，可以分別銜接轉折高點與低點而繪製兩條暫時趨勢線。雖然還沒有明確的結論，但擴張楔形似乎逐漸成型。隨後，價格走高觸及上側趨勢線，然後折返觸及下側趨勢線，擴張楔形排列已經相當清楚。3 月初，價格向上攀升，但距離上側趨勢線還很遠的時候，又向下反轉，直接貫穿下側趨勢線。部分漲勢與趨勢線貫穿，意味著趨勢即將發生變化。

這是假突破（false breakout）。向下突破之後，出現連續 3 天的緊密線形，然後重新穿越下側趨勢線，並且快速攀升到上

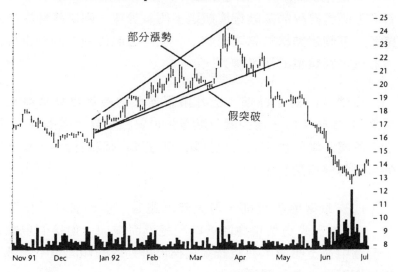

Fleetwood Enterprises（製造，NYSE，代碼 FLE）

部分漲勢

假突破

圖 5.3 擴張排列出現向下的假突破，需要重新繪製下側趨勢線。內側的部分漲勢相當罕見，發生機會只有 **18%**。

側趨勢線。下側趨勢線需要重新繪製，納入先前發生的向下假突破，往後價格在排列內的上下起伏寬度更大。

一個月之後，價格又回到下側趨勢線，反彈回升幾天，然後又穿越下側趨勢線，但隔天又回到趨勢線之上，並且繼續走高。整個情況類似於 3 月中旬的走勢。可是，這波漲勢的成交量沒有放大，很快又退回下側趨勢線。4 月 6 日，價格向下跳空，直接穿越下側趨勢線，這是真正的突破，價格暴跌到 $12¼ 之下，由高點起算的跌幅將近 50%。

回頭觀察圖 5.1、5.2 與 5.3，我們發現上升擴張楔形具備幾個共通的特性。整體形狀呈現喇叭狀，與擴張排列的情況一樣，只是喇叭的開口朝向右上方：兩條趨勢線都朝右上方傾斜。上側趨勢線的陡峭程度超過下側趨勢線，兩條趨勢線向外擴散。下側趨勢線的斜率也朝上，使得這個排列不同於直角三角形或等腰類型的擴張排列。

根據我的認定標準，上升擴張楔形的兩側趨勢線都至少需要 3 個觸及點（這些觸及點至少也要相當靠近趨勢線）。至少三個觸及點的規定，可以排除一些正常的價格行為，協助辨識可靠的價格型態。

成交量型態不規則，但大體上還是「價漲量增／價跌量縮」。另外，成交量也會隨著時間經過而增加，但這個現象在走勢圖中並不明顯，在整體擴張楔形排列內的傾向也不顯著，所以不屬於必要的辨識準則。

　　圖 5.3 顯示一個提前突破（假突破）的案例。一般來說，價格會沿著下側趨勢線發展，除非接近正式突破點，否則盤中價格都很少穿越趨勢線。一旦收盤價穿越趨勢線之後，走勢可能非常混亂，如同前述幾個圖形顯示的。某些情況下，價格貫穿之後就繼續下跌；另一些情況下，突破之後，價格還會來回穿越趨勢線，最後才正式下跌。不論哪一種情況，突破的方向通常都是朝下。

　　最後，幾乎半數的上升擴張楔形都出現部分漲勢。由於部分漲勢發生之後，通常立即向下突破，所以部分漲勢代表重要的趨勢變動指標。何謂部分漲勢？價格觸及下側趨勢線而反彈，但隨後的漲勢還沒有觸及或靠近上側趨勢線之前就向下折返。這個折返下側趨勢線的走勢，經常會出現真正的突破。請注意，部分漲勢的起點是下側趨勢線。

失敗案例

圖 5.4 顯示一個失敗案例。價格雖然向下突破，但沒有出現 5% 或以上的跟進跌勢，價格接著又向上發展。向下突破發生在 $50^1/_8$，兩個星期之後的最低價為 $48^5/_8$，跌幅大約是 3%──不足以視為有效的向下突破。

　　全部 126 個向下突破案例中，只有 7 個（相當於 6%）沒有出現 5% 或以上的跟進跌勢。這是明顯偏低的數據。可是，這並不代表向下突破必定不會失敗。在全部上升擴張楔形排列中，76% 的案例成功向下突破。這是很高的比率；如果你等待

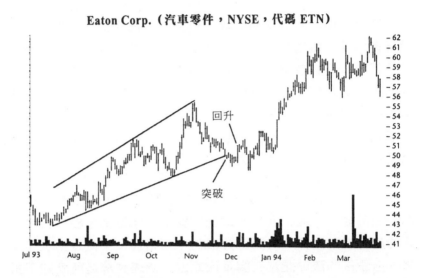

Eaton Corp.（汽車零件，NYSE，代碼 ETN）

圖 5.4　　失敗的上升擴張楔形。向下突破之後，沒有出現 5%或以上的跟進跌勢，價格隨後又走高。

向下突破，則成功的機會更高。雖然排列的成功率為 76%，但剩下的 24%案例可能向上突破或橫向發展。失敗率 24%顯然不是一個可以忽略的數據。如同其他排列一樣，採取行動之前，最好等待收盤價突破的確認訊號。

統計數據

表 5.2 列示上升擴張楔形的一般統計數據。相對於其他擴張型態，目前這種排列的案例較多。在 500 支股票的 5 年期間內，我找到 157 個案例，其中 118 個排列（75%）屬於反轉型態。

表 5.2 上升擴張楔形的一般統計數據

說明	統計數據
排列數量： 1991 年~1996 年的 500 支股票	157 個
反轉或整理排列	39 個整理，118 個反轉
失敗率	38/157 相當於 24%
等待向下突破之後的失敗率	7/126 相當於 6%
成功排列的平均跌幅	20%
最經常發生跌幅	10%
在成功排列中，符合 或超越目標價位者	73/119 相當於 61%
排列平均長度	4 個月（116 天）
成功向下突破距離最終低點的天數	3 個月（95 天）
部分漲勢緊跟著向下突破	63/75 相當於 84%
所有排列發生部分上漲的百分率	75/157 相當於 48%
部分漲勢不代表排列結束	29/157 相當於 18%
成交量隨著時間經過而擴大的百分率	59%

附註：絕大部分的上升擴張楔形排列都向下突破，部分漲勢可以視為即將向下突破的可靠訊號。

　　失敗率 24%相對偏高，相當於每 4 個案例就有 1 個向上突破（或橫向發展）。如果你等待收盤價向下突破，失敗率下降為 6%。在 126 個向下突破案例中，只有 7 個沒有出現 5%或以上的跟進跌勢。所以，假突破非常罕見，不值得擔心。

　　向下突破之後，股價跌幅通常有多大？平均跌幅爲 20%。可是，跌幅的次數分配（參考圖 5.5）顯示稍微不同的結論，最經常發生跌幅爲 10%。大約四分之一案例的跌幅落在 10%區間，將近一半案例的跌幅落在 15%、20%與 25%等區間，這意味著最經常發生跌幅 10%可能低估，這個數據很可能是落在 15%到 20%之間。

　　一般排列突破之後的目標價位，通常是由突破點向上或向下衡量排列高度。可是，對於楔形排列，通常是以排列最高點或最低點做爲突破之後的目標價位，此處也採用這種衡量方法。在成功向下突破的案例中，大約只有 61%完成目標價位。**這個達成率顯然偏低，我認爲至少需要 80%才可靠。**

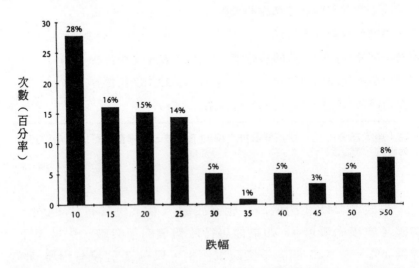

圖 5.5　上升擴張楔形跌幅次數分配　最經常發生跌幅爲 10%，其次是 15%到 25%的區間。

由排列開始到結束之間的平均長度，大約是 4 個月（116 天）；另外，由突破發生到最後低點之間的平均時間爲 95 天。

考慮突破發生到最後低點之間的天數次數分配，可以反映這個排列適用於短期、中期或長期投資。在 119 個成功的向下突破案例中，81 個排列的期間短於 3 個月，中期與長期的案例各有 19 個。這意味著上升擴張楔形基本上屬於短期型態。當價格向下突破，如果你進場放空，部位很可能在 3 個月內結束。

關於部分漲勢的行爲，統計數據顯示非凡的意義。在全部上升擴張楔形案例中，大約有半數（48%）發生部分漲勢（請參考圖 5.2）；一旦發生部分漲勢，84%的案例隨後立即發生向下突破。全部案例中，部分漲勢發生在排列之內的情況只有 18%（請參考圖 5.3 的例子）。即使你不把部分漲勢視爲放空訊號，也應該把它視爲趨勢變動的警訊。這個走勢本身就具有重要意義，尤其是你當時考慮買進股票。

成交量的趨勢（衡量線性迴歸直線的斜率），顯示 59%案例的成交量隨著時間經過增加。這項結論不具有統計上的顯著意義，意味著成交量並不是辨識這種排列的重要準則。如果實際觀察走勢圖上的成交量型態，大體上呈現不規則演變。

表 5.3 列示突破的相關統計數據。在 29 個向上突破的案例中，只有 1 個在突破之後沒有發生 5%或以上的跟進漲勢。向下突破的案例佔絕大多數（126 個），但也只有 7 個失敗案例。這些失敗案例都屬於 5%失敗；換言之，收盤價向下突破之後，價格沒有發生 5%或以上的跟進跌勢，然後就顯著回升。

表 5.3　　上升擴張楔形排列突破的統計數據

說明	統計數據
向上突破而失敗	1 個或 3%
向下突破而失敗	7 個或 6%
向上突破	29 個或 18%
水平突破	2 個或 1%
向下突破	126 個或 80%
向上突破回挫發生次數	2 次或 7%
回挫完成的平均時間	7 天
向下突破回升發生次數	26 次或 21%
回升完成的平均時間	9 天
向下突破點位在最近 12 個月價格區間的下緣、中央或上緣	下緣 19% 中央 27% 上緣 64%
前述突破位置的平均跌幅	下緣 25% 中央 21% 上緣 19%
相對於突破前一天，突破當天與隨後 5 天的成交量	165%，134%，116% 96%，114%，109%

除了向上與向下突破之外，其餘的案例屬於水平突破（2 個，相當於 1%）。

　　上升擴張楔形突排列很少發生突破之後的回升（pullbacks）或回挫（throwbacks）走勢。由於向上突破的案例原本就不多，所以回挫只出現 2 次也就不足為奇了。由向上突破發生，到回挫走勢完成，兩者之間只相隔 1 個星期。其他排列向上突破的

回挫期間長度大約是 10~12 天。此處的回挫期間偏短，很可能是樣本太少的緣故。

向下突破之後的回升走勢總共發生 26 次，但發生頻率 21% 也低於其他排列的對應數據。回升走勢的期間長度為 9 天。由這些數據顯示，上升擴張楔形的回挫與回升走勢沒有操作上的參考價值。可是，如果真的發生回升走勢，一旦走勢完成而價格向下反轉，可以考慮加碼空頭部位。

對於向下突破的案例，我觀察這些突破發生在最近 12 個月價格區間三等份的哪個位置。結果，64%的向下突破發生在年度價格區間的上緣。這似乎有些奇怪，因為發生在排列下端的突破竟然會出現在年度高價附近。上升擴張楔形通常發生在上升趨勢的末端，所以排列本身通常位在年度價格區間的上緣，雖然突破點位在排列下端，但還是在年度價格區間的上緣。

另外，按照向下突破落在年度價格區間的位置（上緣、中央與下緣），我計算它們的平均跌幅。結果，突破發生在下緣的跌幅最大 25%。這個跌幅超過正常水準，但最大跌幅的突破發生在年度價格區間的下緣，這個現象應該不奇怪。其他空頭排列也呈現這種傾向。可是，這有什麼意義呢？放空股票的時機應該是股價創新低──不是新高──的時候。

表 5.3 顯示突破發生一個星期內與突破前一天的成交量關係。如同我們預期的，突破當天的成交量很大，大約較前一天高出 65%。隨後一個星期內的成交量也很大，但缺乏穩定的型態。

交易戰術

表 5.4 列示交易戰術。大多數排列的目標價位，都是由突破點向上或向下衡量排列高度，但目前這個排列把最低盤中價格視為向下突破的目標價位。

圖 5.6 顯示兩個上升擴張楔形，並且說明目標價位的決定方法。兩個排列的結構都很標準，但第一個案例的轉折高點似乎稍微穿越上側趨勢線。圖形中分別標示這兩個排列的最低價格，它們代表排列向下突破之後的目標價位。第一個排列的目標價位在 11 月中旬達成，然後價格展開一段向上走勢。第二個排列的目標價位完成於向下突破後不久。

此處挑選排列低點做為向下突破的目標價格，主要是基於達成率的考量。採用排列低點做為目標價格，達成率為 61%，大約是每 3 個向下突破的案例就有 2 個達成目標價位。我要求目標價位達成率至少是 80%，61%顯然不夠理想。請觀察圖 5.6 的第二個排列，突破點與目標價位之間的距離實在太接近了。

如果計算排列最高點與最低點之間的高度，然後由突破點向下衡量排列高度做為目標價位，達成率只有 27%，距離 80%更遠。如果由突破點向下衡量排列的一半高度，結果又如何呢？達成率為 64%，雖然優於 27%，但與 61%沒有太大的差異。

這個排列向下突破的發生機會很高，但還是有 20%的案例出現橫向或向上突破。等待收盤價實際突破之後，可以顯著提高操作上的獲利能力；一旦收盤價向下貫穿趨勢線，進場放空股票。當價格接近下檔目標價位，準備回補空頭部位，尤其

表 5.4   上升擴張楔形的交易戰術

交易戰術	解釋
衡量法則	向下突破的目標價位爲排列最低點。不要由突破點向下衡量排列的高度，否則會低估目標價位。
等待確認	雖然這種排列向下突破的可能性爲 80%，但空頭部位最好還是等待收盤價正式突破趨勢線。
部分漲勢	在排列發展過程中，如果看到部分漲勢開始向下反轉，可以考慮進場放空。部分漲勢發生之後，通常會立即向下突破。

附註：務必等待收盤價突破，然後順著突破方向進行交易。

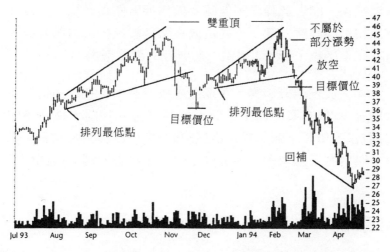

Centex Corp.（住屋建築，NYSE，代碼 CTX）

圖 5.6   兩個上升擴張楔形的衡量目標價位。兩個峰位構呈雙重頂排列的兩個頭部。

是在支撐區域附近。

上升擴張楔形最可能發生的跌幅只是 10%，但實際的跌幅可能高於這個水準。目標價位也可以用來評估可能的跌幅。可是，支撐區域或許是結束空頭部位的最好位置。在圖 5.6 的第一個案例中，排列最低點$36 也是下檔支撐點。8 月初，價格下跌而在此向上反轉，開始形成上升擴張楔形。幾個月之後，價格又在這個位置獲得支撐。請注意，支撐一旦跌破，就轉變為壓力。第二個案例向下突破之後，3 月份的反彈就是受阻於$36 壓力。

如果發現部分漲勢，可以考慮擱置「等待實際突破」的法則。回頭觀察圖 5.6，價格實際突破的前一波漲勢，是否可以視為部分漲勢？不行。根據定義，部分漲勢是：價格觸及下側趨勢線，向上反彈而不能觸及或靠近上側趨勢線，然後又朝下側趨勢線發展。圖 5.6 的這波漲勢是起始於上側趨勢線，不是下側趨勢線。圖 5.2 提供一個典型的部分漲勢例子。

如果發現部分漲勢，可以考慮放空股票；在這種情況下，大約有 84%的案例向下突破。提早進場的時間，獲利應該更豐碩。當股價朝下側趨勢線發展，儘快把停損移到損益兩平點。萬一股價在下側趨勢線附近向上反轉，考慮回補空頭部位。

交易範例

老陳在一家大型麵包廠擔任夜班工作。由於晚上工作，白天的時間就可以安排其他活動，例如：睡覺。他偶爾也會研究股價

走勢圖，類似如圖 5.6 的例子就會讓早晨的陽光更明媚。

　　每天上床之前，老王都會叫出這份股價走勢圖，觀察最近的發展。當第一個擴張楔形出現的時候，他覺得很有意思。接著又出現第二個類似排列，這讓他的睡意全消，開始專心注意：擴張楔形本身並沒有什麼了不得，值得留意的是楔形排列伴隨發生的雙重頂。兩個型態同時出現，更凸顯出空頭意涵，使他願意投入血汗錢進場。

　　當收盤價貫穿下側趨勢線，老王進場放空，成交價格為$39½。他運用雙重頂衡量下檔的目標價位。雙重頂頭部價位為$45¾，兩個頭部所夾的谷底為$36¼，雙重頂的排列高度為$9½（= 45¾–36¼），由突破點（$36¼）向下衡量排列高度，下檔目標價位為$26¾（36¼–9½）。他決定把回補的停止買單設定在$27¹⁄₈，剛好閃過大多數人可能採用的整數價位，然後上床睡覺。

　　老王每天都會觀察最新的發展。股價在楔形排列目標價位（$38⁷⁄₈）附近稍做盤整，然後快速下跌，他對於整個情況非常滿意。3 月份的反彈走勢，稍微妨礙他的睡眠，擔心狂歡晚會已經結束。

　　老王繼續持有空頭部位，股價最後還是恢復跌勢。他估計 3 月份的反彈應該屬於修正走勢，這個修正應該發生在整段跌勢的中點位置，所以下檔目標價位很可能是$22½，低於當初估計的$26¾。可是，他覺得還是不要太貪心，下檔獲利了結的停止買單仍然設定在$27¹⁄₈。另外，他把上檔的保護性停

止買單調整到 3 月份反彈走勢的高點稍上方36^3/_8$。

4 月 18 日，老王被一陣電話鈴聲吵醒，他的經紀人表示空頭部位順利在設定價位回補。他打開電腦，檢查戰果，每股獲利$12。於是，老王面帶微笑，重新回到床上，**繼續他的美夢**。

❖ 6 ❖

下降擴張楔形排列

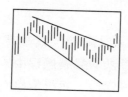

摘要資料

外觀	價格沿著兩條向下傾斜的趨勢線發展。 兩條趨勢線向外發散。
反轉或整理	長期的（超過 6 個月）多頭整理排列。
失敗率	37%。
平均漲幅	46%，最經常發生漲幅為 20%。
成交量趨勢	通常隨著時間經過而增加。
回挫	向上突破有 40%發生回挫走勢。
價格目標 達成率	81%。
意外發現	排列末端出現部分跌勢，向上突破的可能性為 76%。

實在非常意外！當初，我認為這個排列的行為應該類似於下降楔形（falling wedge），結果並非如此。下降楔形屬於反轉型態，但下降擴張楔形（descending broadening wedge）屬於整理型態，完成之後繼續先前的價格趨勢。成交量型態也不同於下降楔形。下降擴張楔形的成交量隨著時間經過而增加，但下降楔形則呈現減少的趨勢。

觀察資料庫內的個股走勢，我發現這種排列通常發生在上升趨勢的末端。在排列的發展過程中，整體價格趨勢朝下，在幾個月之內構成擴張楔形，然後價格向上突破，又回到排列出現之前的方向：朝上。這是一個典型的趨勢整理連續型態。

如何衡量這個排列的失敗率呢？因為下降擴張楔形屬於連續型態，如果發生趨勢反轉的走勢，就屬於失敗案例。另外，如果連續型態完成（突破）之後，沒有出現 5%或以上的跟進走勢，也視為失敗。這兩種情況造成 37%的失敗率，超過可靠排列所能夠接受的最高水準 20%。

這種多頭整理排列的平均漲幅高達 46%。最經常發生漲幅為 20%，另外有高達 40%的案例呈現 50%以上的漲幅！由於這些數據顯著偏高，所以失敗率稍微偏低似乎也可以接受。

由於這種排列完成之後的上漲動能十足，所以目標價位的達成狀況也非常理想。不同於上升擴張楔形，目前這個型態是由突破點向上衡量排列高度做為目標價位。下降擴張楔形向上突破之後，80%以上的案例達成目標價位。

　　所有的擴張排列都有一種算不上意外的意外發現：部分
跌勢。價格由上側趨勢線下跌，還沒有觸及或靠近下側趨勢線
之前就向上反彈；在這種情況下，價格有 76%的機會直接向
上突破。

緣起

這種排列的形狀如何呢？圖 6.1 提供一個下降擴張楔形的範
例。這支股票起漲於 1994 年 6 月，一年之後的 8 月份形成頭
部。9 月份期間，股價拉回，呈現上下擺動的整理，隨著時間
經過而構成擴張型態。一個月之後，銜接轉折高點與低點的兩
條趨勢線，凸顯出可能的楔形排列。

　　排列最初的成交量遠低於正常水準。成交量型態雖然不
規則，但隨著時間經過，隱約有逐漸放大的傾向。計算成交量
迴歸直線的斜率，也確認前述的結論；斜率為正數(向上傾斜)，
意味著成交量逐漸擴大。

　　10 月中旬，價格透過跳空缺口直接向上穿越趨勢線，當
時的成交量巨幅放大，而且隨後幾天也是夾著大量繼續上漲。

　　仔細觀察圖 6.1，我們發現價格走勢的發展呈現三個階段：
第一階段是由 1994 年 6 月到 1995 年 8 月之間的長期多頭行情，
然後出現第二階段的 2 個月期向下整理，接著又向上突破繼續
攀升（第三階段）。所以，圖 6.1 的擴張排列代表上升趨勢的整
理（連續）型態。整體而言，擴張排列是波段上升走勢的修正。

Cognex（精密儀器，NASDAQ，代碼 CGNX）

圖 6.1 下降擴張楔形是上升趨勢的整理排列。界定價格行為的兩條趨勢線向下傾斜，而且向外擴張（發散）。成交量通常隨著時間經過而增加。

　　不同於圖 6.1，圖 6.2 的下降擴張楔形扮演中期下降趨勢的反轉型態。價格漲勢在 1992 年 5 月出現峰位，然後向下反轉。8 月份期間，價格持續下跌，但擺動幅度擴大。9 月中旬，下降擴張楔形逐漸成形。

　　擴張排列的初期，成交量很低，偶爾會出現大量。9 月份開始，成交量逐漸放大，但型態顯得更不規則。10 月初，在價格向上突破之前的最後一波漲勢中，成交量明顯萎縮。向上突破的過程中，成交量並沒有放大，然後價格持續走高。向上突破代表中期趨勢可能反轉。

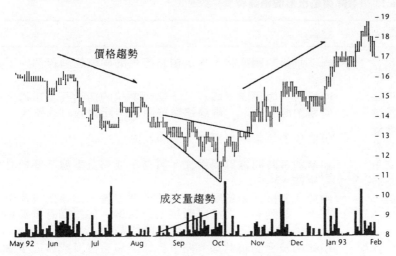

Canadaligua Brands Inc. A（酒精飲料，NASDAQ，代碼 CBRNA）

圖 6.2　下降擴張楔形代表中期下降趨勢的反轉型態。

　　在 10 月份之前，整個價格走勢顯然向下發展，然後出現反轉，開始向上攀升。1 月份，價格向上測試過去的高點。1 月底到 2 月初之間，價格創新高。一年之後，價格上漲到 $32，幾乎是排列最低點（ $10¾ ）的三倍。

辨識準則

表 6.1 列示排列的辨識特質，圖 6.3 則顯示另一個下降擴張楔形的範例，兩條向下傾斜的趨勢線界定一系列的價格擺動，整個形狀類似一個向下傾斜的喇叭。在排列發展之初，價格擺動

表 6.1　下降擴張楔形的辨識特質

特質	討論
形狀	向下傾斜的喇叭狀，界定價格行為的兩條趨勢線都向下傾斜。
向下傾斜趨勢線	兩條趨勢線都向下傾斜，下側趨勢線的陡峭程度超過上側趨勢線。所以，兩條趨勢線隨著時間經過向外擴張。
趨勢線觸及點	每條趨勢線都至少需要 2 個觸及點。
成交量	通常隨著時間經過而增加。可是，成交量型態不屬於必要條件。
突破	由於這個排列屬於既有趨勢的整理型態，如果既有趨勢朝上，排列突破之後將繼續上升趨勢。如果既有趨勢朝下，排列突破之後也會繼續下降趨勢。
部分跌勢	價格觸及上側趨勢線，向下折返而沒有觸及或靠近下側趨勢線，然後向上反彈而突破上側趨勢線。

的幅度較小，然後愈來愈大。任何一條趨勢線都不呈現水平狀，這是下降擴張楔形不同於其他排列的重要條件。

　　排列內有數個轉折高點觸及上側趨勢線，也有數個轉折低點觸及下側趨勢線。每條趨勢線都至少需要兩個顯著的觸及點──兩個轉折高點與兩個轉折低點。

　　成交量通常會隨著時間經過而增加，這不同於各種楔形排列，後者的成交量通常都隨著時間經過而萎縮。成交量增加似乎是推動價格向上突破的動力。向上突破過程中，通常會出現大量，但未必一定如此。只要需求超過供給，價格就會上漲。

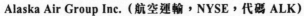

Alaska Air Group Inc.（航空運輸，NYSE，代碼 ALK）

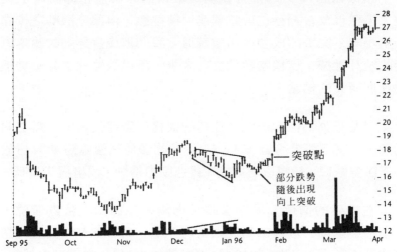

圖 6.3　　下降擴張楔形代表上升趨勢的整理型態。排列內的價格走勢雖然朝下，但成交量還是呈現放大的趨勢。部分跌勢意味著向上突破即將發生。

　　由於這個排列屬於既有趨勢的整理型態，一旦型態突破之後，價格應該會朝排列發生之前的趨勢方向繼續發展。如同圖 6.3 顯示的，排列發生之前的趨勢朝上，排列突破之後的**趨勢繼續朝上**。

　　可是，這個排列有時候也會是反轉型態，圖 6.2 就是一個例子。我們很難預先判斷這個排列究竟是連續（整理）或反轉型態。不論是整理或反轉型態，這個排列通常都發生在價格漲勢的末端。對於整理型態，通常向上突破，價格繼續走高。對於反轉型態，價格向下突破，然後朝下發展。唯有等待突破之後，才能確定這個排列屬於整理或反轉型態。

　　類似如圖 6.3 的部分跌勢，經常意味著價格即將向上突破。這種現象普遍存在於整理或反轉型態，但部分漲勢之後立即出現向下突破的成功率明顯較低。我們稍後會詳細討論這方面的統計數據，但樣本數量實在太少，所以很難就部分漲勢提出任何明確的結論。

　　這些排列為何形成呢？任何的價格型態都代表供、需之間的鬥爭。請回頭參考圖 6.3，12 月初的漲勢試圖填補 9 月份的向下跳空缺口，結果沒有成功。買進動力消失，價格緩步走低。

　　在重要的價位，成交量經常會擴大，例如：整數價位，或價格折返前一波段漲勢或跌勢的 40%、50%或 60%位置。請觀察圖6.3，由 10 月底到 12 月中旬，價格由$13⁵/₈上漲到$18⁷/₈。這個波段的 40%折返位置，大約在$16³/₄，或$17的整數價位。在下降擴張楔形排列中，我們發現整個跌勢在$17 附近稍做停頓。當價格下跌到前述漲勢的 60%折返位置（大約是$15³/₄），精明資金開始進場。在新年過後的 5 天期間內，買盤力道推升價格走高，但賣方也沒有閒著，最後還是壓回價格，這也是部分跌勢發生的位置。

　　部分跌勢結束而價格開始回升的過程中，成交量明顯萎縮，類似暴風雨之前的寧靜。某些排列——包括：上升與下降三角形排列——在突破之前也會有成交量萎縮的現象。當價格向上穿越最近的轉折高點（換言之，排列結束之前的最後一個轉折高點），成交量突然放大。動能玩家掌握局面，價格夾著大量上漲。

失敗案例

下降擴張楔形有兩種失敗情況。第一，排列屬於反轉型態；換
言之，排列結束之後，價格朝排列之前的相反趨勢方向發展。
由於下降擴張楔形通常扮演既有趨勢的整理型態，所以反轉型
態視爲失敗，圖 6.2 就是這類的例子。

　　圖 6.4 顯示第二種失敗的情況，這個下降擴張楔形屬於整
理型態。排列發生之前，價格處於上升趨勢；9 月 3 日也確實
向上突破，但突破之後就出現回挫走勢（throwback），重新測
試趨勢線（我在圖 6.4 中繪製上側趨勢線的延伸線，所以這個
現象非常清楚）。回挫走勢原本一直停留在趨勢線之上，但 9

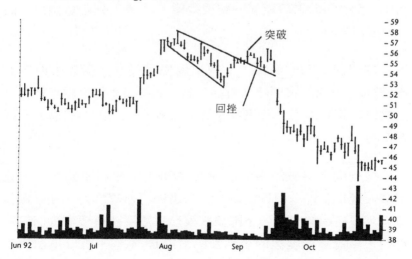

圖 6.4　　5%失敗的案例：向上突破之後，沒有出現 5%或以上的跟進漲勢。

月 17 日向下跳空，直接貫穿趨勢線。

這種情況是我所謂的 5%失敗；換言之，排列突破之後，沒有出現 5%或以上的跟進走勢，價格立即又發生反轉。第一種失敗情況比較常見，5%失敗則相對罕見。在全部 117 個案例中，只有 4 個排列（相當於 3%）發生 5%失敗的情況。這些分析帶給我們什麼啓示呢？採取行動之前，應該等待收盤價突破。一旦突破發生之後，價格通常都會繼續朝突破方向發展。

統計數據

下降擴張楔形屬於罕見的型態，在 500 支股票的 5 年期間內，只有 101 支股票出現這種排列，總共有 117 個案例。在這些案例中，66%屬於當時趨勢的整理型態。表 6.2 列示這個排列的一般統計數據。

按照前一節的解釋，反轉型態視為失敗，所以失敗率高達 37%。失敗的案例總共有 43 個，包括 39 個反轉型態與 4 個失敗的連續型態，後者在突破之後沒有出現 5%或以上的跟進走勢。

排列向上突破的平均漲幅為 46%，數據明顯偏高，但也不令人覺得意外，因為這屬於上升趨勢的連續排列。在多頭行情中，價格趨勢朝上，下降擴張楔形只是反映這項事實而已。可是，整體多頭型態的平均漲幅大約是 40%，所以這個排列還是屬於表現優異者。

表 6.2   下降擴張楔形的一般統計數據

說明	統計數據
排列數量： 1991 年~1996 年的 500 支股票	117 個
反轉或整理排列	78 個整理，39 個反轉
失敗率	43/117 相當於 37%
成功排列的平均漲幅	46%
最經常發生漲幅	20%
在成功排列中，符合 或超越目標價位者	47/58 相當於 81%
排列平均長度	2.5 個月（76 天）
成功向上突破距離最終高點的天數	6.5 個月（190 天）
成交量趨勢	成交量擴大的案例佔 64%
部分跌勢緊跟著向上突破	35/46 相當於 76%

附註：這種排列大多屬於長期多頭走勢的整理型態。

　　最經常發生漲幅爲 20%，但平均漲幅高達 46%，這意味著漲幅偏高的案例很多。報酬率次數分配可以驗證這個判斷。在向上突破的排列中，大約有 40%的案例呈現 50%以上的漲幅。由於偏高漲幅會拉高平均漲幅，所以我忽略這個漲幅區間，轉而挑選發生次數第二多的區間，結果是 20%。

　　關於目標價位，我考慮幾種不同的衡量方法，其中以傳統方法最適用於向上突破。「交易戰術」一節將會詳細解說目標價位的計算過程，這是由突破點向上衡量排列高度（最高價

減去最低價）。結果，目標價位達成率為 81%（只考慮 92 個
向上突破的成功案例 58 個）。任何排列的目標價位達成率超過
80%，我就認為是可靠的型態。

排列的平均長度為 2½個月，突破之後出現 6 個月或以上
的長期走勢。下降擴張楔形是少數具有多頭意涵的長期型態。
這意味著：較大的漲勢（平均漲幅 46%），需要花費較長的期
間（平均 6½個月）。

在目前這個排列中，成交量隨著時間經過而增加的傾向，
超過對應的上升擴張楔形。幾乎每 3 個下降擴張楔形中，就有
2 個（64%）具有這種現象。我針對成交量時間序列進行迴歸
分析，結果發現迴歸直線的斜率為正數。

部分跌勢與部分漲勢，是決定突破時機與可靠性的重要
參考條件。排列出現部分跌勢之後，立即向上突破的發生頻率
為 76%（請參考圖 6.5 的例子）。

部分跌勢必須起始於上側趨勢線的觸及點，下跌走勢不
得觸及（或靠近）下側趨勢線，然後股價向上反轉而——通常
是立即——貫穿上側趨勢線。結果就是向上突破。

向下突破也經常緊跟在部分漲勢之後。可是，因為向下
突破的案例很少（22 個），部分漲勢的案例自然更少（5 個），
只有 2 個部分漲勢演變為向下突破。總之，樣本實在太小，沒
有辦法提出任何具有意義的結論。

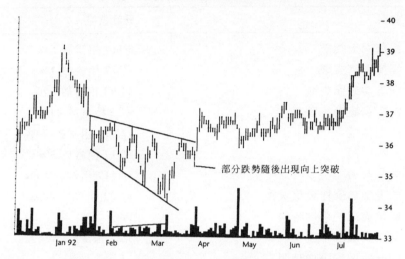

United Illuminating Company（電力公用事業，NYSE，代碼 UIL）

部分跌勢隨後出現向上突破

圖 6.5 下降擴張楔形。部分跌勢之後，立即發生向上突破的案例高達 76%。部分跌勢的起點必須來自上側趨勢線，走勢還沒有靠近下側趨勢線之前就應該向上反轉。

表 6.3 列示突破相關的統計數據。提前突破（假突破）是指收盤價穿越趨勢線，但在真正突破發生之前，又回到排列內。由於這些排列具有擴張的性質（擺動振幅愈來愈大），按照道理推測，提前突破應該很少見。實際上也是如此。在全部 117 個案例中，只有 7 個提前突破，其中 6 個是向上提前突破。

在 92 個向上突破案例中，34 個失敗，大多數是因為趨勢反轉而失敗。舉例來說，如果價格趨勢朝下而排列向上突破，則歸納為失敗案例，因為排列完成之後沒有按照預期恢復原先的下降趨勢。在 22 個向下突破案例中，總共有 9 個排列失敗。

表 6.3   下降擴張楔形排列突破的統計數據

說明	統計數據
提前向上突破	6/117 相當於 5%
提前下下突破	1/117 相當於 1%
向上突破而失敗	34/92 相當於 37%
向下突破而失敗	9/22 相當於 41%
向上突破	92/117 相當於 79%
水平突破	3/117 相當於 3%
向下突破	22/117 相當於 19%
向上突破回挫發生次數	37/92 相當於 40%
回挫完成的平均時間	11 天
向下突破回升發生次數	8/22 相當於 36%
回升完成的平均時間	14 天
向上突破點位在最近 12 個月 價格區間的下緣、中央或上緣	下緣 16% 中央 45% 上緣 39%
前述突破位置的平均漲幅	下緣 51% 中央 53% 上緣 44%
相對於突破前一天，突破當天與 隨後 5 天的成交量	136%，152%，101% 103%， 89%，109%

附註：這個排列通常向上突破，發生頻率為 79%。

　　大多數排列向上突破（佔 79%），向下突破佔 19%，其餘
為水平突破（排列完成之後，長達幾個月沒有發生突破）。

　　回挫走勢的發生案例遠超過回升，分別爲 37 個與 8 個，這只因爲向上突破的數量遠超過向下突破。就發生頻率來看，回挫爲 40%，回升爲 36%，大致相同。回挫完成的平均期間爲 11 天，回升爲 14 天。

　　向上突破大多落在年度價格區間三等分的中央(佔 45%)。評估過程中，首先剔除排列期間不滿 1 年的案例，然後考慮突破價格(突破當天的最低價)落在年度價格區間三等分的上緣、中央或下緣。這方面的資料可以顯示突破最可能發生在哪個位置。

　　由於下降擴張楔形的整個發展方向朝下，所以突破位置比較不容易發生在年度價格區間三等分的上緣，雖然排列的起始位置很可能落在年度價格區間的上緣。我分別計算這三個突破位置的平均漲幅，結果突破點落在中央位置的績效最佳（平均漲幅 53%；請注意，整體下降擴張楔形向上突破的平均漲幅爲 46%）。所以，如果你考慮兩個買進對象，一個突破點位在年度價格區間的上緣，另一個突破點位在中央，不妨買進突破點位在年度價格區間中央的股票，因爲——就統計數據而言——它的表現可能較佳。

　　我利用突破前一天的成交量做爲基準，衡量突破當天與隨後 5 天的成交量狀況。突破當天的成交量平均是前一天水準的 136%，但突破隔天的成交量更大（152%）。這種現象很合理，當投資人認定突破成功之後，就會順勢進場。所以，突破隔天的成交量往往大於突破當天。

交易戰術

表 6.4 列示下降擴張楔形的交易戰術簡要。採用衡量法則估計突破之後的最低目標價位。首先，把排列最高價減去最低價，這代表排列高度。當股價向上突破，由突破點向上衡量排列高度，結果就是突破之後的目標價位。

表 6.4　下降擴張楔形的交易戰術

交易戰術	解釋
衡量法則	取排列最高價與最低價之間的排列高度，由突破點向上衡量排列高度，結果就是向上突破之後的目標價位。
等待確認	這種排列的失敗率很高（很多反轉型態），不適合在突破之前猜測突破的方向。等待收盤價突破之後，才進場建立順勢部位。
部分跌勢	由上側趨勢線開始的部分跌勢向上反轉時，可以考慮買進。部分跌勢之後，經常出現向上突破。
區間操作	如果排列的振幅很寬，可以考慮在下側趨勢線附近買進，然後在上側趨勢線附近賣出。如果出現部分漲勢而開始下跌，應該結束多頭部位，因為隨後很可能出現向下突破。反之，你也可以在上側趨勢線附近建立空頭部位，當價格觸及下側趨勢線而反彈，回補空頭部位。
停止	對於排列之內的區間操作，多頭部位的停損應該設定在下側趨勢線的稍下方，空頭部位的停損應該設定在上側趨勢線的稍上方，防範排列出現突破走勢。當走勢朝有利方向發展，應該調整停損點，可以考慮支撐或壓力水準。

附註：除非進行區間操作，否則務必等待收盤價突破，然後順著突破方向進行交易。

　　圖 6.6 說明衡量法則的計算過程。排列最高價為 $47^1/_4$ 減去排列最低價 $42^1/_8$，結果是排列高度（$5^1/_8$）。把排列高度加上突破當天的最低價（$44½），目標價位是 $49^5/_8$。把這個價位視為突破之後的最低目標。計算排列高度採用最高價與最低價，代表排列最寬的距離。為了保守起見，我採用突破當天的最低價向上衡量排列高度。

　　如果你考慮買進這支股票，最初或許還不能判斷擴張楔形正在形成當中。隨著時間經過，等到有足夠數量的轉折高點與低點，就分別銜接它們，繪製兩條趨勢線。接下來就是等待

Gatx Corp.（多角化企業，NYSE，代碼 GMT）

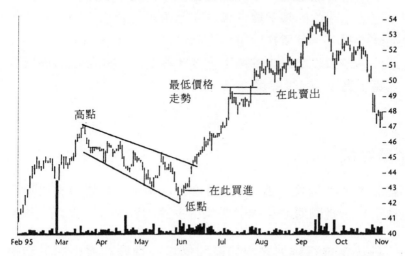

圖 6.6　最低目標價位。排列最高價減去最低價，這項差值代表排列高度。由突破點向上衡量排列高度，這是突破之後的最低目標價位。排列向上突破之後，達成目標價位的機會超過 80%。

突破了。由於大多數下降擴張楔形都向上突破，所以也應該針對向上突破進行交易。可是，這個排列的失敗率高達 37%，還是應該等待收盤價實際突破上側趨勢線，然後才進場買進。

如果出現部分跌勢，或許可以考慮在實際突破之前進場。當價格由上側趨勢線下跌，密切觀察後續的發展。如果跌勢遇到支撐而向上反彈，可以考慮買進，因為這是部分跌勢，通常代表向上突破即將發生的訊號。把停損賣單設定在反彈低點下方 1/8 點處。

如果排列非常寬，可以嘗試在排列之內進行區間操作。在下側趨勢線買進／在上側趨勢線賣出，或在上側趨勢線放空／在下側趨勢線回補。由於趨勢線向下傾斜，放空交易比較有利。在建立部位的趨勢線外緣 1/8 點處設定停損，防範價格出現突破走勢。一旦價格朝有利方向發展，就應該調整停損。多頭部位的停損設定在支撐區下方 1/8 點處，空頭部位的停損設定在壓力區上方 1/8 點處。

交易範例

瑪莉望著電腦螢幕（圖 6.6）而自言自語：「你覺得幸運嗎？兔崽子！」她剛看完克林伊斯威特主演的警探片，火氣正旺。

她決定進行排列之內的區間操作，準備在價格由下側**趨勢線**反彈之後，進場買進。6 月初，當她看見價格開始顯著回升，於是扣下扳機，成交價格為$43。然後把停損點設定在下

側**趨**勢線下方 1/8 點處，相當於$42。如果這筆交易泡湯，頂多虧損 1 點。

股票完全按照劇本演出，價格持續上漲，很快就到達上側**趨**勢線。瑪莉等待股價由上側**趨**勢線回檔，準備賣出股票。可是，這裡發生一點意外，漲勢不只沒有被上側**趨**勢線壓回，收盤價反而穿越趨勢線，這意味著向上突破。她利用衡量法則計算上檔的目標價位為49^5/_8$，在該處設定獲利了結的賣單。並且把保護性停止單調高到$44，大約在 4 月中旬折返谷底的下方 1/8 點處。

看著股價持續上漲，她開始懷疑整個走勢何以完全沒有停頓。結果也只能聳聳肩，把這個問題擱置一旁。當股價在47^3/_8$創新高，她把停止單調高到$45$^1/_4$，大約是在 4 月底與 5 月中旬兩個轉折高點的稍下方。

股價漲勢突然加速，兩天之內就到達她設定的獲利了結賣點49^5/_8$。這筆交易結束之後，每股獲利為$6。隨後幾天，股價拉回整理，讓瑪莉更覺得自己的賣出決策非常明智。

結果，這筆交易顯然賣得太早，但她並不在意，開始追蹤另一個相當具有潛力的排列。她靠在椅背上，面帶微笑，嘴裡念著一些有關運氣的東西，然後打開錄影機，觀賞另一部克林伊斯威特主演的警探片。

蹦跳-奔馳
底部反轉排列

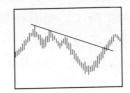

摘要資料

外觀	狀似開口朝上的煎鍋，柄部在左邊。柄部構成下降趨勢線，然後進入跌勢加劇的鍋底。
反轉或整理	短期的（少於 3 個月）多頭反轉排列。
失敗率	19%。
等待向上突破 　的失敗率	9%。
平均漲幅	37%，最經常發生漲幅 20%。
成交量趨勢	排列起點、蹦跳起點與突破位置的成交量放大。
回挫	38%。
價格目標 　達成率	92%。
參閱排列	（9）帶柄杯狀排列，（34）圓形底排列。

發現蹦跳-奔馳頭部反轉排列（BARR top）的一年之後，我決定尋找對應的底部型態：蹦跳-奔馳底部反轉排列（bump-and-run reversal bottom，簡稱 BARR 底部排列）。動機很簡單。很多頭部排列都存在對應的底部型態，例如：雙重頂（double tops）、上升三角型（ascending triangles）與三重頂排列（triple tops）。既然如此，那也應該有蹦跳-奔馳底部反轉排列。很奇怪，在此之前，我竟然沒有興起尋找這個排列的念頭。當我在 2,500 年的股價資料中尋找潛在對象時，心中有一種想法：即使找到足夠的樣本，也應該沒有太大的價值。最初，某些型態看起來像是帶柄杯狀排列（cup-with-handle formation），有些像是圓形底（rounding bottom）。一直到我把統計數據整理出來之後，最初的想法才發生變化。

如果等到突破發生，排列的失敗率由 19%下降為 9%。我認為失敗率在 20%以上的排列，都屬於不可靠的型態。成功排列的平均漲幅為 37%，稍低於一般多頭排列的平均漲幅 40%；可是，最經常發生漲幅為 20%，相當理想。

BARR 底部排列的目標價位達成率非常高（92%）。我認為，這個數據只要超過 80%，就屬於可靠排列。當然，我們還必須考慮目標價位的衡量方法，這在本章的「交易戰術」一節內討論。

緣起

何謂蹦跳-奔馳反轉排列呢？如果不考慮其他排列，我或許會

把這種型態稱爲煎鍋或湯匙排列，因爲它的形狀就是如此。然而，這種排列實際上是 BARR 頭部排列的顚倒型態，所以我還是稱呼它爲 BARR 底部排列。或許「逆狀蹦跳-奔馳反轉排列」（inverted BARR）是更精確的名稱，因爲把它稱爲「底部」排列非常不恰當，表現最佳的 BARR 實際上是位在年度價格區間的中央部分。

BARR 底部排列何以發生？如同對應的頭部排列一樣，BARR 底部排列是反映動能的演變。請參考圖 7.1 的週線圖。自從 1991 年底以來，這支股票就呈現橫向走勢，股價游走於$6½到$11 之間。1993 年 10 月份最後一個星期，前述的情況發生變化，股價向上突破下降通道，當週的收盤價高於前一週，展開一段相當強勁的漲勢，最後在 1994 年 1 月中旬創週線新高$14³/₈。接著，股價在高檔出現橫向盤整，成交量雖然還是很大，但有明顯縮小的趨勢。3 月 25 日的週線又在$14 創第二個稍低的峰位。這兩個轉折高點——1 月中旬的$14³/₈ 與 3 月底的$14——銜接爲一條向下傾斜的趨勢線。

成交量縮小，意味著這支股票吸引的人氣下降；最後，買盤力道終於無法支持股票盤整於高檔，股價加速下跌。整個下降過程中，成交量更進一步縮小。年初導致股價創新高的市場動能現在造成副作用。在隨後將近一年的期間內，先前的漲幅不只一筆勾消，1995 年 2 月中旬更創 1991 年底以來的新低。

1995 年 3 月中旬爆出大量，這是止跌的訊號，隔週又出現大量，當週收盤價上漲 10%。可是，上升走勢沒有持續多久，隨後又出現 2 個月的橫向盤整。然後，再度發動漲勢，但

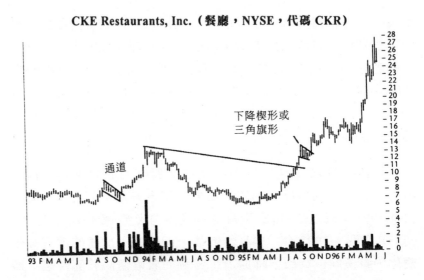

CKE Restaurants, Inc.（餐廳，NYSE，代碼 CKR）

下降楔形或
三角旗形

通道

圖 7.1 蹦跳-奔馳底部反轉排列。1993 年底，市場動能驅動價格走高。1994 年初，漲勢陷入停頓，成交量縮小，股價也稍見下滑。稍後，跌勢加劇，形成一個向下凹的圓形走勢。整體形狀類似一個左側帶柄的杯子。排列完成之後，由圓形底或杯狀底部（1995 年的低點）起算的漲幅高達 350%。請注意，1993 年底出現一個下降通道，1995 年底出現一個下降楔形。

不屬於三級跳的走勢，而是緩步攀升。8 月中旬，股價向上測試趨勢線，這時候已經清楚看見圓形狀底部，意味著趨勢向上反轉。

股票夾著相對大量穿越趨勢線，然後停頓一個多月，形成一個下降楔形（falling wedge），也有點像三角旗形（pennant）。接著，價格夾著顯著大量突破下降楔形而創新高。可是，上升趨勢沒有持續發展，反而在$18 下緣展開半年多的盤整。1996

年 4 月，價格再度向上突破，展開一段爆發性走勢。6 月底的
股價為$28¾，由 BARR 底部排列突破點衡量，漲幅為 140%，
由底部排列的最低點衡量，漲幅為 350%。

辨識準則

表 7.1 列示蹦跳-奔馳底部反轉排列的辨識準則，圖 7.2 說明相
關的特性。這個排列的整體形狀很像一個煎鍋。煎鍋的柄部（又
稱為前奏階段）向下傾斜，角度大約介於 30 度到 45 度之間。
沿著柄部的相對高點繪製一條趨勢線，隨後當價格向上突破這
條趨勢線，代表排列已經完成的買進機會。

　　BARR 底部排列允許前奏階段出現水平狀的趨勢線，**顯然**
不同於 BARR 頭部排列。這種情況很罕見，或許也應該**避免**。
柄部最好還是朝右下方傾斜，這類案例的績效最理想。

　　趨勢線形成之後，計算前奏階段的高度。這是衡量柄部
（排列最早的四分之一部分）的最寬垂直距離，由趨勢線位置
到盤中低價之間的距離。請參考圖 7.2，柄部最寬距離發生在
6 月 16 日（A 點），當天低價為$17⅝，當天對應的趨勢線讀
數為$20⅜，所以前奏階段的高度是$2¾。關於蹦跳階段與目
標價位的最低水準，兩者都運用前奏階段的高度，所以這方面
的計算必須謹慎。

　　前奏階段結束之後，進入蹦跳階段。價格快速下跌，但
未必如同圖 7.2 顯示的程度，並且形成一條新的**趨勢線**，向下

表 7.1　蹦跳-奔馳底部反轉排列的辨識特質

特質	討論
煎鍋狀	排列的形狀很像左側帶柄的煎鍋，柄部朝下，煎鍋朝上。價格由柄部下滑，快速跌落鍋底，然後緩步攀升，最後向上奔馳走高。
下傾的上側趨勢線，前奏階段的高度	柄部形成向下傾斜的趨勢線，傾斜角度大約是 30~45 度（取決於圖形座標刻度）。柄部屬於整體排列的前奏階段，隨後是蹦跳與向上奔馳。前奏階段的高度，是挑選排列最早四分之一的柄部最寬部分，計算當天低價到趨勢線的垂直距離。請注意，前述的當天低價未必是排列最低價。前奏階段的涵蓋期間至少應該一個月，但實際長度則視情況而定。
蹦跳階段	蹦跳階段對應鍋底。向下趨勢線的傾斜角度增加為 60 度左右。價格快速下跌，接著逐漸走緩，最後甚至向上翻揚，通常構成圓形狀的轉折。攀升過程經常會受阻於原先的 30 度趨勢線，稍做整理，然後向上穿越。蹦跳階段的高度——由 30 度趨勢線衡量到排列最低點——至少應該是前奏階段的兩倍。這雖然不是型態的必要條件，但屬於不錯的參考準則。
向上奔馳	一旦價格脫離蹦跳階段（穿越 30 度趨勢線），就進入向上奔馳的階段。
成交量	三個重要階段——前奏、蹦跳與趨勢線突破——的起點，成交量都有放大的傾向。可是，成交量放大並不是必要條件。

附註：煎鍋形狀與下降趨勢線反映空頭動能。

傾斜的角度為 45 度到 60 度或更多（譯按：這是指蹦跳階段下跌走勢本身的下降趨勢線而言。可是，本章大多數圖形範例都看不出來如何繪製一條更陡峭的新趨勢線。事實上，繪製新的

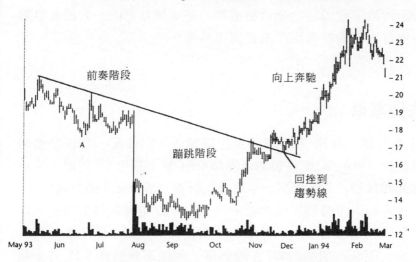

Bethlehem Steel Corp.（綜合鋼鐵，NYSE，代碼 BS）

前奏階段

向上奔馳

A

蹦跳階段

回挫到
趨勢線

圖 7.2　蹦跳-奔馳底部反轉排列的不同部分。前奏階段的價格呈現細長區間，然後暴跌進入蹦跳階段，股價緩步上升，最後向上奔馳而創新高價。

趨勢線也沒有用，各種用途都採用前奏階段的 30 度趨勢線）。蹦跳階段初期，成交量顯著放大，但賣壓明顯超過買進力道，投資人最後終於知道其中緣故：公司本身發生問題。隨著精明資金與動能玩家持續離場，股價也繼續下跌。

　　慢慢地，下跌壓力逐漸舒解，股價甚至緩步向上攀升，形成圓弧狀的走勢，觸及原先的 30 度趨勢線。在這條趨勢線附近，價格可能稍做停頓，經過數度嘗試才突破，但也可能直接貫穿。向上突破之後，大約有三分之一的案例會出現回挫走勢（throwback），股價折返趨勢線附近稍做整理，然後才繼續上漲。

　　價格向上突破而呈現快速上漲，成交量也會隨之放大。向上奔馳階段的特色是價格漲勢。在 3 個月之內，大約有半數案例會出現最終高點，並且向下反轉。

失敗案例

圖 7.3 顯示蹦跳-奔馳底部反轉排列失敗的情況。整波段漲勢開始於 1994 年 6 月份的低點$24½（沒有顯示）。經過一段正常的起伏波折，股價在一年之後創新高（圖形最左側的峰位）。然後由此向下發展。剛開始的時候，下跌走勢顯得很穩定，沿著下降趨勢線發展。9 月中旬，價格夾著大量下跌，進入蹦跳階段。不久，價格創33^5/_8$的低價，然後逐漸回升，11 月下旬穿越趨勢線。向上突破之後，立即出現回挫走勢，沿著趨勢線向下發展，這段期間相當長。最後，價格終於脫離趨勢線而暴跌。1996 年 6 月底，股價跌到$20 之下，尚不及前一年同期高價的一半。

　　這個排列爲何失敗？圖 7.3 不是標準的範例，但絕大部分的實例都稱不上是標準範例。在這個例子中，蹦跳階段的高度不及前奏階段的兩倍。可是，這個結論也取決於如何繪製趨勢線。如果把趨勢線的起點設定在 A，那麼蹦跳階段與前奏階段的高度大約是 2：1 的關係。新的趨勢線也觸及 B 點的峰位。所以，如果你等待收盤價穿越這條新趨勢線，就不會進場買進股票。某些情況下，你應該由不同的角度觀察或繪製走勢圖（不要忘掉在對數刻度的價格座標上繪製圖形）。

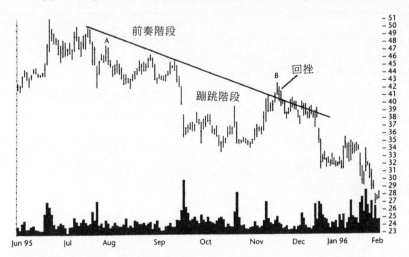

Apple Computer Inc.（電腦與周邊設備，NASDAQ，代碼 AAPL）

圖 7.3　　蹦跳-奔馳底部反轉的失敗案例（失敗率不到 20%）。蹦跳階段高度不足前奏階段的兩倍，或許是型態可能失敗的前兆。銜接 A 點與 B 點的趨勢線（圖形沒有顯示）滿足蹦跳與前奏階段高度的準則。如果等到收盤價向上突破這條趨勢線才買進，投資人根本不會進場。

統計數據

為了瞭解排列的一般性表現，我在資料庫內搜尋數百個案例，將它們的統計數據編製為表格。請參考表 7.2。相對於其他排列，蹦跳-奔馳底部排列的案例很多，在 2,500 年的日線圖資料中發生 360 次。在這些案例中，55%屬於反轉排列，45%屬於連續排列。

對於所有的蹦跳-奔馳底部排列，81%（273/360）的案例

表 7.2　蹦跳-奔馳底部反轉排列的一般統計數據

說明	統計數據
排列數量： 1991 年~1996 年的 500 支股票	360
反轉或整理排列	161 個整理，199 個反轉
失敗率	67/360 相當於 19%
等待向上突破的失敗率	32/325 相當於 10%
成功排列的平均漲幅	37%
最經常發生漲幅	20%
在成功排列中，符合 或超越目標價位者	271/293 相當於 92%
排列平均長度	5 個月（157 天）
圓弧狀蹦跳的發生個數	279/360 相當於 78%
多重蹦跳的發生個數	52/360 相當於 14%

附註：向上突破的平均漲幅爲 37%。

向上突破之後至少出現 5%的跟進走勢。如果等待向上突破（325/360 或 90%），排列的成功率更高。整體排列的失敗率爲 19%（87/360），等待向上突破之後的失敗率爲 10%（32/325）。任何排列的失敗率只要低於 20%，就視爲可靠的型態。

　　向上突破之後的表現如何呢？平均漲幅爲 37%，這是由突破當天的最低價衡量到最後高價。這個績效數據相當不錯，但由蹦跳階段最低點衡量的平均漲幅更高達 57%。當然，我們很難掌握底部的最低點，所以 57%只是一項統計數據而已。

　　為了避免少數偏高報酬率對於平均漲幅造成的扭曲影響，所以我採用次數分配來說明（請參考圖 7.4）。這個排列最經常發生漲幅為 20%。圖 7.4 也顯示漲幅偏高的案例很多（漲幅超過 50%的案例有 41 個，佔成功案例 293 的 14%）。如此眾多的偏高漲幅，顯然會把平均漲幅向上拉。

　　針對這個排列進行操作，如果夠幸運的話，報酬率或許很高。可是，在正常情況下，不應該如此預期，最正常的報酬率或許應該設定為 20%。這也是圖 7.4 最高欄位——發生次數最多的欄位——代表的最經常發生漲幅。

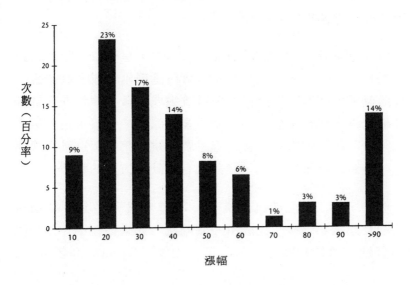

圖 7.4　蹦跳-奔馳底部反轉排列的報酬率次數分配　少數偏高的報酬率會讓平均報酬率向上偏頗。

如果採用前奏階段的高度衡量目標價位，達成率爲 92%；換言之，計算排列最早四分之一部分的高度，由突破點向上衡量前述高度，結果就是向上突破之後的最低目標價位。細節部分請參考稍後的討論（「交易戰術」一節）。

如果把前奏階段高度取代爲蹦跳階段高度（計算每天最低價與趨勢線之間的最寬距離），則目標價位達成率下降爲 67%，雖然還是不錯，但如果運用於風險／報酬比率，結果恐怕不夠保守。

排列完成的平均期間爲 5 個月，但個別案例的差異很大。排列至少需要 1 個月，這也是前奏階段的最短期間。加上蹦跳階段之後，整個期間會延伸。

每 4 個案例中，約有 3 個排列（78%）呈現單一蹦跳的圓弧狀走勢*。總共只有 52 個案例（14%）出現兩個或多個蹦跳。所謂兩個或多個蹦跳，是指主要蹦跳完成之後，價格向上攀升觸及趨勢線，然後又發生第二個或多個蹦跳。一般來說，第二個或後續蹦跳的低點都不會超過主要蹦跳。第二個蹦跳底部穿越主要蹦跳的例子很少見，但我沒有統計這方面的數據。

圖 7.5 顯示兩個蹦跳的例子。1993 年 8 月中旬，當價格向上觸及趨勢線之後，完成第一個蹦跳。如果你在第一個蹦跳期間買進，恐怕會被套牢一陣子。由 8 月 19 日的高價 $22^3/_4$

---

* 譯按：所謂「蹦跳」是指價格沿著趨勢線發展，突然重挫，稍後又緩步攀升到趨勢線的走勢。

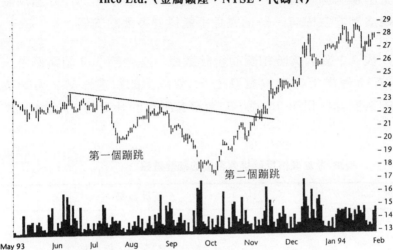

Inco Ltd.（金屬礦產，NYSE，代碼 N）

第一個蹦跳

第二個蹦跳

圖 7.5　雙重蹦跳-奔馳底部反轉。如果考慮買進，最好等待價格正式向上突破趨勢線。如果在 7 月份進場，短期之內恐怕難逃套牢的命運。

起算，到 10 月 1 日的$17³/₈，股價跌幅將近 25%。

　　由 10 月 1 日的低價開始，股價向上翻升，漲勢相當威猛，1994 年 1 月中旬在$28½創高價。由排列最低點起算的漲幅為 64%，由趨勢線突破點衡量的漲幅為 33%。圖 7.5 顯示一個教訓：如果考慮買進，最好等到收盤價正式突破趨勢線。事實上，這項教訓適用於許多排列，不侷限於 BARR 底部排列而已。

　　對於兩個蹦跳的案例，第二個蹦跳低點極少穿越第一個低點。我們已經提到，兩個蹦跳的排列非常罕見，只佔所有 BARR 底部排列的 14%。當然，如果走勢完成第一個蹦跳，隨

後又由趨勢線附近下挫，萬一你已經持有股票，即使知道兩個蹦跳案例非常稀有，恐怕還是不能得到多大的安慰。

表 7.3 顯示突破相關的統計數據。在全部 360 個案例中，只有 32 個向上突破沒有發生 5% 或以上的跟進漲勢。向下突破的案例總共只有 35 個，完全沒有出現回升走勢（pullback）。

表 7.3　蹦跳-奔馳底部反轉排列突破的統計數據

說明	統計數據
向上突破而失敗	32/325 相當於 10%
向上突破	325/360 相當於 90%
向下突破	35/360 相當於 10%
回挫	136/360 相當於 38%
完成回挫走勢的平均期間	13 天
對於成功的排列，突破與 最終峰位的相隔時間	5 個月(160 天)
突破點位在最近 12 個月價格區間 的下緣、中央或上緣	下緣 38% 中央 43% 上緣 20%
前述突破位置的 平均漲幅／跌幅	下緣 39% 中央 42% 上緣 28%
起始高點到蹦跳低點的跌幅	28%
起始高點到突破當天低價的跌幅	17%

附註：大多數案例向上突破，大約有三分之一的案例在突破之後挫回趨勢線附近。

這並不代表蹦跳-奔馳底部排列向下突破之後，絕對不會發生回升走勢；這只意味著我的案例中沒有發生這種走勢。全部 360 個案例中，向上突破有 325 例（佔 90%），向下突破有 35 例。

股票向上穿越趨勢線之後，大約有三分之一的案例（38%）發生回挫走勢（throwback，譯按：38%是就全部 360 個案例而言，不是 325 個向上突破）。完成回挫走勢的平均期間為 13 天，某些回挫只有幾天，另一些走勢可能花費 1 個月的時間才觸及趨勢線反彈。如果價格折返趨勢線的走勢超過 30 天，就不視為回挫走勢，而視為正常的價格波動。

價格向上突破趨勢線之後，大約耗費 160 天才到達最終高點。這似乎相當合理，平均 37%的漲幅不會在一天之內完成。

接著，我們考慮突破點發生在年度價格區間的哪個位置。此處不考慮排列期間不足一年的案例。首先，把最近 12 個月的價格區間劃分為三等分（上緣、中央與下緣）。其次，以突破當天的低價為準，歸納突破點位在年度價格區間的位置。結果，大部分案例（43%）的突破點位在年度價格區間的中央，只有 20%案例的突破點位在上緣。

就 BARR 底部排列的形成過程來看，前奏階段的起點應該在年度高價附近，然後價格沿著下降趨勢線發展，突破之前大約處在年度價格區間的中央。為了檢定這個假設，我比較排列起點（當天高價）與年度價格區間的關係。大約 82%案例的起點位在年度價格區間的上緣，然後向下發展到年度價格區間的中央。這個結論具有統計上的顯著意義：**蹦跳-奔馳排列**

起始於最近 12 個月的高價區。實際觀察走勢圖，結果確實如此。BARR 經常由價格創新高的位置開始發展。回檔稍做整理之後，價格嘗試再創新高而失敗。兩個峰位——第一個峰位高於第二個——銜接為一條下降趨勢線，價格沿著下降趨勢線發展為前奏階段，然後突然下挫而進入蹦跳階段。

突破點位置與隨後的漲勢幅度是否有關聯？我發現突破點位在年度價格區間中央的案例平均漲幅最大（42%），其次是下緣（39%），最後才是上緣（28%）。

根據我的推理，突破點位置愈低，突破之後的表現愈理想，理由是：摔得重，彈得高。反之，突破發生在年度價格區間上緣的股票，突破之後往往很難上漲。結果似乎相當接近。

由排列起點開始衡量，蹦跳低點與突破點平均發生多大的跌幅？蹦跳低點距離排列起點的平均跌幅為 28%。突破點距離排列起點的平均跌幅為 17%。

當股價上漲到過去的高點附近，經常會遭逢壓力而下跌。很多股價型態都反映這種性質，例如：雙重頂或三重頂排列。所以，就蹦跳-奔馳底部反轉排列而言，我想知道向上突破之後的最終高點與排列起始高點之間，是否存在統計上顯著的關聯。圖 7.6 顯示這項分析的結果。相對於排列起始高價，我計算突破之後最終高價的漲幅或跌幅（兩個價位都取當天高價），漲幅表示為正數，跌幅表示為負數，在圖 7.6 內整理為次數百分率分配。請注意，圖 7.6 顯示的累積百分率只有 79%；換言之，有 21%的案例落在圖形左側沒有顯示的尾部（漲幅都大

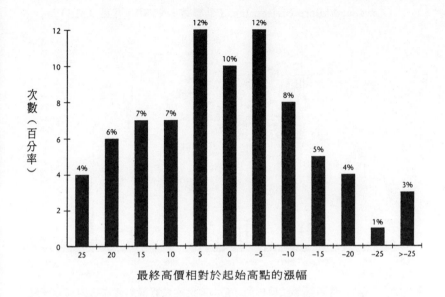

圖 7.6 排列起始高點與最終高價的關聯。 比較蹦跳-奔馳底部排列向上突破之後的最終高點與排列起始高點（兩者都取當天最高價）。股價是否會向上穿越排列最初的高點？橫軸讀數為零，代表兩個價位相等。我們發現，很多案例的兩個高點差距在±5%之內。

於 25%），這是為了避免尾部拉得太長。

按照圖 7.6 的資料顯示，34%案例的最終高點落在排列起始高點的±5%範圍內，大約三分之二的案例（61%）落在±15%範圍內。當然，這些數據只能夠顯示大體的情況，不能反映實際的個案結果，但似乎支持我們採用排列起始高點做為目標價位的論點。如果你在排列向上突破的時候進場買進，上檔目標價位或許可以設定在排列起始高點附近。

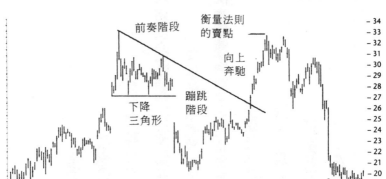

Advanced Micro Divices, Inc.（半導體，NYSE，代碼 AMD）

圖 7.7　蹦跳-奔馳底部反轉排列。61%案例的最終高點落在排列起始高點的 ±15%範圍內。

　　請參考圖 7.7，經過 9 個月的漲勢之後，股價在 1993 年 4 月中旬創峰位，但當天幾乎是以最低價收盤。隨後 6 個星期內，呈現下降三角形的橫向整理排列，轉折高點持續墊高，轉折低點也稍有墊高的傾向。5 月底，價格向上彈跳，但距離 4 月中旬的高點還有一段距離。6 月 7 日，股價突然暴跌 4 點，當天收盤價為 $23¾。價格夾著大量持續下跌（但成交量有逐漸縮小的傾向），直到 6 月中旬的最低價 $20³/₈。

　　在谷底整理幾天之後，股價開始攀升：準備脫離蹦跳階段。8 月 5 日，價格穿越下降趨勢線，意味著向上突破之後即將展開奔馳階段。股價持續上漲到 $32⁵/₈，距離排列最初高點

只有 1/4 點的差距。在此高檔區盤整大約 2 個星期之後，價格向下反轉。這波段的跌勢相當兇猛，1994 年 1 月初的股價為 $16¾，幾乎被腰斬一半。

　　針對圖 7.7 的案例，如果由突破點向上衡量前奏階段高度做為突破之後的目標價位，應該在股票創 $32⅝ 高價的隔天出場。事實上，這個目標價位也非常接近排列最初的高點；所以，這兩個出場訊號可以讓投資人避開隨後發生的 50% 跌勢。關於目標價位的衡量方法，請參考「交易戰術」一節。

　　表 7.4 列示這個排列的成交量相關數據。我由三個關鍵點進行這方面的研究：排列起點、蹦跳起點與突破點。相較於前一天，排列起點成交量平均擴大 20%，只稍高於正常水準，由於成交量原本就不穩定，所以不容易察覺這種程度的變化。可是，由價格重挫的蹦跳階段開始，情況就不同了。以價格發生重挫前一天的成交量為基準，蹦跳階段第一天的成交量擴大

表 7.4　蹦跳-奔馳底部反轉排列的成交量統計數據

說明	統計數據
排列起點相對於前一天的成交量	120%
蹦跳階段起點與隨後 2 天相對於蹦跳起點前一天的成交量	175%，223%，192%
突破當天與隨後 5 天相對於突破前一天的成交量	139%，130%，115%，109%，99%，96%

附註：排列起點、蹦跳起點與突破點的成交量都很大。

75%，隔天則擴大 123%，而且繼續保持大量。請參考本章提供的走勢圖，很容易發現蹦跳階段的成交量放大情況。突破當天通常也會伴隨著大量，但這種現象很快就消失。突破當天較前一天的成交量擴大 39%，隨後幾天的成交量逐漸遞減。

　　圖 7.8 顯示典型的成交量型態。排列起點最初幾天的成交量很大，但很快就減退了。隨著價格下滑，成交量也萎縮。甚至到蹦跳階段的起點，成交量還是沒有明顯放大。可是，當價格下跌速度轉快，成交量也逐漸擴大，尤其是在 10 月底與 12月底的低點附近。突破過程爆出大量，藉以推動價格走高。由

General Housewares Corp.（家庭用品，NYSE，代碼 CHW）

圖 7.8　成交量型態。排列起點、蹦跳階段起點與突破過程的成交量通常很大。可是，在這份走勢圖中，蹦跳階段起點的成交量很小。

於買進力道十足，奔馳階段出現數個向上的跳空缺口。由蹦跳階段低點衡量的漲幅高達 80%，由突破點衡量的漲幅爲 50%。

交易戰術

表 7.5 摘要列示蹦跳-奔馳底部反轉排列的交易戰術。確認排列的型態之後，可以預先計算向上突破的目標價位。首先，衡量前奏階段——排列最初四分之一部分——的高度，這是計算期間內每天低價與下降趨勢線之間的垂直距離，取其中最寬者做爲前奏階段的高度。其次，由突破點向上衡量前奏階段高度，結果就是最低目標價位。對於所有向上突破的案例，目標價位的達成率 90%。

表 7.5　蹦跳-奔馳底部反轉排列的交易戰術

交易戰術	解釋
衡量法則	計算前奏階段的高度，由突破點（爲了保守起見，取當天低價爲準）向上衡量前述高度，結果就是突破之後的最低目標價位。
等待確認	等待收盤價穿越下降趨勢線，然後才進場買進。
在先前高點賣出	在奔馳階段，價格上漲到先前高點附近，只要出現弱勢的表現，就應該考慮賣出。
停損	在低檔支撐的下方 1/8 點處設定停損。隨著股價走高，向上調整停損。

附註：等待收盤價突破，可以提高投資績效。

　　精確衡量目標價位，需要知道突破的確實價位。可是，即使在突破之前，我們也可以計算前奏階段高度佔當時價位的百分率，藉以評估這個排列的獲利能力。如果前述數據太低，就應該另外尋找對象。

　　如果某個排列對象的獲利潛能不錯，實際的進場點應該設定在收盤價穿越下降趨勢線的位置。

　　除了前述的目標價位之外，還可以考慮另一個獲利了結位置：先前的峰位（換言之，排列的起點）。前文已經討論這一點，BARR 底部排列的奔馳階段經常終止於先前的峰位。你可以在此預先設定獲利了結的停止賣單；如果你擔心過早出場，至少可以考慮結束半數部位。

　　關於停損單，就如同任何多頭部位一樣，應該設定在最近支撐點下方 1/8 點處。每當股價克服上檔的壓力區，停損點就應該向上調整，防範股價反轉而損及太多的既有獲利。

交易範例

利用一些例子來說明交易戰術，或許比較有趣。老周剛開始摸索技術分析的投資方法，還沒有徹底掌握蹦跳-奔馳底部反轉排列的特性。某天，他翻閱股價走勢圖，看見圖 7.9 顯示的股票。1991 年 8 月份，股價創峰位，稍微回檔整理，又創第二個稍低的峰位。當價格由第二個高點下滑之後，老周繪製一條暫時趨勢線銜接兩個峰位。不久，他發現股價呈現通道狀下跌，

Varity Corp.（機械，NYSE，代碼 VAT）

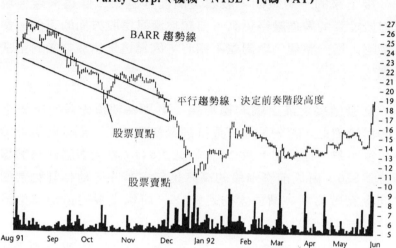

圖 7.9 蹦跳-奔馳底部反轉排列的失敗案例。老周買進這支股票，在股價創新低的兩天之後賣出。

於是沿著通道下緣繪製另一條平行趨勢線。

不久，股票跌破通道下緣。當價格又下跌一陣子之後，老周判斷整個走勢可能演變爲蹦跳-奔馳底部反轉排列。他繪製第三條平行趨勢線，而且把前兩條趨勢線所夾的通道寬度視爲前奏階段的高度。

當股價跌破第三條趨勢線，老周認爲下降走勢已經結束，隔天在$18¼買進 100 股。他覺得很高興，因爲當天收盤價高於他的買進價位。

接下來的一個星期，股票走高而穿越第二條趨勢線。老周對於投資的興趣顯得更高，自認為深具選股方面的天份。當股票陷入橫向整理，老周並不擔心，因為這是急漲之後的正常反應。

當股價接近最上端的趨勢線，老周希望預先設定突破之後的目標價位。首先，他計算排列最初四分之一部分前奏階段的最寬距離。他採用 8 月 20 日的低價$24，當天對應的趨勢線價位為$26，所以前奏階段的高度是$2。其次，他估計股票如果向上突破的話，價位大約是$21½，所以上檔的目標價位為$23½（ =21½+2）。

老周知道，這是最低目標價位，絕大部分的蹦跳-奔馳底部反轉排列都能達成這個目標，所以他非常有信心地繼續持有部位。就他的買價$18¼計算，如果一切進行順利的話，報酬率至少是 25%。

隨後一個月內，股價持續橫向盤整，但老周還是不擔心。他相信股票必定會突破橫向交易區間，然後繼續上漲，一切只是時間遲早的問題。

結果顯然不是如此。事實上，股票確實突破橫向交易區間，但突破方向是朝下。價格距離上側趨勢線還有一段差距就向下反轉，而且繼續下跌而觸及中間的趨勢線。老周知道，股價的回檔程度經常是先前漲幅的 40%到 60%之間。於是，他拿起計算機開始計算可能的回檔價位。

　　由 10 月中旬的最低價$18 向上衡量，該波漲勢的高點爲
$21.43，漲幅大約是 3½點。目前，股票觸及中間趨勢線的價
位爲$18¾，相當於 78%的回檔，顯然超過正常的回檔程度。
老周懷疑趨勢是否已經發生變化，但希望中間趨勢線能夠發揮
支撐功能，止住跌勢。事實上，股價在此盤旋 3 天，然後又下
跌，很快就跌破當初的買進價位，而且還沒有止跌的跡象。

　　雖然老周當初是基於短線交易的心態買進股票，但他說服
自己愛上這家公司，決定長期投資。現在，他只希望能夠解套。

　　股價繼續下跌，直接貫穿第三條趨勢線，12 月 11 日，老
周曾經考慮在$12¾賣出股票，虧損 30%。可是，最後還是沒
有賣出，因爲他告訴自己要長期投資，而且他相信這類的急跌
走勢應該會在短期之內出現反彈。

　　隔天，股價收高，他又燃起一絲希望。事實上，隨後一
天的股價還是收高。可是，連續兩天的上漲只是假象而已，股
價接著又反轉下跌。當價格跌破$12¾之後，老周終於投降，
打電話給經紀人賣出股票，成交價格爲$12¼，剛好是當天的
低價，損失爲 33%。兩天之後，股票觸及$10¾的低價。

　　老周雖然認賠出場，但這支股票仍然繼續折磨他。他繼
續追蹤後續發展，看著股價緩步走高。在圖 7.10 的週線圖上，
老周延伸下降趨勢線，發現一個更大型的蹦跳-奔馳排列正在
形成之中。1991 年 12 月，股價急跌到蹦跳階段的谷底之後，
緩步攀升觸及下降趨勢線，但沒有能力立即貫穿，只能沿著趨
勢線向下發展。

Varity Corp.（機械，NYSE，代碼 VAT）

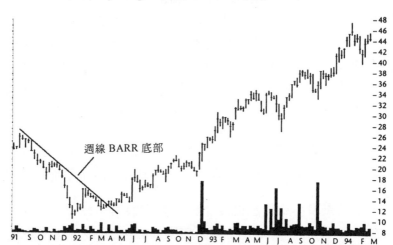

週線 BARR 底部

圖 7.10　週線圖的蹦跳-奔馳底部反轉排列。向上突破之後，漲幅超過 350%。

經過兩個多月的醞釀之後，1992 年 3 月 27 日（星期五）的週線終於穿越下降趨勢線。收盤價向上突破，BARR 底部排列正式完成。老周是否進場買進？幾個月以來，繼續留意這支股票的發展，每個星期都看著股價走高，他覺得滿肚子的怒火，終於放棄追蹤。

1994 年 4 月，老周偶然又看到這支股票，發現當時的股價為 $50^1/_8$，由 1991 年低價起算的漲幅超過 370%。如果當初沒有賣掉持股，現在的獲利超過 $3,000。

老周究竟犯了哪些錯誤？這可以由幾方面考量。他沒有等到價格正式突破下降趨勢線，否則買進價格會更低。其次，

他沒有及早認賠。買進股票之後，應該設定停損點，當股價向上穿越中間趨勢線之後，停損點應該調整到中間趨勢線的稍下方。若是如此，賣出價位大約是$17^7/_8$，稍低於買進價位$18^1/_4$。可是，老周實際上沒有這麼做，他看著股價下跌，讓短線交易套牢而成為長期投資。

當老周最後放棄指望的時候，股價已經下跌到最低點附近。事實上，很多投資人都處於相同的境遇，這可以由 1991 年 11 月與 12 月發生的大成交量看出來。初學的投資人總是買在頭部附近，賣在底部附近，這與正確的做法剛好相反。

可是，這個教訓也帶來一些正面的效益。老周現在都會等待確認突破的訊號，然後才進場建立部位，而且任何部位都會設定停損，藉以侷限損失。這是否意味著老周將因此而成為交易者的典範？當然不是，因為他現在又面臨一些其他問題，觸犯一些其他錯誤。

◆　 8　 ◆

蹦跳-奔馳
頭部反轉排列

摘要資料

外觀	狀似開口朝下的煎鍋，柄部在左邊。柄部構成上升趨勢線，然後進入漲勢加快的鍋底。
反轉或整理	短期的（少於 3 個月）空頭反轉排列。
失敗率	19%。
平均跌幅	24%，最經常發生跌幅 15%。
回挫	39%。
價格目標 　達成率	88%。
參閱排列	（33）圓形頂排列。

假定你考慮買進某家公司的股票，如果你能夠確定明天的價格一定比今天低，那不是太棒了嗎？可是，如何能夠知道明天的價格呢？這就是我發現 BARR 頭部排列當時所考慮的問題。我嘗試找到某種可靠的方法，判斷明天的價格高於或低於今天水準？差距是多少？

我透過各種數學公式，嘗試提高預測的精確性，但效果非常有限。於是，我改用視覺的方法。在股價走勢圖上繪製趨勢線，試圖判斷股價跌破趨勢線的程度。我觀察各種走勢圖與趨勢線，希望找到趨勢線與隨後突破走勢之間的關係。結果，我發現蹦跳-奔馳排列（bump-and-run formation，簡稱 BARF）。稍後，我考慮這個排列的名稱問題，投資界或許不認同這個新排列的有效性。所以，我決定採用一個比較生動有力的名稱：蹦跳-奔馳反轉（bump-and-run reversal）排列，簡稱為 BARR。

緣起

研究趨勢線的過程中，我發現趨勢線突破具有一些共通的特質。請參考圖 8.1，這是一個典型的蹦跳-奔馳反轉排列，整體形狀看起來像是一座山。山腳的起點相當平緩，雖然地形稍有起伏，但大體上沿著上升坡道（上升趨勢線）發展。排列起點的成交量放大，但很快又萎縮。山峰本身（蹦跳階段）相當高聳，成交量也很大。價格穿越峰位之後，投資熱潮沒有馬上消退，這反映在頭部的大量上。在山峰的盡頭，價格突然重挫，而且持續下跌。這就是典型的蹦跳-奔馳排列：價格蹦跳向上，然後反轉向下奔馳。這個排列的形狀，可以充分反映買進的動

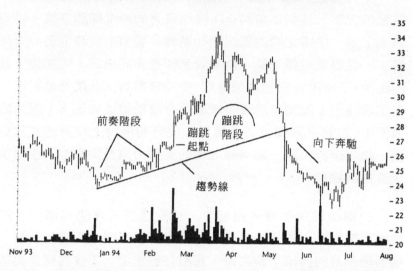

Fieldcrest Cannon Inc.（紡織，NYSE，代碼 FLD）

圖 8.1 蹦跳-奔馳頭部反轉排列。前奏階段沿著上升趨勢線發展；蹦跳階段呈現三級跳的走勢；奔馳階段向下崩跌。排列起點與蹦跳階段的起點，成交量通常都會放大，價格經過峰位之後，成交量通常都會逐漸萎縮。跌破趨勢線的過程中，大約有半數案例的成交量會擴大。

能。最初，排列是沿著上升趨勢線發展，凸顯投資人買進股票的熱切意願。隨著時間經過，買方不斷提高叫價，藉以吸引賣方拋出股票，所以價格持續上揚。

　　股價上升趨勢吸引其他的動能玩家。當公司宣佈理想的盈餘報告之後，很多投資人紛紛跳上車。這也是蹦跳階段的開始。股價夾著大量快速上漲。急遽的漲勢又吸引更多的交易者，使得股價更進一步走高。所以，蹦跳階段形成一條更陡峭的上升趨勢線。接著，情況開始不對勁了。

　　上升動能持續發展，直到供給籌碼超過需求力道為止。這種情況下，漲勢逐漸鈍化，精明資金的態度轉趨謹慎。投資熱潮退燒，供需之間的戰況開始逆轉。股價出現峰位而向下反轉。一旦察覺股價下跌，精明資金快速奔向出口，更加速下跌的走勢。下降動能開始加速發展，把股價壓到上升趨勢線附近。在這個關卡，股價可能直接跌破上升趨勢線（如圖 8.1 顯示的情況），但買進意願也可能轉強，使得股價向上反彈而嘗試最後一搏。一般來說，趨勢線上緣的反彈力道通常有限，價格很快又恢復跌勢。

　　股價突破趨勢線的過程中，成交量通常會明顯擴大，這股拋售壓力會引起更多投資人的憂慮，又醞釀出更重的跌勢。經過幾個月的持續下跌之後，賣壓終於消退，下檔的買進力道止住跌勢。於是，價格暫時走穩，甚至向上反彈。一旦造成股價向下反轉的原因逐漸被淡忘之後，價格又恢復漲勢，一切又重新來過。

辨識準則

表 8.1 顯示這種排列的各階段特質。圖 8.1 的趨勢線是沿著前奏階段的低點繪製而成，最後在 1994 年 5 月份被貫穿。排列最初的成交量放大，前奏階段的趨勢必須朝上發展。上升趨勢線大約向上傾斜 30 度（實際的角度取決於圖形座標的刻度）。如果趨勢線呈現水平狀或近似水平狀，就不屬於理想的 BARR 排列。趨勢線向上傾斜，反映出投資人渴望買進的程度。可是，

表 8.1　蹦跳-奔馳頭部反轉排列的辨識特質

特質	討論
上傾的趨勢線	排列最初階段，價格沿著上升趨勢線緩步走高。上升趨勢線一定向上傾斜，傾斜的角度大約介於 30~45 度之間（取決於圖形座標刻度）。最好避開趨勢線過分陡峭的排列（超過 60 度），因為沒有足夠空間可供蹦跳階段發展。
前奏階段與高度	前奏階段發生在排列初期（整體排列的最初四分之一部分），價格還沒有向上蹦跳之前。前奏階段的價格高度至少應該有 $1（最好是 $2 或以上），高度是指每天最高價與對應上升趨勢線之間的垂直距離。前奏階段的長度最少 1 個月，長度沒有上限。
蹦跳階段	價格伴隨著大量快速上漲（上升趨勢線的傾斜角度介於 45~60 度之間），通常發生在大利多消息公佈之後（盈餘意外調高、分析家建議買進、銷售量調高或其他利多消息）。走勢最後創峰位而向下反轉，價格退回到 30 度趨勢線附近。蹦跳階段的高度至少應該是前奏階段的兩倍，此處的高度也是衡量每天最高價與 30 度趨勢線之間的垂直距離。
向下奔馳	價格退回趨勢線之後，可能反彈形成第二個蹦跳，或沿著趨勢線發展。最後，價格貫穿趨勢線而繼續下跌。

這條趨勢線也不能太陡峭。過分陡峭的趨勢線（超過 60 度以上）沒有辦法保留足夠的空間讓蹦跳階段發展。

　　排列的第一部分，稱為前奏階段，由此邁進蹦跳階段。前奏階段的期間長度至少必須是 1 個月，通常是 2、3 個月，

但可以更長一些。這個階段的價格擺動幅度至少是$1（譯按：
這是針對圖 8.1 而言，股價大約在$20~$30 之間），這個擺動
幅度又稱爲前奏階段的高度（利用整個排列最初四分之一部分
的每天價格，衡量每天最高價與 30 度趨勢線之間的垂直距離，
取最大的讀數）。

就圖 8.1 而言，整體排列最初四分之一部分的最高價是
1994 年 1 月 12 日的25^5/_8$，這個價位對應的趨勢線讀數爲
24^1/_4$，所以前奏階段的高度爲$1$^3/_8$。這個高度很重要，因爲
我們稍後評估蹦跳階段的最低高度，以及計算目標價位，都需
要利用前奏階段的高度。關於前奏階段的高度，比較精確的衡
量方法應該是計算趨勢線到每天高價之間的最大距離。對應這
個最大距離的高價，未必是期間內的最高價。不論採用哪種方
法衡量前奏階段的高度，結果應該不會有太大的差異。

前奏階段的走勢相當平緩，似乎正在醞釀蹦跳階段的動
力。價格雖然稍有起伏，但不會遠離上升趨勢線。如果你把整
個排列視爲一座山，前奏階段就像山腳的步道。

前奏階段的初期，成交量放大，這經常是因爲排列開始
之前所發生的重大事件。接著，成交量下降，一直到蹦跳階段
開始才又突然放大。當時的成交量愈大，股價上漲的推升力道
也愈足。請參考圖 8.1，蹦跳階段開始於 2 月 17 日，伴隨著
半年來的最大量。

蹦跳階段的價格上漲速度加快，由 2 月中旬的低點26^1/_2$，
快漲到 3 月底的34^3/_8$。這段期間內，成交量始終維持很大，

一直到價格由峰位反轉，成交量才逐漸縮小。頭部發展過程中，曾經出現頭肩頂、雙重頂或三重頂的可能性。如果你認定當時的走勢確實是前述的型態，就完全遵照個別型態的意涵處理，不需再考慮蹦跳-奔馳頭部排列。

蹦跳階段的高度——由該階段最高價衡量到趨勢線之間的距離——至少應該是前奏階段高度的兩倍。目前這個例子中，蹦跳階段的高度是 8 點（ $34^3/_8 - 26^3/_8$ ），超過前奏階段高度 $1^3/_8$ 點的兩倍。

兩個階段的高度至少要保持 2：1 的關係，這是我個人任意設定的比率，目的是藉以確定買進熱潮（或動能）已經呈現失控狀態。前奏階段的 30 度趨勢線，在蹦跳階段演變為斜率更陡峭的趨勢線，顯示動能增加。股票很難長期維持這類陡峭的走勢，價格最後勢必下跌。圖 8.1 顯示的情況正是如此。價格翻越峰位之後，開始下滑。這段跌勢有時候非常穩定，有時候波動非常劇烈。幾乎在所有的案例中，價格都回到 30 度趨勢線。由這裡開始，走勢可能出現幾種發展。股價可能反彈而出現第二個蹦跳階段，這稱為兩個蹦跳的 BARR 或雙重 BARR。BARR 偶爾也可能出現三個或以上的蹦跳，但最後的結果還是相同。價格最後都會跌破趨勢線。

某些情況下，價格可能沿著趨勢線發展一段期間，然後才向下突破。當然，價格也可能毫不猶豫的直接貫穿趨勢線，經過一段回升走勢，接著才展開正式的挫跌。只有極少數的案例，價格由蹦跳峰位下滑之後，還沒有回到趨勢線之前，又開始走高；這類的案例大多發生在週線圖或月線圖中。

失敗案例

請參考圖 8.2 的週線圖，左側第一個 BARR 案例中，蹦跳階段初期出現大量，這屬於正常現象。蹦跳階段與前奏階段的高度關係很不錯（比率超過 2：1），顯示投資人買進的意願很高。可是，蹦跳階段的峰位出現之後，價格並沒有回到趨勢線附近，反而持續走高。

其次考慮中間的 BARR 案例，排列本身的結構很完美，成交量型態也很正常：排列最初、蹦跳階段初期與突破過程都發生大量。可是，向下突破趨勢線之後，只出現 4%的跟進跌勢，這屬於 5%失敗的案例。

最右側的案例屬於雙重蹦跳-奔馳排列。1994 年 3 月份，價格形成第一個峰位之後，朝趨勢線方向拉回，然後又回升而形成第二個峰位，最後才跌破趨勢線。請注意，第二個峰位的高度通常低於第一個峰位。

我們經常在週線圖或月線圖上看到相當長期的上升趨勢，如果上升趨勢內沒有出現明顯的價格向上蹦跳，就不能歸類為 BARR。排列初期的上升趨勢線斜率大約是 30 度，然後上漲速度加快，蹦跳階段本身的上升趨勢線斜率大約是 60 度。

就圖 8.2 觀察，你或許認為很多 BARR 案例都會出現最左側排列的失敗情況，但統計數據顯示的結果並非如此。在所有 BARR 頭部排列的案例中，只有 10%發生前述的向上突破。其餘 90%的案例在形成蹦跳峰位之後都跌破趨勢線。在這些向

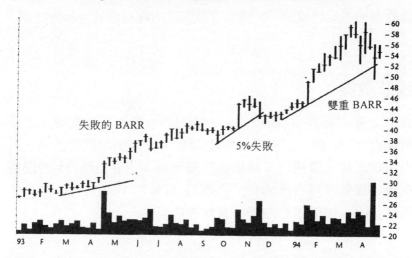

圖 8.2 週線圖的蹦跳-奔馳頭部反轉排列。左側排列之所以失敗,因為價格翻越蹦跳峰位之後,並沒有回到趨勢線,反而直接向上發展。第二個排列的形狀很標準,成交量型態也很好——排列起點、蹦跳起點與突破過程的成交量明顯放大。可是,價格跌破趨勢線之後,只發生 4%的跟進跌勢。所以,這屬於 5%失敗的案例。最右側是雙重蹦跳-奔馳反轉排列,價格在 3 月份形成第一個峰位,折返趨勢線之後又反彈形成第二個峰位,然後才跌破趨勢線。

下突破的排列中,10%的案例沒有發生 5%的跟進跌勢;換言之,情況類似於圖 8.2 的中間排列,屬於 5%失敗案例。合計這兩種情況——向上突破與 5%失敗——BARR 排列的失敗率為19%,仍然低於我認為可靠型態所允許發生的最高失敗率 20%。

如果等待收盤價跌破趨勢線,失敗率可以降低到 9%。「等待」可以提升排列的成功率,但多頭部位的獲利會減少(相對於在頭部附近賣出)。稍後的「交易戰術」一節,將討論如何在

跌勢真正開始之前，在頭部附近賣出。如此一來，既有多頭部位的獲利不至於減少，新建立空頭部位的獲利潛能也能夠提高。

統計數據

表 8.2 顯示蹦跳-奔馳頭部反轉排列的一般性統計數據。大多數案例（531 個，相當於 82%）屬於上升趨勢的反轉排列。排列完成之後，價格通常跌破上升趨勢線，而且出現 5%的跟進跌勢（這類排列視爲成功，比率爲 81%）。成功排列的平均跌幅爲 24%，由突破點向下衡量到最終低點。

表 8.2　蹦跳-奔馳頭部反轉排列的一般統計數據

說明	統計數據
排列數量： 1991 年~1996 年的 500 支股票	650
反轉或整理排列	531 個反轉，119 個整理
失敗率	123/650 相當於 19%
成功排列的平均跌幅	24%
最經常發生跌幅	15%~20%
在成功排列中，符合 或超越目標價位者	462/527 相當於 88%
排列平均長度	7 個月（213 天）
圓弧狀蹦跳的發生個數	493/650 相當於 76%
多重蹦跳的發生個數	166/650 相當於 26%
第二個或後續蹦跳峰位較高	55/650 相當於 8%

附註：80%的案例向下突破，由突破點衡量的平均跌幅爲 24%。

　　平均數經常造成誤解（因為少數幾個偏高的離群值就會造成平均數向上扭曲），所以我繪製蹦跳峰位到最後低點之跌幅的次數分配，請參考圖 8.3。如果你打算針對這類排列進行投資，次數分配可以顯示該投資最可能發生的結果。圖 8.3 顯示的最經常發生跌幅介於 30%到 40%之間。

　　圖 8.4 也是蹦跳-奔馳頭部反轉排列的跌幅次數分配圖，但跌幅是由突破點衡量到最後低點。所謂「突破點」是指突破當天的高價，因為這個價位最接近趨勢線（譯按：譯者看不出其中的道理）。圖 8.4 顯示的最經常發生跌幅介於 15%到 20%

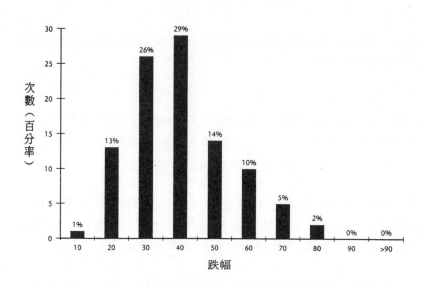

圖 8.3　蹦跳-奔馳頭部反轉排列的跌幅次數分配（由蹦跳峰位衡量到最終低點的跌幅）　大多數案例的跌幅為 30%與 40%。

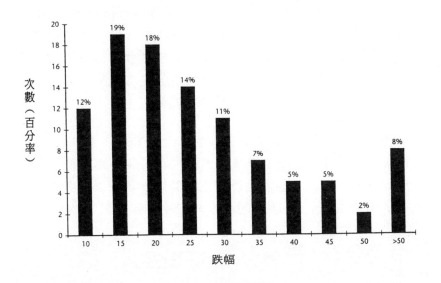

圖 8.4　蹦跳-奔馳頭部反轉排列的跌幅次數分配（由突破當天最高價衡量到最終低點的跌幅）　大多數案例的跌幅爲 15% 與 20%。

之間。這個排列的績效很不錯，實際的結果取決於獲利了結的方法。「交易戰術」一節內會解釋如何在蹦跳峰位附近賣出持股，不要把賣點設定在上升趨勢線的突破位置。

　　爲了提高目標價位的達成率，這個排列是由突破點向下衡量前奏階段高度做爲最低目標價位。按照這個定義，目標價位的達成率爲 88%（詳細內容請參考「交易戰術」一節）。

　　BARR 頭部排列需要花費相當長的期間，平均爲 7 個月。在所有的案例中，出現單一圓弧狀蹦跳的排列佔 76%。

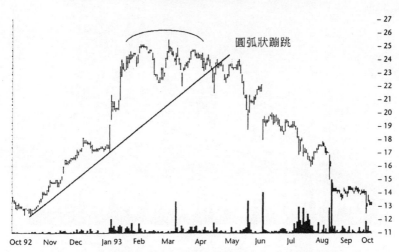

圖 8.5　單一圓弧狀蹦跳的 BARR 頭部反轉排列。這類排列佔所有案例的 76%。請注意，1993 年 4 月中旬曾經出現假突破，一、兩個星期之後才出現有效的突破。最後低點是 10 月份的$12½，跌幅超過 50%。

　　請對照圖 8.5 與 8.6 的走勢。圖 8.5 的蹦跳峰位呈現圓弧狀，投資人有很充裕的時間在高點附近出脫股票。反之，圖 8.6 的峰位相當突兀，在價格迅速下跌之前，投資人只有幾天的時間能夠掌握峰位附近的價位。圖 8.6 也是兩個蹦跳的 BARR 排列，價格跌破趨勢線之前，曾經出現第二個較小的峰位。BARR 出現第二個或多個蹦跳的案例有 26%，其中第二個或其他峰位高於第一個峰位的案例只有 8%。

　　表 8.3 顯示突破相關的統計數據。只有 9%的排列出現提前突破（假突破）的現象。如同你所預期的，絕大部分的案例

圖 8.6 兩個蹦跳峰位的 BARR 頭部反轉排列。第一個峰位相當突兀，很難及時出脫股票。許多半導體股票在 1995 年底都出現類似的價格型態，造成整個類股的下跌走勢。最後低點發生在 1996 年 1 月中旬，跌幅將近 70%。

在突破趨勢線之前，價格都始終停留在趨勢線之上。只有 9% 的案例曾經向下突破，但沒有出現顯著的跟進跌勢。這屬於 5% 失敗案例。

　　大多數 BARR 頭部排列都向下突破：584 個案例向下突破（相當於 90%），只有 1 個水平突破的案例。在向下突破的案例中，大約有三分之一（39%）出現回升走勢。向下突破之後，1 個月以上才折返到趨勢線的走勢，視爲正常價格波動，不屬於回升走勢。回升走勢的平均完成時間（折返趨勢線）爲 12 天。

表 8.3   蹦跳-奔馳頭部反轉排列突破的統計數據

說明	統計數據
提前向下突破	58/650 相當於 9%
向下突破而失敗	57/650 相當於 9%
向上突破	65/650 相當於 10%
向下突破	584/650 相當於 90%
水平突破	1/650 痾相當於 0%
回升	266/584 相當於 39%
完成回升走勢的平均期間	12 天
相對於突破前一天，突破當天與 隨後 5 天的成交量	136%，164%，126% 118%，116%，115%
對於成功的排列，突破與 最終低點的相隔時間	3 個月(94 天)
突破點位在最近 12 個月價格區間 的下緣、中央或上緣	下緣 12% 中央 43% 上緣 46%
前述突破位置的 平均跌幅	下緣 46% 中央 37% 上緣 30%

附註：跌幅最大的案例發生在年度價格區間下緣，但 BARR 很少發生在此位置。

　　向下突破的成交量型態如何呢？相對於突破前一天的成交量，最大成交量發生在突破之後的隔天（164%）。投資人於突破隔天才察覺收盤價正式突破趨勢線，於是拋售股票，成交量暴增。

　　向下突破通常都落在年度價格區間的哪個位置？我把最近 12 個月的價格區間分爲三等分：上緣、中央與下緣，計算這三個區間內發生的向下突破次數（此處不考慮排列期間不滿 1 年的案例）。結果，大約 12%的案例發生在年度價格區間下緣，43%在中央，其餘的 46%發生在上緣。這個分配狀況相當合理。上升趨勢線愈陡峭，代表愈強烈的買進熱潮，向下突破的位置愈接近年度價格區間上緣。買進意願愈強勁，股價上漲的動能愈足。隨著價格上漲，供給持續增加，終於超過需求水準，股價出現峰位而開始反轉。下跌過程中，還是有許多搶反彈或低檔承接的買盤。這些買盤會緩和跌勢，甚至造成價格向上反轉。

　　發生在前述三個年度價格區間的向下突破，我們分別計算它們的平均跌幅。發生在年度價格區間下緣的突破，平均跌幅爲 46%；發生在上緣的突破，平均跌幅只有 30%。這與我的預期相反，跌勢最凶的走勢應該發生在年度高價附近——不是年度低價。

　　稍微深入思考，這種現象似乎也頗爲合理。BARR 頭部型態屬於動能排列，向上動能驅動價格走高。即使發生趨勢反轉之後，還是有很多投資人低檔買進，期待股價能夠很快回升。

　　如果 BARR 頭部排列發生在年度價格區間下緣，這支股票的走勢原本就非常疲軟。雖然某些投資人對於股價漲勢有所期待，但向下突破確認之後，很快就放棄了。利空消息不斷，股價持續下滑。

　　就前述的數據顯示，如果你打算放空 BARR 頭部排列的股票，就應該挑選突破發生在年度低價附近的對象。不要誤以為漲得高，跌得重。

交易戰術

表 8.4 摘要列示 BARR 頭部排列的相關戰術，考慮何時賣出股票，以及如何衡量向下突破之後的最低目標價位。我們通常都會定期瀏覽股價走勢圖，某些股票會順著上升趨勢線持續發展；然後，漲勢突然加速，成交量擴大，進入蹦跳階段。

　　根據定義，對於有效的 BARR 頭部排列，蹦跳階段高度至少是前奏階段高度的兩倍（兩個階段的高度都是由階段最高價衡量到 BARR 趨勢線）。我們另外繪製兩條平行於 BARR 趨勢線的直線，協助擬定交易決策。第一條稱為警戒線，它與 BARR 趨勢線之間的距離剛好是前奏階段高度。第二條稱為賣出線，它與警戒線之間的距離也是前奏階段高度。

　　警戒線代表 BARR 頭部排列可能正在形成當中的訊號。一旦價格正式向上穿越這條直線，開始進行一些基本分析或技術分析，考慮賣出股票的可能性。

　　一旦價格向上觸及賣出線，就應該隨時掌握個別公司、相關產業與整體市場的狀況。向上觸及賣出線，並不代表自動賣出，只是意味著 BARR 可能正在形成頭部。價格觸及賣出線，代表動能玩家控制大局。向下奔馳階段開始之前，價格漲

表 8.4　蹦跳-奔馳頭部反轉排列的交易戰術

交易戰術	解釋
衡量法則	計算前奏階段的高度（定義請參考表 8.1），由突破點向下衡量前述高度，結果就是向下突破之後的最低目標價位。
警戒線	在 BARR 趨勢線上側繪製一條水平趨勢線，兩者之間的距離為前奏階段高度。一旦價格向上穿越警戒線，意味著價格已經進入賣出區域（介於警戒線與賣出線之間的區域）。
賣出線	在警戒線上側繪製一條水平趨勢線，兩者之間的距離為前奏階段高度。一旦價格向上觸及賣出線，就考慮賣出，尤其是蹦跳階段本身的趨勢線很陡峭的話。如果價格穿越賣出線而持續走高，暫緩賣出；一旦股價形成峰位，向下反轉貫穿賣出線，這代表賣出訊號。
賣出區域	介於警戒線與賣出線之間的區域。一旦價格進入賣出區域，持股者就應該開始考慮獲利了結的決策。由於有效的蹦跳通常會觸及賣出線（蹦跳階段高度至少是前奏階段的兩倍），所以投資人應該有充裕的時間考慮賣出決策。

附註：一旦價格向上穿越賣出線，準備賣出。

勢或許還會進行幾個星期或幾個月，還有充裕的時間考慮賣出。換言之，繼續等待，讓動能玩家有機會更進一步推高股價。

　　可是，某些情況下，你可能希望扣動扳機。如果公司、產業或整體市場看起來很危險，或許可以提早獲利了結。即使不能賣在最高點，但獲利了結也不會讓你破產。另外，如果蹦跳階段的漲勢很陡峭，就應該考慮賣出，因為急漲之後經常出現急跌的走勢。

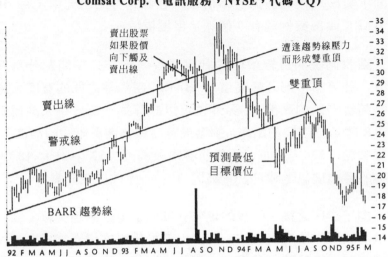

Comsat Corp.（電訊服務，NYSE，代碼 CQ）

圖 8.7　　BARR 頭部反轉排列。趨勢線、警戒線與賣出線。這個案例有很充裕的時間獲利了結。1991 年底，股票創$17½的低價，1993 年 7 月份出現的跌勢，由賣出點起算下跌 40%。另外，在 1994 年 7 月份到 9 月份之間，出現雙重頂。

　　圖 8.7 顯示 BARR 趨勢線與另外兩條平行趨勢線：警戒線與賣出線。警戒線與 BARR 趨勢線或賣出線之間所夾的距離都是前奏階段高度。這是一份週線圖，BARR 排列的走勢比較平緩。如果你持有圖 8.7 的股票，而且在價格向下觸及賣出線的時候出場，顯然不能賣在最高點。可是，你也因此避開隨後發生的 40%跌勢。這段跌勢也凸顯股票交易的一項特質：獲利很容易，但保有獲利則很困難。

　　圖 8.7 也可以用來說明目標價位的衡量法則，這個法則顯

示向下突破之後的最低目標價位。在我進行的研究中，每 10
個 BARR 頭部案例就有 9 個滿足目標價位。

讓我們說明目標價位的計算過程。把排列期間劃分為四
等分，計算第一部分最高價到 BARR 趨勢線之間的寬度，這
就是前奏階段的高度。（另外也可以計算第一部分每天高價到
BARR 趨勢線之間的距離，挑選最寬者做為前奏階段的高度。）
由突破點（$25^1/_8$）向下衡量前奏階段高度（$3^1/_2=21^1/_2-18$），
下檔的目標價位是$21^5/_8$（=$25^1/_8-3^1/_2$），完成於突破當週。

向下突破之後，隨後的走勢一度向上攀升到趨勢線下緣，
稍做測試而無法向上突破。BARR 趨勢線原本代表支撐區，但
遭到突破之後就轉換為壓力：價格由下往上逼近趨勢線，經常
受阻於這個壓力。事實上，1994 年 7 月份到 9 月份之間，上
升走勢在 BARR 延伸趨勢線附近形成雙重頂排列，結果向下
反轉。

交易範例

林小姐是一位圖書館管理員。每天下班回家之前，她都會上網
查詢股票投資組合的狀況。9 月中旬，她發現自己所持的某支
股票可能出現 BARR 頭部排列（請參考圖 8.8）。於是，她大
約花了一個鐘頭的時間，在網路上查詢該公司的相關資料，包
括：基本財務數據、分析師的建議、內線買賣數量與其他等等。

她重新檢討當初買進股票的理由。彼得・林區（Peter Lynch）

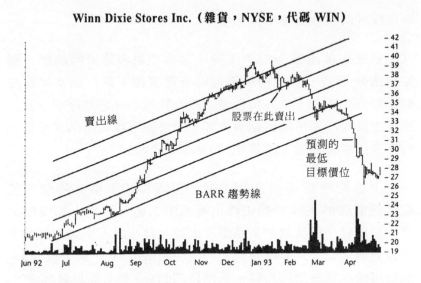

圖 8.8　BARR 頭部反轉排列範例。隨著價格持續上漲，林小姐向上調整賣點。最後，當股價向下穿越上側第二條賣出線，她賣出股票。

的投資風格對她特別有吸引力：購買你所熟悉的股票。林小姐很喜歡在連鎖雜貨店購物，如果遇到某家真正吸引她的連鎖店，就考慮投資。

　　林小姐列印這支股票的價格走勢圖，仔細研究 BARR 排列。她沿著 7 月份到 9 月份走勢下緣繪製潛在的 BARR 趨勢線，並且把排列期間劃分為四等分，計算前奏階段的高度。然後，分別繪製警戒線與賣出線，三條趨勢線的間隔距離都是前奏階段高度。另外，她也計算向下突破之後的最低目標價位。目前（9 月中旬）的價格位在賣出線附近（$30），下檔目標價位為$23，跌幅將近 25%。雖然她還是非常喜歡這支股票，但

這種程度的跌幅確實令人緊張❖。

　　雖然股價還沒有向下反轉，但林小姐希望未雨綢繆，**觀察過去的走勢，嘗試判斷下檔的支撐價位**。第一個支撐區在 $23~$24 附近，這是 7 月份股價上漲到警戒線附近的停頓位置，剛好也是先前衡量的目標價位 $23。如果股票跌破這個支撐區，接下來比較紮實的支撐區在 $20 到 $22 之間。

　　上檔的潛在報酬又如何呢？股價可能上漲到哪個價位呢？目前顯然不能把歷史峰位視為壓力區，因為上檔海闊天空，股票幾乎每天都創新高價。因此，林小姐不知道如何設定上檔目標價位，只能隨意猜測一些整數價位 $35、$40 或 $45。漲勢可能在這些價位反轉，甚至目前的 $30 都可能是最高價。

　　經過詳細的分析之後，林小姐決定繼續持有股票。由於股價上漲的動能十足，目前還很難判斷整個漲勢將停止於何處。所以，一切只能看著辦，但她決定暫時把停損點設定在**警戒線當時的價位附近（$27½）**。

❖ 譯按：讀者可能覺得很奇怪，這個排列在 1993 年 4 月份才向下突破（排列完成），如何能夠在 1992 年 9 月份計算排列期間的四等分與目標價位。關於第一個問題，當時價格處在賣出線附近，已經有效向上穿越警戒線（或一般所謂的折返線[return line]），意味著潛在的 BARR 排列可能已經進入蹦跳階段，所以能夠估計前奏階段的高度（換言之，衡量上升趨勢線與折返線之間的垂直距離）。關於目標價位，通常是由價格向下突破 BARR 趨勢線的位置衡量前奏階段高度。在正文的分析中，雖然當時的價位 $30 遠在 BARR 趨勢線之上，距離向下突破還有一段很長的距離，但作者還是按照當時的 BARR 趨勢線對應價位（大約在 $25）向下衡量前奏階段高度（大約是 $2），把目標價位設定為 $23。譯者認為，如此衡量的目標價位顯然毫無意義。

9 月底到 10 月初之間，股價沿著賣出線向上攀升。10 月 12 日，股價又向上躍升。大約一個星期之後，林小姐在既有的賣出線之上，繪製另一條平行賣出線，兩者的間隔距離仍然設定爲前奏階段高度。她決定，如果股價向下反轉而跌破下側賣出線，就賣出股票。所以，她把停止賣單往上移到$31。可是，股價持續走高。

10 月 19 日，股價創$34³/₈的峰位，然後稍微拉回，在$32⁷/₈又向上回升而繼續走高。12 月初，林小姐又列印一份走勢圖，並且繪製第三條賣出線，向上傾斜的角度大約是 60 度。她心中盤算著，整個 BARR 頭部排列幾乎完全按照劇本演出。

在 11 月份與 12 月份中旬之前，股價基本上都沿著第三條賣出線發展。林小姐懷疑整個漲勢可能接近尾聲，但除非價格真的向下反轉，否則還是不能確定。所以，她決定在第二條賣出線的下側設定獲利了結的停止賣單。

不久，股價又向上發展。大約在聖誕節之後的幾天，股價創$39¾的新高。隨後兩個星期內，股價拉回，跌破第三條賣出線，但立即向上反彈測試新高。1 月 15 日，股價再創新高$39⁷/₈，但沒有辦法突破$40 的整數價位。

股價創新高的當天走勢，似乎是單日反轉的線形，但林小姐不能確定。兩個峰位看來像是雙重頂，但中間的折返谷底顯然不夠深，而且兩個峰位的間距又太接近。雖說如此，整個情況還是讓林小姐感到緊張。

幾天之後，股價跌破第二條賣出線，而且觸及當初設定的獲利了結停止賣點。是否應該賣出，或者再繼續觀望？她估計到手的獲利已經不錯，決定不要太貪心。1 月 22 日，她在 $36¾ 賣出股票。隔天，價格上漲 1¼ 點而收在 $38，她有點喪氣。

林小姐繼續追蹤這支股票的發展；往後兩個星期內，股價緩步攀升。她發現自己很難釋懷，只能勉強以到手的巨額獲利來安慰自己。她是否賣得太早？是否應該繼續持有股票？2 月 23 日，股價向下穿越她的賣出價位。

股價下跌到 $35 附近獲得支撐，沿著警戒線盤整，接著又繼續下跌。4 月初，股價直接向下貫穿 BARR 趨勢線，兩、三天之後就滿足下檔的最低目標價位 $31，而且繼續走低。

林小姐很快就忘掉這支股票。1994 年 7 月份，在一次偶然的機會裡，她又看到這支股票的走勢圖，發現當時的價位竟然只有 $21，距離 1993 年初的峰位幾乎下跌 50%。

❖ 9 ❖

帶柄杯狀排列

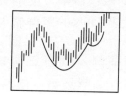

摘要資料

外觀	狀似右側帶柄而開口向上的咖啡杯。
反轉或整理	短期的（少於 3 個月）多頭整理排列。
失敗率	26%。
等待突破的 失敗率	10%。
平均漲幅	38%，最經常發生漲幅 10%~20%。
回挫	74%。
價格目標 達成率	49%（衡量完整排列高度）或 73%（衡量一半排列高度）。
意外發現	杯口右緣稍高的績效優於左緣稍高，平均漲幅分別為 40% 與 35%。
參閱排列	（7）蹦跳-奔馳底部反轉排列，（34）圓形底排列。

「摘要資料」列示帶柄杯狀排列（cup with handle）的重要統計數據。失敗率為 26%，超過我認為可以接受的水準 20%。可是，如果等到向上突破之後，失敗率降低為 10%。向上突破的平均漲幅為 38%，相當不錯，但還是低於大多數多頭排列的平均漲幅 40%。最經常發生漲幅為 10%到 20%之間，兩側的分配相當均勻。詳細觀察漲幅分配的資料顯示，39%案例的漲幅低於 20%，漲幅超過 50%的離群值大約佔 27%的案例。

每四個向上突破案例，就有三個排列會發生回挫走勢（throwbacks）。這提供一個頗具參考價值的操作方法：在回挫走勢中買進股票。透過這種方法建立多頭部位，平均報酬率也稍微提高。這部分的細節討論，請參考本章「交易戰術」一節。

目標價位的傳統估計方法，是由突破點向上衡量排列高度。若是如此，這個排列的目標價位達成率只有 49%，主要是因為杯狀高度通常很大。在「交易戰術」一節中，我考慮更改目標價位的估計方法，藉以提高達成率。

杯口右緣稍高的績效優於左緣稍高，平均漲幅分別為 40%與 35%，兩者之間的差異具有統計上的顯著意義。這方面的詳細討論，請參考「統計數據」一節。

緣起

帶柄杯狀排列因為威廉・歐尼爾（William J. O'Neil）在《股票賺錢術》（*How to Make Money in Stocks*, McGraw-Hill, 1988）一書

的介紹而被普遍接受。他提到一些類似圖 9.1 的例子。這支股票在兩個月內上漲 345%（由杯口右緣開始衡量），是這份研究中表現最佳的案例。不幸地，這份走勢圖並不符合歐尼爾對於帶柄杯狀排列設定的準則。我稍後會解釋歐尼爾的準則，但讓我們先仔細觀察這份走勢圖。股票起漲於 1995 年 8 月初的 $5½，價格穩定攀升，一直到 12 月初向上蹦跳。蹦跳階段的初期，成交量明顯放大。價格漲速加快，但很快創峰位而向下反轉，並且跌破上升趨勢線，完成所謂的蹦跳-奔馳頭部反轉排列。蹦跳階段的峰位發生在 12 月底的 26^{7}/_{8}$，跌破趨勢線之

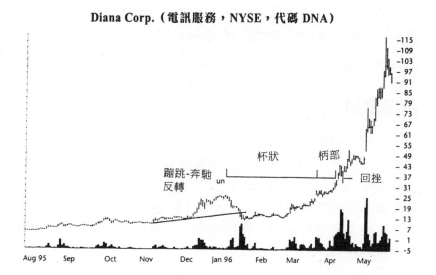

Diana Corp.（電訊服務，NYSE，代碼 DNA）

圖 9.1　蹦跳-奔馳頭部反轉排列演變為帶柄杯狀排列。請注意，向上突破的價位大約在 $30，股票在不到兩個月之內上漲到 $120。杯柄是一個高位緊密旗形排列。

後的低點為$12³/₈——跌幅為 54%。這波漲勢與跌勢構成杯狀的左緣。隨後兩個月內，股價緩步走高，在 3 月底向上穿越先前的高點。這波漲勢結束之後，也構成杯狀的右緣。

股價觸及先前的高價，在獲利回吐的賣壓下呈現橫向走勢，大約在兩個星期之後才恢復漲勢。這段橫向走勢稱為杯柄（目前這個例子的杯柄屬於高位緊密旗形排列[high, tight flag formation]）。柄部的成交量型態向下傾斜——初期的成交量較大，隨著時間經過而縮小。當價格向上穿越杯緣，視為突破。突破過程的成交量明顯放大。可是，突破之後的一個星期，價格回挫到柄部上緣，接著又繼續上漲。這波回挫走勢讓原先來不及進場的投資人有機會買進，或者進行加碼。5 月底，向上突破之後的第 44 天，股價出現最後高點$120。

辨識準則

當我根據價格資料歸納各種型態排列，經常忽略一些傳統的篩選準則。我讓型態本身決定其辨識特質。我就是採用這種方法篩選帶柄杯狀排列。篩選研究案例之後，我根據自己對於歐尼爾篩選準則的解釋來整理資料，並比較這些案例的績效。表 9.1 顯示歐尼爾的篩選準則、我篩選案例的準則，以及我對於歐尼爾準則的解釋。

歐尼爾挑選適當的帶柄杯狀排列，引進許多準則。他發現，相對強度（relative strength）——某支股票相對於其他股票的績效——很重要，有助於剔除表現不佳的對象。

　　我不知道歐尼爾採用哪些股票來計算相對強度，所以我的篩選過程沒有考慮相對強度。如果有的話，符合歐尼爾準則的案例數量必定會減少（我所挑選的案例只有 9%符合他的條件），對於績效的影響則不清楚。對於符合其篩選準則的股票，我觀察每個帶柄杯狀排列，發現杯狀出現之前的漲勢過程中，某些場合總是發生大成交量。在所有符合歐尼爾準則的案例中，只有一個成功的排列沒有這個現象。

　　在上升趨勢中挑選帶柄杯狀排列，這顯然非常重要。所以，我採用歐尼爾的準則：杯狀出現之前的漲幅至少為 30%。

　　所有的杯狀都屬於 U 形（剔除 V 形的案例）。另外也剔除無柄的杯狀排列。對於我來說，無柄杯狀就是圓形底，相關的討論請參考第 34 章。

　　我由嚴格的角度解釋歐尼爾的杯子深度（跌幅）。歐尼爾把最大深度設定為 50%，這雖然會增加符合準則的案例數量，但失敗率增加，平均報酬率上升。我採用的杯子深度為 12%~33%，不會顯著影響失敗率與平均報酬率。

　　歐尼爾對於柄部設定一些準則。他認為，柄部期間至少應該是 1、2 個星期，但沒有設定最大期限。根據我的觀察，在突破之前，柄部確實可能發生長達數個月的橫向整理。

　　我剔除柄部右側末端位在杯子下半部的排列。可是，我所引用的一些例子，柄部也可能剛好超過杯子下半部。剔除柄部右側末端位在杯子下半部的案例，平均報酬率提升 1%為 39%。

表 9.1　處理帶柄杯狀排列的兩種方法

歐尼爾的準則	未經過濾的篩選準則	過濾的篩選準則：歐尼爾的解釋
顯示相對強度	無	無，沒有相關資料
先前的上升趨勢出現顯著大量	無	構成杯狀的漲勢，呈現顯著大量
杯狀發生之前至少發生 30%的漲勢	相同	相同
U 形杯狀	相同	相同
允許沒有柄部的杯狀	必須存在柄部	必須存在柄部
杯狀期間：7~65 星期	相同	相同
杯子深度：12%~33% 或 15%~33%。某些跌幅爲 40%到 50%	無	12%~33%
柄狀期間：通常至少 1~2 個星期	最少 1 星期	最少 1 星期
柄部價格趨勢朝下	無	相同
柄部成交量趨勢朝下	無	相同
杯柄右側末端位在杯子的上半部	挑選柄部看起來位在上半部的案例；16%位在下半部而靠近中間，仍然挑選	相同
柄部位在 200 天移動平均之上	無	柄部最低價在 200 天移動平均之上
由高價起算的柄部價格應該下跌 10%~15%，除非是非常大型的杯狀	無	由杯子右緣高價到柄部最低價的跌幅必須是 15%或以下
大量突破，至少是正常量的 50%以上	無	突破量至少是 25 天移動平均的 50%以上
帶柄碟狀的杯子較淺	無	不另做區別
沒有建議	杯緣落在大致相同的價位	杯緣落在大致相同的價位

附註：中央欄位的未過濾準則績效最理想。所謂「相同」是指左側準則而言。

　　由表 9.1 可以發現，我忽略歐尼爾的許多準則。在我收集相關的案例之後，接著運用我對於歐尼爾準則的解釋來進行過濾。這兩種——未過濾與過濾——方法產生兩組績效統計數據。可是，討論統計數據之前，讓我們先看看一些例子。

　　前文曾經提到，圖 9.1 不符合歐尼爾的準則。爲什麼？杯子的深度爲 54%，超過歐尼爾的設定（50%）。另外，柄部的趨勢是朝上，不是朝下。我利用線性迴歸的方法，分析杯狀右緣到突破點之間的價格與成交量型態。排除杯狀右緣與突破日的兩天資料，往往有助於避開不尋常的重大價格走勢。剩餘的資料都採用收盤價計算（關於柄部價格趨勢）。

　　圖 9.2 提供一個很好的範例（這是指 6 月份到 11 月份之間的排列）。杯子呈現非常緩和的圓弧狀，向上攀升而稍微穿越先前的高點，然後停頓，出現柄部的回檔整理，成交量型態也呈現下降趨勢。接著，價格夾著大量向上突破。突破之後的第二天，價格稍微下滑，測試杯狀右緣。這屬於短暫的回挫走勢（throwback），但很快又恢復漲勢。在不到兩個月的期間內，股價創$15½的頭部，漲幅爲 22%。

　　在這個排列的兩側，各有一個失敗的杯狀排列（只顯示部分的走勢）。左側的型態向下突破，右側型態突破之後沒有發生 5%的跟進漲勢。只有 6 月份到 11 月份的排列屬於成功的案例，但突破之後的漲幅也不太可觀。在「統計數據」一節中，我們將發現很多帶柄杯狀排列的漲幅都不太大。

　　圖 9.3 顯示週線圖上的帶柄杯狀排列。在搜尋各種價格型

Mentor Graphics（電腦週邊，NASDAQ，代碼 MENT）

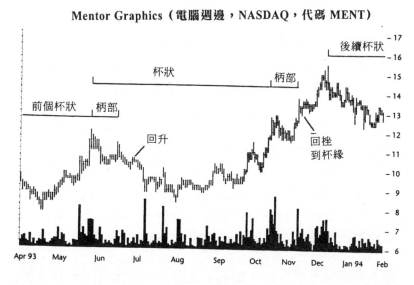

圖 9.2　帶柄杯狀排列。杯狀與柄部的形狀都很好，杯狀右緣稍高於左緣。

態的過程中，我發現週線圖經常是辨識型態的捷徑。當然，我也會觀察日線圖的資料，藉以評估週線型態，尋找一些可能遺漏的排列。

圖 9.3 的例子中，價格向上突破之後，大約只出現 11%的漲幅。可是，價格回到柄部下緣附近就止跌，而且又向上發展，重新創高價。最後，股價的漲幅爲 52%。

圖 9.3 也凸顯出篩選錯誤的可能性：內杯（inner cup）。內杯出現之前並沒有緊跟著 30%的漲勢（1991 年底出現一段跌勢，然後形成 1992 年上半年的內杯），而且在柄部出現的第 3

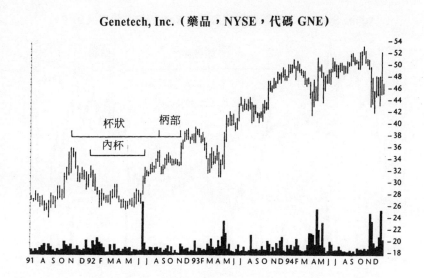

Genetech, Inc.（藥品，NYSE，代碼 GNE）

杯狀　柄部

內杯

91 A S O N D 92 F M A M J J A S O N D 93 F M A M J J A S O N D 94 F M A M J J A S O N D

圖 9.3 週線的帶柄杯狀排列。突破之後只出現 10%~15%的漲勢，在這種排列中屬於正常情況。可是，目前這個例子，價格又恢復漲勢。

天就向上突破（柄部期間只有 2 天）。可是，內杯提供很好的交易機會，因為你可以掌握一波漲勢的底部。即使價格只能上漲到外杯的杯口左緣，幅度也可能相當可觀。細節部分請參考稍後討論的「交易戰術」。

圖 9.4 顯示另一個挑選錯誤的範例。由 A 點到 B 點之間的漲幅不足 30%。在價格向上突破杯緣之後，如果你進場買進這支股票，價格一度攀升到$34½，由突破點衡量的漲幅大約只有 11%。股價創峰位之後，接著就出現暴跌走勢。不到一個月的期間內，價格下跌到$21½，損失 38%。

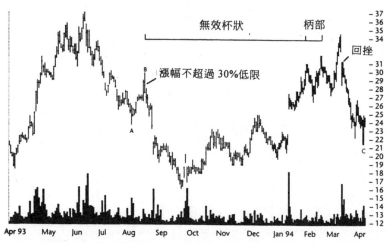

Adobe Systems（電腦軟體與服務，NASDAQ，代碼 ADBE）

圖 9.4　　無效的帶柄杯狀排列。由 A 點到 B 點的漲幅不足 30%。1993 年 6 月份與 1994 年 3 月份的兩個峰位也不構成杯狀，因爲杯柄的跌幅太大（底部爲 C 點）──遠低於杯子高度的中點。

失敗案例

如同大多數其他排列一樣，帶柄杯狀排列也有兩種失敗類型。圖 9.5 顯示第一種失敗類型。杯狀排列發生之前的漲勢，起始於 1993 年 12 月中旬的 $15½附近，一直持續到杯口左緣的 $24³/₈。然後，價格向下反轉，杯底出現巨幅波動的走勢。回升走勢確定之後，價格趨於穩定，緩步攀升到杯口右緣。

　　價格創新高的前一天爆出大量。隔天創新高之後，股價在高檔盤旋三天，然後回挫。柄部大約位在 $22½~$24 之間。

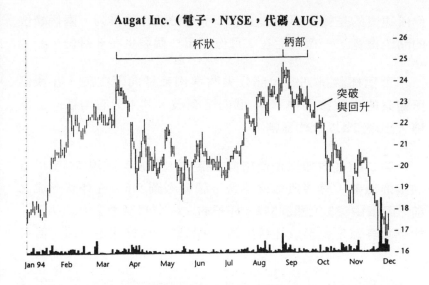

圖 9.5　向下突破的帶柄杯狀排列。這個案例可以視爲一項警告，如果希望買進，最好等待價格向上突破杯口外緣。這個帶柄杯狀排列演變爲雙重頂。

柄部期間的成交量趨勢向下傾斜，符合正常的發展。不久，價格跌破柄部低點，稍微回升到柄部下緣，接著又下跌。股票由此展開另一段跌勢，低點發生在 1995 年 1 月底的 $14½，由杯口右緣衡量的跌幅爲 42%。

　　觀察圖 9.5 的帶柄杯狀排列，看不出有什麼不尋常的發展。杯口右緣的高度稍微超過左緣；兩邊的高度稍有差異，這屬於正常的現象。某些案例的杯口左緣較高，另一些案例的杯口右緣較高。

　　杯狀形成過程中，成交量大約維持平均水準。事實上，

你所觀察的是雙重頂空頭型態，不是帶柄杯狀排列。兩個峰位的間距很寬，一個發生在 3 月份，另一個發生在 8 月份。

帶柄杯狀排列的大部分失敗案例都是向下突破。在我們所觀察的失敗案例中，74 個向下突破，其中只有兩個向上反轉，出現 5%以上的漲幅。

第二種失敗類型是價格向上突破，但沒有出現 5%或以上的跟進漲勢，然後股價又下跌。請參考圖 9.6。在杯狀形成之前，股價由$33 上漲到$45。杯子的左、右兩緣價位大約相當。柄部本身似乎也形成杯狀排列。9 月底，價格快速上漲，直接

圖 9.6 帶柄杯狀排列的 5%失敗案例。價格雖然向上突破，但沒有出現 5%或以上的跟進漲勢，結果又向下反轉。

穿越杯口右緣，並且繼續走高。可是，這段漲勢沒有維持很久，創47^7/$_8$的高價之後，在高檔大約盤旋 3 個星期，接著展開一段急跌走勢。兩個月之後，股價創37^5/$_8$的低點。由杯口右緣的突破點向上衡量到最高價47^7/$_8$，漲幅稍低於 5%。所以，這屬於 5%失敗的案例。在所有向上突破的排列中，只有 30 個案例（相當於 10%）沒有出現 5%以上的跟進漲勢。就統計數據觀察，只要排列向上突破之後，似乎都會繼續上漲──至少上漲 5%。

統計數據

如同前文解釋的，我先用自己的準則挑選帶柄杯狀排列，然後按照我對於歐尼爾準則的解釋，篩除不符合的案例，相關的結果請參考表 9.2。在我所挑選的案例中，只有 9%符合歐尼爾的準則（準則內容請參考表 9.1）。在這些符合的案例中，只有 62%出現預期的表現。換言之，38%的案例失敗，或是向下突破，或是向上突破之後沒有出現 5%以上的跟進漲勢。成功案例的平均漲幅為 34%，但最經常發生漲幅只有 15%。由於總共只有 23 個成功案例（樣本實在太小），決定最經常發生漲幅的次數分配未必可靠，但基本上還是符合未經過濾排列的數據（10%~20%）。

歐尼爾認為，杯狀排列發生之前的漲勢中，某個階段應該出現大量。這個準則只剔除四個案例（三個失敗，一個漲幅為 22%）。可是，納入這四個案例，失敗率將提高。未經過濾的篩選準則並不包含這個條件。

表 9.2　統計數據或結果：運用歐尼爾準則過濾的帶柄杯狀排列

說明	統計數據或結果
排列數量	37/391 相當於 9%
失敗率	14/37 相當於 38%
成功排列的平均漲幅	34%，最經常發生漲幅爲 15%
先前上升趨勢內成交量顯著增加的現象是否重要？	不重要，只剔除 4 個案例（如果包含在內，績效轉差）
杯狀長度介於 7~65 星期是否重要？	不知道，所有的案例都落在這個區間內
杯狀長度與最後漲幅之間是否存在關聯？	無。隨機關係
杯子深度（12%~33%）是否有助於排列績效？	無。有害而侷限績效
柄部期間長度（至少 1 星期）是否重要？	不知道，期間更短的柄部案例被剔除
柄部價格趨勢朝下，對於排列績效是否重要？	無。有害績效
柄部位在杯子上半部的條件是否重要？	是，但篩選過程中，基本上就挑選符合這個條件的對象
柄部低點位在 200 天移動平均之上，這個條件是否重要？	不，對於績效沒有影響
柄部低點距離杯口右緣的距離少於 15%，這個條件是否重要？	不，對於績效沒有影響
突破過程的成交量放大，這個條件對於排列績效是否重要？	有，但影響有限
杯子深度與最後漲幅之間是否存在關聯？	無。隨機關係

杯狀長度對於排列績效是否重要？我所挑選的全部案例，杯狀長度都落在 7~65 星期之內。另外，我希望知道杯子深度與排列績效之間的關聯，於是繪製兩者之間的散佈圖（scatter plot，譯按：類似圖 9.8），結果顯示它們不存在統計上顯著的關係。

對於杯子深度做限制，是否能夠改善績效？設定杯子深度的限制，對於績效都會產生有害影響。把最低深度由 12% 調高到 30%，最大深度由 33%調整到 55%（換言之，杯子深度介於 30%~55%之間），失敗率與平均漲幅都有所改善，前者由 38%降低為 33%，後者由 34%上升為 36%。在我採用的未經過濾準則，沒有針對杯子深度做限制。

我挑選的所有案例，柄部期間都至少是一個星期。所以，我不知道這個條件是否重要。

柄部期間的價格與成交量趨勢向下傾斜，這兩個條件對於排列績效都有不利影響。剔除這兩方面的限制，失敗率會降低，平均漲幅會提高。採用過濾準則篩選的排列績效較差，主要原因就是目前這兩個條件。

柄部低價的位置是否重要？這個問題可以由兩方面來回答。我發現，柄部低點應該保持在杯子的上半部（篩選過程中，基本上就挑選符合這個條件的對象，所以這方面的分析並不客觀），但柄部低點是否必須高於 200 天價格移動平均，以及柄部低點由杯口右緣下跌的幅度是否應該保持在 15%之內，似乎都沒有關聯。

　　突破當時的成交量是否重要？剔除這個條件，對於排列績效產生不利影響，但程度非常有限。

　　歐尼爾把相關的排列區分爲帶柄杯狀與帶柄碟狀型態，兩者的差別只在於杯子深度，前一頁已經討論杯子深度與排列績效之間的關係。可是，我希望知道杯子深度與平均漲幅之間是否存在顯著的關聯。在未經篩選準則挑選的案例中，我繪製杯子深度與平均漲幅之間的散佈圖，結果顯示兩者之間只存在隨機關係。對於經過篩選的案例，散佈圖同樣顯示隨機關係，但樣本數量太小而缺乏統計意義。

　　表 9.3 顯示未經過濾準則篩選排列的統計數據。關於未經過濾準則的內容，請參考表 9.1。總共篩選 391 個案例，包括 302 個連續排列，89 個反轉排列，大部分的反轉排列都失敗。整體失敗率爲 26%，遠低於過濾準則篩選案例的失敗率 38%。如果等待向上突破之後，失敗率下降爲 10%。

　　表 9.3 顯示的平均漲幅爲 38%，高於表 9.2 的對應數據 34%。最經常發生漲幅介於 10%到 20%之間。請參考圖 9.7，前三個欄位（10%、15%與 20%）的發生次數大約相同，漲幅超過 50%的案例佔總案例的 27%，這使得平均漲幅向上扭曲。漲幅低於 15%的案例大約佔總案例的四分之一，漲幅低於 25%的案例大約佔總案例一半。次數分配提供的資料很清楚：操作帶柄杯狀排列，如果你希望取得偏高的報酬率，最好三思。根據統計數據顯示，報酬率超過 50%的發生機率只有 27%，報酬率超過 100%的發生機率只有 7%。

表 9.3　　一般統計數據：未經過濾準則篩選的帶柄杯狀排列

說明	統計數據
排列數量： 1991 年~1996 年的 500 支股票	391
反轉或整理排列	302 個整理，89 個反轉
失敗率	102/391 相當於 26%
等待向上突破之後的失敗率	30/307 相當於 10%
成功排列的平均漲幅	38%
最經常發生漲幅	10%~20%
在成功排列中，符合 或超越目標價位者 （運用杯子高度衡量）	151/307 相當於 49%
在成功排列中，符合 或超越目標價位者 （運用杯子一半高度衡量）	223/307 相當於 73%
排列平均長度	7 個月（228 天）
短柄的漲幅是否較大？	是，但關係很弱
杯口右緣較高，漲幅是否較大？	是，漲幅分別為 40%與 35%

附註：相對於過濾準則的篩選案例，目前的失敗率與平均漲幅都有所改善。

　　此處利用兩種方法衡量突破之後的最低目標價位。一是採用杯子的完整高度，另一是採用杯子的一半高度，兩者都是由突破點（杯口右緣）向上衡量。目標價格達成率分別為 49%與 73%*。關於目標價位的計算程序，請參考「交易戰術」一節。

---

* 譯按：表 9.3 的目標價位達成率與其他各章不同，實際上代表向上突破案例的達成率，不是成功排列的達成率。向上突破案例為 307 個，成功案例為 289 個，所以兩個達成率應該是 52%（151/289）與 77%（223/289）。

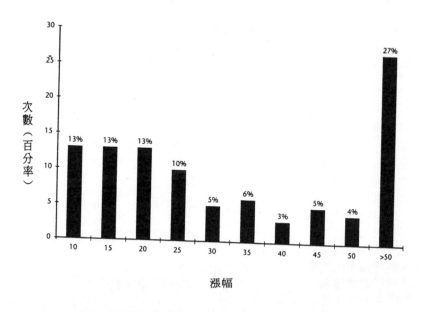

圖 9.7　帶柄杯狀排列的漲幅次數分配　最經常發生漲幅介於 10% 與 20% 之間，偏高的離群值（>50%）會扭曲平均數。

　　排列的平均時間長度為 7 個月（208 天），由杯口左緣衡量到突破點。

　　歐尼爾建議柄部時間長度至少是 1~2 個星期，但沒有指定最大長度。請參考圖 9.8，這是成功排列的柄部長度與漲幅散佈圖，其中似乎蘊含一種傾向：短柄（3 個星期左右）排列的獲利偏高（超過 200%），長柄案例的獲利偏低。

　　杯口右緣高於左緣，漲幅是否較大？沒錯，右緣較高案例的平均漲幅為 40%，左緣較高案例的平均漲幅為 35%。兩者之間的差異，具有統計上的顯著性；換言之，這種差異來自

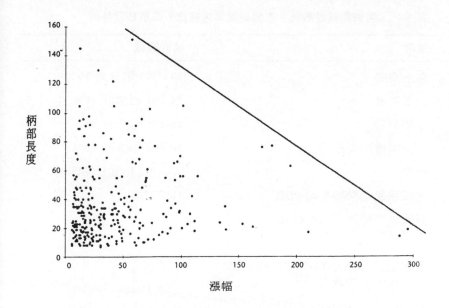

圖 9.8　柄部長度與漲幅散佈圖　　短柄案例的漲幅似乎較高，但這方面的關係不顯著。向下傾斜的直線代表柄部長度與漲幅的之間呈現反向的變動關係，但這種反向關係缺乏統計上的顯著意義。

於巧合的可能性不高。

　　表 9.4 列示突破的相關統計數據（採用未經過濾準則篩選的案例）。大部分的案例都向上突破（79%）；向上突破之後沒有出現 5%或以上跟進漲勢的失敗案例佔 10%。這意味著帶柄杯狀排列一旦向上突破之後，通常都會繼續上漲（但漲幅未必很大；最經常發生漲幅只介於 10%到 20%之間）。

　　幾乎每 4 個向上突破中，就有 3 個案例會發生回挫走勢

表 9.4 突破的統計數據：未經過濾準則篩選的帶柄杯狀排列

說明	統計數據
向上突破	307/391 相當於 79%
向下突破	74/391 相當於 19%
水平突破	10/391 相當於 3%
向上突破而失敗	30/307 相當於 10%
回挫	226/307 相當於 74%
完成回挫走勢的平均期間	12 天
對於成功的排列，突破與最終高點的相隔時間	6.5 個月(196 天)
突破點位在最近 12 個月價格區間的下緣、中央或上緣	下緣　　0% 中央　　0% 上緣 100%
相對於突破前一天，突破當天與隨後 5 天的成交量	180%，151%，127% 112%，108%，108%

（74%）；換言之，價格向上突破之後，經常會折返杯口右緣。由於回挫走勢的發生頻率很高，具有操作戰術上的意義，細節內容請參考「交易戰術」一節。

　　完成回挫走勢的平均期間為 12 天，大約等於其他向上突破排列的平均水準。回挫走勢的期間長度不得超過 30 天，否則視為正常的價格波動，不屬於回挫走勢。請回頭參考圖 9.3，1993 年 2 月到 4 月之間曾經出現很長的回挫走勢（請注意，這是週線圖）。

　　排列向上突破之後，平均花費 6.5 個月的時間才到達最後
高點。可是，根據次數分配資料顯示，大約有半數的排列（47%）
在 3 個月之內就到達最後高點。大約有三分之一（35%）的案
例到達最後高點的期間超過 6 個月。這種情況類似於平均漲幅
與最經常發生漲幅之間的關係。最經常發生漲幅為 10%~20%，
平均漲幅為 38%。對於所有的排列來說，到達最後高點的時
間愈久，平均漲幅通常也愈大。

　　我把最近 12 個月的價格區間劃分為三等分（上緣／中央
／下緣），觀察突破點落在年度價格區間的位置。結果，所有
排列的突破點都落在年度區間的上緣。這個結果並不另人覺得
意外，因為我們採用的一個篩選準則是：杯狀排列發生之前，
至少必須出現 30%的漲幅。經過這個準則的篩選，排列基本
上都會落在年度價格區間的上緣；另外，此處是考慮向上突破，
突破點也會落在排列本身的上緣。

　　突破當天的成交量相當大，較前一天高出 80%。突破之
後的五天期間內，繼續保持大量

交易戰術

表 9.5 列示相關的交易戰術。衡量法則顯示價格向上突破之後
的最低目標價位。按照傳統的衡量方法，計算杯狀最低價與杯
口右緣之間的距離，由杯口右緣向上衡量前述杯狀高度，結果
就是目標價位。可是，這種方法的目標達成率只有 49%（換
言之，達成目標價位的案例不及一半）。如果由杯口右緣衡量

表 9.5　　帶柄杯狀排列的交易戰術

交易戰術	解釋
衡量法則	計算杯狀的高度（最高價減最低價），由杯口右緣向上衡量。目標價位的達成率只有 49%。如果採用杯狀的一半高度衡量目標價位，達成率爲 73%。
運用未過濾準則	採用未過濾準則進行篩選，績效比較理想。
回挫之後買進	回挫走勢完成之後，才買進股票。價格向上突破而重新折返到杯口右緣之下（發生頻率爲 74%），等到收盤價重新上漲超過杯口右緣，才進場買進。這個方法可以降低失敗率，提高操作績效。
內杯的買進	如果外杯夾著內杯，可以在內杯突破點買進（價格向上穿越內杯口右緣）。獲利了結的賣點設定在先前的高點。
留意 15% 的漲幅	大部分杯狀排列的漲幅只有 10%到 15%之間。務必採用停損單侷限損失或獲利了結。
停損	最初的停損點設定在柄部下側 1/8 點處，然後儘快調整到損益兩平點。價格上漲之後，採用最近的支撐做爲停損點。

杯狀一半高度，達成率爲 73%。無論如何，目標達成率都低於可靠排列應有的水準 80%。

　　圖 9.9 顯示目標價位的兩種衡量方法。計算杯口右緣（A點$19）到杯狀最低點（B點$10）之間的差值，這是杯狀高度$9。由杯口右緣向上衡量杯狀高度，結果是目標價位$28（=19+9）。排列向上突破之後，5 月中旬完成這個目標價位，但隔週就出現暴跌走勢。

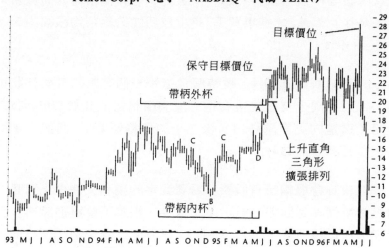

圖 9.9 衡量法則的兩個例子。計算排列的一半高度,由杯口右緣向上衡量一半高度,結果即是保守的目標價位。操作內杯,比較容易掌握進場價位。1995年 6 月與 7 月之間,出現上升直角三角形擴張頂排列。

比較保守的目標價位,是由杯口右緣向上衡量杯狀一半高度($4½),結果是$23½,完成於 7 月初。排列向上突破之後,很快就完成保守的目標價位,不若較高目標價位達成過程中曾經發生巨幅波動的走勢。

篩選帶柄杯狀排列,採用表 9.1 的未經過濾篩選準則。相對於過濾的篩選準則,未經過濾的績效比較理想。

對於一般的排列,我通常建議在收盤價突破之後進場,但目前這個排列向上突破之後發生回挫走勢的機會高達 74%,

所以應該等待價格重新折返。換言之，等待價格折返而重新向上穿越杯口右緣，才進場買進。這項技巧能夠讓平均漲幅由 38% 提高到 39%。

請回頭觀察圖 9.4，暫時假定這是一個有效的帶柄杯狀排列。如果在向上突破之後買進，成交價格可能介於$30¼到$32之間（這是向上穿越杯口右緣之後的價格區間）。回挫走勢發生之前的高價為$34½。

你或許會繼續持有股票，看著到手的獲利又消失。可是，如果你準備等到回挫走勢之後才進場，根本不會買進股票。為什麼？在這種情況下，當 3 月 16 日發生回挫走勢（價格向下跳空），你還保持空手。然後，你等待收盤價重新站上杯口右緣，但這從來沒有發生，所以你根本不會進場。

話說回來，等待回挫走勢也可能讓你錯失一些機會。以圖 9.9 為例，這個排列向上突破之後並沒有發生回挫走勢（請注意，完成在 30 天之後的折返走勢不視為回挫；另外，目前這份走勢圖是週線圖）。這意味著你根本沒有進場機會。

圖 9.9 的杯狀排列包含一個內杯（inner cup）。如果你能夠辨識內杯，而且準備操作這個排列，可以考慮買進。內杯是發生在杯狀排列之內的杯狀排列，內杯的杯口左、右外緣必須相隔一段距離，價位大約相等（低於外杯的杯口左緣），當柄部走勢結束而向上穿越內杯的杯口右緣，進場買進，獲利了結的賣點設定在外杯的杯口左緣。就圖 9.9 來說，這段操作的獲利為$2，相當於 12%。

　　一旦進場建立部位之後，最初的停損點設定在柄部低點下方 1/8 點處。柄部低點代表支撐；萬一走勢跌破支撐，這個停損可以讓你迅速出場。

　　如果股價上漲，把停損調整到最近支撐下方的 1/8 點處，儘快把停損調整到損益兩平點。萬一股價向下反轉，就可以減少損失。然後，隨著股價走高而繼續向上調整停止賣單。這種設定停止點的技巧，最後會讓多頭部位自動結束——因為任何漲勢最終都會結束；當股價反轉下跌，一旦觸及停止賣單，你就出場了。

交易範例

小明還在唸高中，他不確定自己將來打算從事什麼行業，但至少還有幾年的時間可以慢慢琢磨。在追求女朋友的閒暇空檔中，他總是埋首研究報紙的金融版，或分析電腦螢幕上的股價走勢圖。他對於股票交易很有興趣，這可能是遺傳的緣故，他父親任職於某家大型經紀商。

　　小明雖然沒有參加學校的投資社團，但他的一些朋友則是團員。某天，小明聽到他們談論圖 9.9 的股票。他最初沒有想太多，直到深入觀察才發現其中蹊蹺：帶柄杯狀排列。

　　他並不認為這是一個很好的交易機會，而且也沒有錢可供投資。可是，他還是決定在紙上進行交易，看看有什麼收穫。他透過電腦叫出日線圖，打算在價格向上突破內杯的時候買進（圖 9.9 的 C 點）。

經過幾個星期，他所等待的買進訊號始終沒有出現。最後，股價終於向上突破內杯的杯緣，但小明錯失進場的機會，因為當他觀察股價走勢圖的時候，已經發生回挫走勢。所以，他決定等待價格重新穿越 C 點才進場。

這發生在 5 月 9 日，他女朋友生日的前一天。感受到某種喜兆，他按照當天的收盤價$15¼在紙上記錄買進。隔天，生日聚會上，女朋友對於自己的生日禮物顯然不滿意，而且當天的價格還收低。

小明當初把停損點設定在柄部最低點的下方 1/8 點處（$14³/₈），這個停損始終沒有遭到觸發。兩個星期之後，股價開始上漲。當股價向上穿越外杯的右緣，他把停止點調高到外杯柄部最低點的下方 1/8 點處（$17½）。不久，他發現一個問題正在形成當中：上升直角三角形擴張頂排列。小明認定這是一個空頭排列，所以調緊停止點到三角形底部的稍下方$20¼。然後，等待。

他聽到投資社團傳來的一些消息，該公司似乎發生某種不太好的問題。他在電腦螢幕上叫出走勢圖，發現 8 月底的頓挫走勢已經引發他的停止賣單。小明拿出計算機，經過一陣敲打，發現每股獲利為$5，報酬率超過 30%。

❖ 10 ❖

迴光返照排列

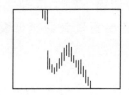

摘要資料

外觀	重挫走勢發生之後,價格向上反彈, 然後出現下降趨勢。
反轉或整理	長期的(超過 6 個月)空頭反轉排列。
失敗率	10%。
事件跌幅	25%,最經常發生跌幅 20%。
事後跌幅	15%,最經常發生跌幅介於 5%~25%
意外發現	事件跌幅愈大,反彈幅度也愈大。 事件跌幅愈大,反彈走勢愈快到達高點。

在股票市場混跡的時間只要夠久，就一定會碰到這種迴光返照（dead-cat bounce，死貓反彈）的走勢。事實上，這稱不上是什麼價格型態，只是警告股票可能出現暴跌走勢。

　　事件跌勢（event decline）──造成迴光返照的下跌走勢──平均幅度為 25%。事件跌勢發生之後，價格向上反彈，形成峰位而向下反轉，然後繼續下跌；反彈之後的第二段跌勢平均幅度為 15%（由事件低點衡量到最後低點）。合併兩段跌勢的平均跌幅為 37%。

　　「摘要資料」顯示一些不尋常的發現。首先，這讓我想起「皮球」：跌得重，彈得高；事件跌幅愈大，反彈幅度也愈大。如果某個利空事件造成股價迅速而大幅下跌，隨後反彈的幅度也愈大，發生的時間更早。重大利空事件造成嚴重損失之後，反彈期間通常很短（很快就到達反彈高點）；利空事件造成的跌勢不大，反彈走勢的幅度也較小，股價到達反彈高點所需要的時間也較久。

緣起

何謂迴光返照（或死貓反彈）？這個名稱是形容股票在重大利空事件發生之後的走勢行為。圖 10.1 就是迴光返照走勢的典型範例。9 月底，精明資金開始出脫股票，價格緩步下滑，而且成交量呈現上升趨勢；在一個星期內，股價由42^{7}/_{16}$下跌到$35$^{13}/_{16}$。10 月 9 日，某大型經紀商調降該股票的中期投資等級。跌勢一發不可收拾。兩天之內，股價由高價37^{13}/_{16}$下挫

Andrew Corporation（電訊設備，NASDAQ，代碼 ANDW）

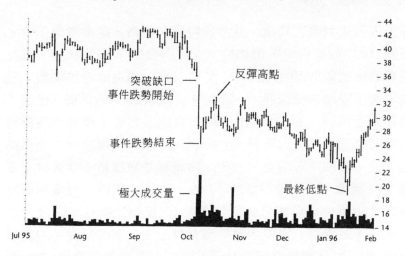

圖 10.1 典型的迴光返照。某主要經紀商降低該股票的投資建議等級，股價在 3½個月內重挫 50%。迴光返照的走勢讓精明投資人有機會出脫股票，在隨後跌勢發生之前及時認賠。10 月中旬與 11 月初發生的兩個峰位構成雙重頂排列，意味著股價將繼續下跌。

到低價$26，跌幅超過 30%。

　　隨後一個多星期，股價稍微反彈，上漲到$32¹³/₁₆，引誘沒有經驗的投資人進場撿便宜貨。接著，股價走低，然後又攀升，形成雙重頂排列。由第二個峰位開始，跌勢持續到隔年的 1 月中旬，最低點為$18¹³/₁₆。由利空事件發生之前的高點$42⁷/₁₆ 起算，衡量到最終低點$18¹³/₁₆，股價跌幅超過 50%。歡迎加入迴光返照俱樂部。

辨識準則

迴光返照走勢是否具備一些共通特質？沒錯，請參考表 10.1。在圖 10.2 的案例中，價格於一天之內發生 47%的跌勢。這支股票的峰位$28½發生在 1997 年 2 月初。由這個時候開始，股價沿著下降趨勢線發展，一直到 4 月底創$15¾的低價。接著，股價向上回升，在$21⅞出現轉折高點。然後，美國食品藥物管理局拒絕該公司的新藥 Myotrophin 申請。當這項利空消息傳出之後，股價向下跳空，一天之內就幾乎被腰斬。當天成交量為 840 萬股，大約是平常的 15 倍。隨後 3 天內，股價稍微反彈$2（由事件低點衡量到反彈高點）。反彈走勢結束之後，繼續展開下跌走勢，過程中幾乎沒有再出現顯著的反彈。由反彈高點$13½衡量到最終低點$9½，第二波跌勢額外發生 30%的跌幅。

表 10.1　迴光返照排列的辨識特質

特質	討論
跳空缺口	價格走勢圖出現向下跳空缺口，當天高價低於前一天低價。
崩跌	由於重大利空消息，價格向下跳空而崩跌，跌幅通常介於 20%~30%之間，甚至出現 70%的暴跌，期間一般為 2、3 天。
反彈	價格稍微向上反彈。不要被騙，跌勢還沒有結束。
下跌	反彈結束之後，展開另一波跌勢。這波下跌走勢比較平緩，但通常會出現另外 5%到 25%的跌幅。

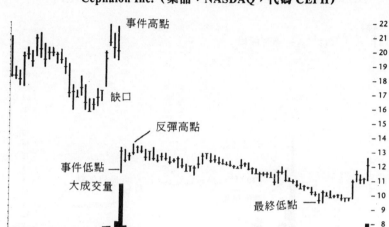

圖 10.2 重大利空事件引發的迴光返照走勢,價格向下跳空,稍微反彈之後,接著又出現一波下降走勢。

圖 10.3 呈現另一個更驚人的案例。在暴跌走勢發生的三天前,某家經紀商提出的研究報告顯示,該公司的營業額與盈餘將繼續成長。或許這份報告造成市場的預期過高,所以當該公司宣佈前一季發生損失之後——不是市場預期的獲利——股價在 1 天之內下跌將近 43 點,相當於 63% 的跌幅。

股價向下跳空,這是迴光返照的典型走勢。發生某項重大利空消息,市場全然不能接受,賣單傾巢而出。股票開盤向下跳空,成交量擴大數倍。圖 10.3 的例子中,跳空缺口當天的成交量為 4,900 萬股,大約是平常水準的 20 倍。

Oxford Health Plans（醫療服務，NASDAQ，代碼 OXHP）

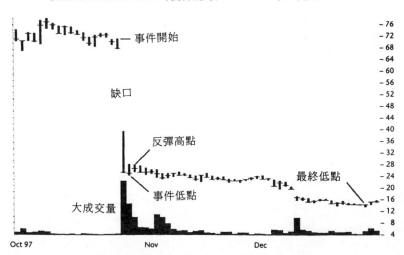

圖 10.3 重大利空事件引發單日 43 點（或 62%）的跌勢，但下跌走勢並沒有結束，隨後又下跌 43%。

--般來說，暴跌走勢當天之內就會出現事件低點，然後立即展開反彈。圖 10.3 的例子中，事件低點發生在暴跌走勢的隔天，反彈高點出現在隨後一天。

暴跌結束之後，就展開反彈走勢。一般情況下，股價都會出現一定程度的反彈。可是，圖 10.3 的反彈非常短暫，只有一天。反彈當天的股價收高，但隔天又恢復跌勢。在不到兩個月的期間內，股票又出現另外 50%的跌幅（由反彈高點$28^5/_8$衡量到最終低點$13^3/_4$）。

哪些事件會造成暴跌走勢呢？通常是個別公司的意外利

空消息，包括：盈餘、相同店面銷售量、合併案失敗、財務周轉不靈或法律事件。某些情況下，利空消息的影響層面不只一家公司。前文提到 Cephalon 的新藥申請失敗後，股價暴跌（圖 10.2），但 Chiron 與 Cephalon 之間就 Myotrophin 新藥簽訂發展與行銷合約，所以股價也受到影響，但程度不若 Cephalon 嚴重。

　　一般而言，投資人都不能事先預期這類利空消息。萬一發生情況，只要持有股票，就會發生嚴重損失。所以，問題是：如何侷限損失？請參考「交易戰術」一節，通常都應該在反彈走勢中逃命。

失敗案例

並非所的重大利空消息都演變爲迴光返照走勢。請參考圖 10.4，1997 年 4 月 3 日，該公司宣佈的盈餘數據不如市場預期，而且取消與另一家公司的合併計畫。數家經紀商調降該公司的投資等級。股價由當天高價17^1/_4$ 下跌到低價9^5/_8$，幅度爲 44%。如同所有的迴光返照走勢一樣，暴跌之後的第三天，價格向上反彈。可是，這波反彈不屬於逃命；換言之，反彈之後沒有繼續下跌，反而呈現上升趨勢。不到 3 個月之內，股價又回到崩跌之前的水準。

　　這支股票爲什麼是例外？爲什麼不呈現「向上反彈而隨後繼續下跌」的走勢呢？重大利空消息公佈之後，隨後發生的事件將主導股價後續行爲——公司數位大股東買進股票。甚至公司本身也參與其中，宣佈買回 10%的股票。這兩個事件，

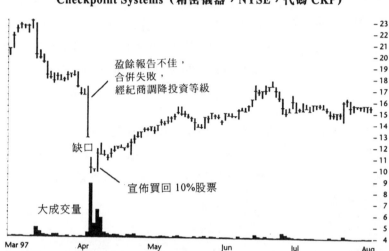

Checkpoint Systems（精密儀器，NYSE，代碼 CKP）

盈餘報告不佳，
合併失敗，
經紀商調降投資等級

缺口

宣佈買回 10%股票

大成交量

圖 10.4 迴光返照的失敗案例。股價重挫之後，穩定回升，沒有發生持續性
跌勢。

造成股價持續走高。總之，後續事件造成買進動能持續累積，
足以推升股價走高。

在 24 個失敗案例中，總共有 20 個案例在股價重挫之後
繼續維持下跌走勢，完全沒有出現顯著的反彈。剩餘的 4 個失
敗案例則類似圖 10.4，股價反彈而繼續走高。

統計數據

表 10.2 列示迴光返照的一般統計數據。在 500 支股票的 5 年

表 10.2　迴光返照排列的一般統計數據

說明	統計數據
排列數量： 1991 年~1996 年的 500 支股票	244 個
反轉或整理排列	113 個整理，131 個反轉
失敗率	24/244 相當於 10%
成功排列的平均跌幅 （事件高點到最終低點）	37%，最經常發生跌幅 30%~40%
事件平均跌幅	25%，最經常發生跌幅 20%
事件跌勢平均期間長度	2 天，持續 4 天或以下者佔 92%
發生跳空缺口的排列數量	194/244 相當於 80%
反彈期間填補缺口的排列數量	48/220 相當於 22%
3 個月內填補缺口的排列數量	80/220 相當於 36%
6 個月內填補缺口的排列數量	119/220 相當於 54%
反彈平均漲幅	19%
事件發生之後的平均額外跌幅	15%，最經常發生跌幅 5%~25%
額外跌勢的平均期間長度	3 個月（90 天）
跌破事件低點的案例	198/244 相當於 81%

期間內，我總共找到 244 個迴光返照案例，其中 54%為反轉排列，剩餘的 46%為連續排列。幾乎所有排列（90%）的行為都按照預期發展；換言之，股價重挫，向上反彈，然後繼續下跌。失敗案例總共有 24 個，其中 20 個案例在重挫之後沒有出現反彈，其餘的 4 個案例則在重挫之後立即恢復漲勢。

　　由重大利空消息發生前一天的高點衡量到最終低點，平均跌幅為 37%。最終低點通常也是額外跌勢的最低點——股價重挫而向上反彈之後，額外跌勢所出現的最低價位。

　　整個排列的最經常發生跌幅介於 30%~40%之間，非常接近平均跌幅。這是相當罕見的現象，絕大部分排列的平均報酬率都會受到少數偏高離群值影響而向上扭曲。請參考圖 10.5（此處考慮的跌幅是由事件高點衡量到最終低點），峰位兩側的分配相當均勻。

　　事件平均跌幅爲 25%，這是由重大利空消息發生前一天高價（事件高價）到反彈走勢開始之前最低價（事件低價）的平均跌幅。最經常發生事件跌幅爲 20%。

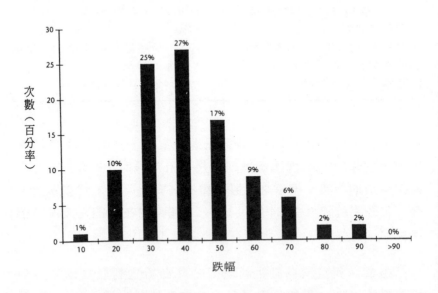

圖 10.5　排列總跌幅的次數分配　衡量事件高點到最終低點之間的跌幅，分配呈現均勻的鐘鈴狀。最經常發生跌幅介於 30%到 40%之間。

　　事件跌勢發生得很快，通常在 2 天之內就結束。這是造成整個排列之所以發生的動因。一般來說，股價會在一天之內發生重大損失，隔天繼續創新低（事件跌勢完成於 2 天之內的案例佔 71%）。某些情況下，事件跌勢可能會持續幾天，但反彈走勢通常——92%的案例——都會在 4 天之內發生。

　　當重大利空消息發生時，絕大部分的投資人都覺得意外，所以當天價格經常向下跳空（換言之，當天高價低於前一天低價，走勢圖上留下一個沒有成交價格的缺口）。出現跳空缺口的案例中，缺口在反彈階段被填補的比率只有 22%*（換言之，價格漲勢觸及或超過先前跳空缺口的上緣，把整個缺口填補起來）。即使是在缺口發生的 3 個月內，填補缺口的比率也是有 36%，6 個月內填補缺口的比率為 54%。由於 80%以上的案例發生跳空缺口，而且只有半數缺口（54%）在 6 個月內被填補，所以這種排列顯然具有長期空頭意涵。

　　反彈階段的平均漲幅為 19%（由事件低點衡量到反彈高點）。反彈高度與先前跌勢的嚴重性之間是否存在關聯？答案是肯定的，簡單來說，先前的跌勢愈重，隨後的反彈愈強。圖 10.6 顯示兩者之間的關係。

　　反彈走勢結束之後，價格通常會繼續下跌，由反彈高點

---

* 譯按：請參考表 10.2 的三個相關比率 22%、36%與 54%。計算這三個比率，分母都是取成功排列的案例數量 220 個，不是取排列內發生缺口的案例數量 194 個。所以，按照正文的說法，向下跳空缺口在反彈階段被填補的排列比率應該是 48/194（相當於 25%），3 個月內與 6 個月內填補的比率應該分別為 41%與 61%。

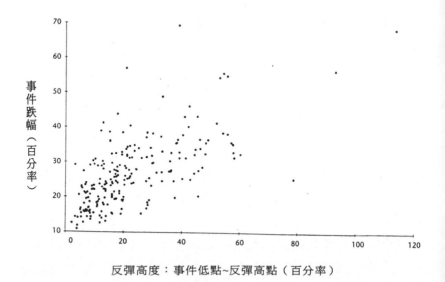

反彈高度：事件低點~反彈高點（百分率）

圖 10.6　事件跌幅與反彈高度之間的關係　如同皮球一樣，摔得重，彈得高。

衡量到隨後低點的額外跌幅平均為 15%。第二波跌勢通常會跌破事件低點。根據第二波下降走勢跌幅的次數分配觀察，最經常發生跌幅介於 5%到 25%之間，分配相當均勻。這個跌幅區間相當寬，顯示事件跌幅雖然嚴重，但第二波走勢經常也會出現巨幅損失。第二波跌勢的發展比較緩和，期間長度平均為 3 個月（90 天，由反彈高點衡量到隨後低點）。

　　圖 10.7 顯示事件跌幅與反彈走勢到達高點（盤中價格創反彈高點的當天）所經過天數之間的關係。雖然關係不是很清楚，但大體上可以察覺兩者之間存在反向的關聯；換言之，事件跌勢愈嚴重，反彈走勢到達高點所經過的時間愈短（反彈漲

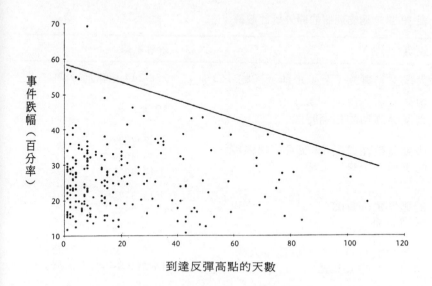

圖 10.7　事件跌幅與到達反彈高點之天數的關係　圖形中的直線，顯示事件跌幅深度與到達反彈高點天數之間存在反向的關聯，但缺乏統計上的顯著意義。

勢愈陡峭）。這似乎與正常的預期不同。

綜合考慮圖 10.6 與 10.7，意味著事件跌幅愈重，隨後的反彈走勢愈強勁（由事件低點到反彈高點之間的漲勢很陡峭而快速）。反之，事件跌勢愈輕微，隨後反彈的幅度也愈小，需要的時間也較長。

第二波跌勢向下穿越事件低點的比率高達 81%。所謂「事件低點」是指利空消息發生的第一波跌勢低點；換言之，反彈走勢發生之前的價格低點。這項數據可以提供操作上的啟示：

表 10.3　迴光返照的額外統計數據

說明	統計數據
大成交量事件（至少是前一天的 150%）	238/244 相當於 98%
對於成功的排列，事件低點 到反彈高點的相隔時間	19 天
排列發生在最近 12 個月價格區間 的下緣、中央或上緣	下緣 20% 中央 39% 上緣 40%
前述發生位置的 平均跌幅	下緣 37% 中央 35% 上緣 37%
相對於重挫前一天，重挫當天與 隨後 5 天的成交量	596%，304%，177% 154%，140%，125%
缺口排列與無缺口排列之間 的事件跌幅比較	24%與 27%
缺口排列與無缺口排列之間 的反彈漲幅比較	18%與 20%

附註：利空消息當天爆出大量，反彈很快發生，反彈高點很慢出現。

第一波跌勢雖然很嚴重，股票持有人還是應該在反彈過程中逃命，因為隨後的走勢通常會造成損失進一步擴大。

　　表 10.3 顯示迴光返照走勢的額外統計數據。幾乎每個案例發生重大利空消息時，股價下跌過程都會爆出大量。第一波跌勢結束之後，價格開始回升，通常在 3 個星期（19 天）之內到達反彈高點。

重大利空消息發生的前一天，股價位於年度價格區間三等分的哪個部分呢？根據次數分配的資料顯示，40%的股票位在年度價格區間的上緣，39%位在中央，20%位在下緣。考慮前述位置的排列平均跌幅，我們發現三者的跌幅大致相當，都介於 35%到 37%之間，不論重大跌勢發生在年度價格區間三等分的哪個位置。

發生重大跌勢當天的成交量很大（大約是前一天的596%），而且隨後 5 個交易日仍然維持大量。

重大跌勢發生當天，如果出現跳空缺口，是否代表某種意義？事件跌幅是否較大？顯然不是如此，呈現缺口的排列平均跌幅為 24%；沒有缺口的排列平均跌幅為 27%。呈現缺口的排列反彈走勢是否比較強勁？反彈漲勢是否較大？答案也是否定的，呈現缺口的排列平均反彈漲幅為 18%；沒有缺口的排列平均反彈漲幅為 20%。

交易戰術

除非你願意放空股票,否則迴光返照沒有什麼交易戰術可言(請參考表 10.4)。當重大利空消息發生時,如果你持有股票,不需要急著殺低,想辦法在隨後發生的反彈走勢中尋找賣點。大約有三分之一的案例（36%）,股價在第一個星期內出現反彈高點;在兩個星期內到達反彈高點的案例超過一半（56%）。當反彈走勢出現峰位而開始向下反轉,立刻拋掉持股。如果你決定**繼續**持有股票,通常會發生更嚴重的損失,為什麼不把這

表 10.4　迴光返照排列的交易戰術

交易戰術	解釋
等待反彈，然後賣出	第一波跌勢結束之後，價格會向上反彈。當反彈走勢出現峰位而向下反轉（通常在 1~2 個星期內），賣出持股。事件跌幅愈重，反彈高點愈快發生，反彈的高度也愈高。
進場放空	反彈走勢由峰位反轉之後，進場放空。目標價位至少可以設定在事件低點。第二波跌勢通常會穿越事件低點（發生頻率爲 81%）；在這種情況下，由事件低點衡量到最終低點的額外跌幅平均爲 15%。
避開隨後的多頭型態	對於迴光返照發生之後的多頭型態，至少在 6 個月內（甚至長達 1 年）應該儘量避免介入。即使這些型態能夠發揮功能，報酬率也應該低於平均水準。

附註：等待反彈走勢結束之後，才結束多頭部位或建立空頭部位。

些資金轉移到其他潛力較佳的投資對象呢？

　　在迴光返照的反彈走勢中，如果你打算針對隨後可能發生的跌勢進行操作，關於空頭部位的獲利潛能，不妨參考圖 10.8 的跌幅次數分配。此處的跌幅是由反彈高點衡量到隨後的最終低點；最可能發生的跌幅介於 15% 到 25% 之間，具有足夠的獲利潛能建立空頭部位。

　　最後，我們希望提出一項警告：務必留意迴光返照排列對於後續價格走勢的影響。除非發生真正嚴重的問題，否則股價不會暴跌，公司方面往往需要花費很長的時間來解決問題。所以，最好忽略 6 個月之內（甚至長達 1 年）所發生的多頭型態，這些排列很可能失敗，即使成功，報酬率恐怕也不如預期。

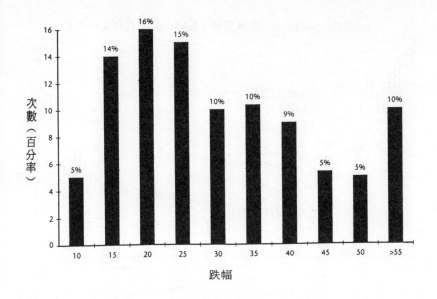

圖 10.8　反彈高點到隨後最終低點之間跌幅的次數分配　如果能夠精確拿捏放空價位，獲利潛能很可觀。

交易範例

如果你自認為瞭解股價發生重挫的理由與其中意涵，可以考慮建立空頭部位。請參考圖 10.9，市場向下調整盈餘預估數據，全年度的展望轉趨悲觀，股價出現 5 點（25%）的暴跌走勢。往後 4 天之內，每天的價格都收高，一直到第 5 天才收低。陳小姐察覺這波反彈走勢，決定按照反彈第 6 天的收盤價格$15進場建立空頭部位。建立部位之後，她開始等待，發現股價確實按照預期下跌。

Cerner Corporation（保健資訊，NASDAQ，代碼 CERN）

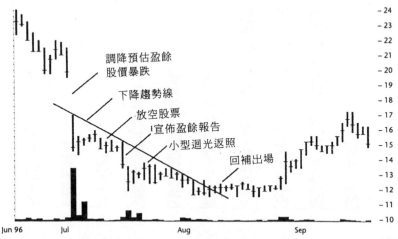

圖 10.9 盈餘報告引發的迴光返照走勢。陳小姐在反彈走勢結束之後進場放空，當收盤價向上穿越下降趨勢線，回補空頭部位。這筆交易在 1 個月之內獲利 20%。

　　當公司正式宣佈盈餘報告之後，股價在兩天之內又繼續下跌 20%。陳小姐預料這支股票會發生另一波迴光返照的走勢，決定繼續持有部位。隨後一個星期內，股價向上反彈，但波動相當劇烈，然後又開始下滑。

　　沿著暴跌之後的走勢高點，陳小姐繪製下降趨勢線。最後，當收盤價向上穿越下降趨勢線，她決定回補空頭部位。隔天，陳小姐買回股票，成交價格為 $12，較當天收盤價低 1/4 點。然後，她開始計算這筆交易的收穫，每股獲利將近 $3，1 個月內的報酬率大約是 20%。

如果陳小姐等到 11 月份才回補空頭部位，每股獲利可以增加$1.50（股價曾經跌到$10½）。可是，在實際回補與最後低價發生之間，股價曾經上漲到$17¼。教訓：獲利了結絕對不會讓你因此而破產。

❖ 11 ❖

菱形排列

摘要資料

菱形頂排列

外觀	菱形狀，排列發生之前曾經出現延伸性的**漲勢**。
反轉或整理	短期的（少於 3 個月）空頭反轉排列。
失敗率	25%。
平均跌幅	21%，最經常發生跌幅 20%。
成交量趨勢	突破之前呈現下**降趨勢**。
回升	59%。
價格目標 　達成率	79%。
參閱排列	（20）頭肩頂排列。

菱形底排列

外觀	菱形狀，排列發生之前曾經出現延伸性的跌勢。
反轉或整理	短期到中期的（長達 6 個月）多頭反轉排列。
失敗率	13%。
平均漲幅	35%，最經常發生漲幅為 15%。
成交量趨勢	突破之前呈現下降趨勢。
回挫	43%。
價格目標 　達成率	95%。
參閱排列	（18）頭肩底排列。

「摘要資料」顯示菱形頂（diamond tops）與菱形底（diamond bottoms）的一些重要特性。這兩種型態的唯一差別，只在於排列發生之前的趨勢方向。菱形頂發生在延伸性的漲勢之後，菱形底發生在延伸性的跌勢之後。

這兩個型態的表現也非常類似。兩者都屬於既有價格趨勢的反轉排列，成交量隨著時間經過而縮小。突破當天的成交量放大。

頭部排列的失敗率為 25%，大約是底部排列的兩倍。我認為型態的失敗率最好不要超過 20%，所以菱形頂不屬於可靠的型態。

平均跌幅 21%與平均漲幅 35%大約是反轉型態的正常水準，但底部排列的平均漲幅稍低於一般多頭排列的水準 40%。另外，頭部排列的最經常發生跌幅爲 20%，非常接近平均跌幅 21%，這意味著跌幅偏高的案例很少，所以不會造成平均跌幅向上扭曲。菱形底的最經常發生漲幅爲 15%，遠低於平均漲幅 35%，這意味著漲幅偏高的案例不少，使得平均漲幅向上扭曲。

緣起

菱形排列的形狀究竟如何呢？圖 11.1 是一個典型的菱形頂排列。股價漲勢起始於 1995 年 2 月中旬，4 月 20 日股價上漲 1½點，當天的成交量也顯著放大。接著，股價開始呈現持續墊高的峰位與持續下滑的谷底，就如同擴張頂排列一樣。排列初期的成交量隨著時間經過而縮小。突然之間，價格走勢出現相反的型態：由第三個轉折峰位之後，股價轉折高點開始下滑，轉折低點開始墊高；換言之，呈現等腰三角形的排列形狀。可是，成交量還是持續萎縮，雖然縮小的速度不穩定。

6 月 8 日，價格向下突破菱形頂排列，成交量也高於正常水準。接下來的 2 個星期左右，價格呈現橫向而稍微下滑的走勢，然後向下暴跌，回到 4 月中旬上漲之前的價位。

這種價格型態稱爲菱形頂，代表既有漲勢的頭部反轉排列。圖 11.1 顯示典型的頭部行爲：價格回到菱形排列發生之前的水準。當然，不是所有的頭部排列都會呈現這類非常節制

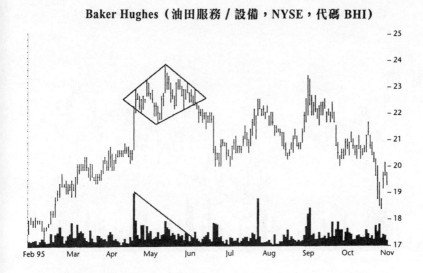

Baker Hughes（油田服務／設備，NYSE，代碼 BHI）

圖 11.1 菱形頂的範例。請注意，價格很快就回到 $20 水準。

的行為；某些反轉排列在吐回既有的漲幅之後，還會繼續下跌。

圖 11.2 是菱形底排列的例子，排列本身類似於菱形頂，只是型態發生之前的價格走勢屬於下降趨勢。重複強調一次，菱形頂發生之前，價格處於上升趨勢（圖 11.1）；菱形底發生之前，價格處於下降趨勢（圖 11.2）。

菱形排列過程中，首先出現擴張的價格擺動，轉折高點持續墊高，轉折低點持續下滑；其次發生收斂的價格擺動，持續到突破發生為止。

排列之內的成交量呈現下降趨勢。突破當時通常會爆出

Coors, Adolph Co.（酒精飲料，NASDAQ，代碼 ACCOB）

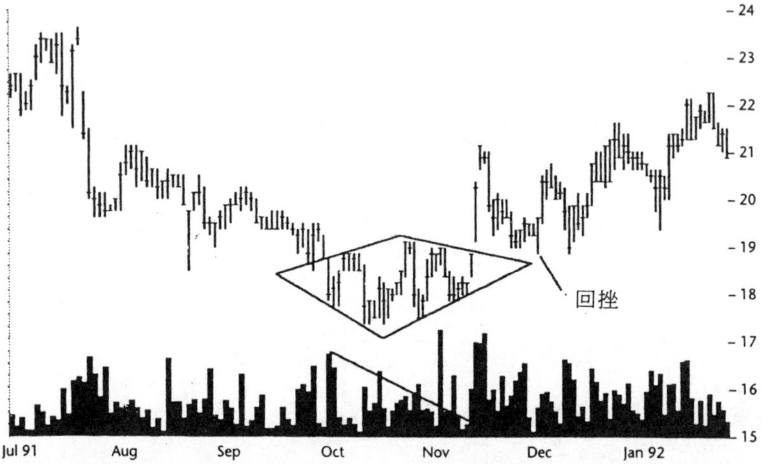

圖 11.2 菱形底反轉排列。排列之內的成交量呈現下降趨勢，突破過程爆出大量。

大量。請參考圖 11.2，當價格透過跳空缺口向上突破型態，成交量明顯放大。在不到 3 個月的期間內，價格創$22¼的高價，漲幅超過 20%。

辨識準則

表 11.1 列示菱形頂與菱形底排列的辨識準則，對應的圖形範例請參考圖 11.3。排列發生之前的短期價格趨勢朝上，造成型態內最左側的轉折高點，價格跌勢很快就獲得支撐而出現轉折低點。9 月底，價格創新高，但立即又向下折返，形成一個價

Asarco Inc.（銅礦，NYSE，代碼 AR）

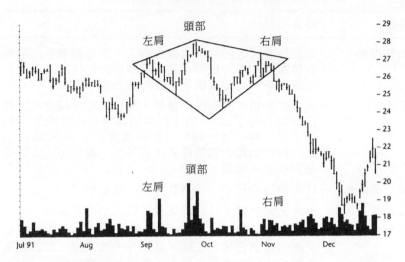

圖 11.3 圍成菱形狀的頭肩頂排列。不論由菱形頂或頭肩頂的角度觀察，都代表空頭意涵。

位更低的轉折低點。同樣地，價格又上升，出現一個價位較低的轉折高點，然後反轉跌破右側的上升趨勢線。整個排列過程中，銜接轉折高點與轉折低點的趨勢線，圍繞成為一個菱形狀。請注意，菱形的結構並不對稱；一般來說，菱形都顯現不規則的形狀。

排列內的成交量呈現萎縮的傾向，尤其是價格擺動幅度趨於收斂的後半階段（圖形結構類似等腰三角形）。突破過程通常會夾著大量，但這並不是菱形排列的必要條件。就圖 11.3 的例子來說，突破當天與隨後幾天的成交量只是稍微放大，但在價格下跌過程成中，成交量呈現放大的趨勢。

表 11.1　菱形排列的辨識特質

特質	討論
先前趨勢	菱形頂發生之前的價格趨勢朝上，菱形底發生之前的價格趨勢朝下。根據定義，菱形排列可以發生在任何位置，不一定在價格走勢圖的頭部或底部。
菱形	前半部的價格擺動向外擴張（轉折高點持續墊高，轉折低點持續下滑）；後半部的價格擺動向內收斂（轉折高點持續下滑，轉折低點持續墊高）。銜接轉折高點與轉折低點的趨勢線構成菱形狀。菱形不一定需要左右或上下對稱。
成交量趨勢	排列發展過程中，成交量呈現下降趨勢。
突破量	通常夾量突破，而且隨後幾天仍然維持大量。
支撐與壓力	排列發生位置經常代表支撐或壓力。頭部排列的支撐／壓力經常在排列上端，底部排列的支撐／壓力經常在排列下端。支撐與壓力通常能夠持續一年或以上。

　　圖 11.3 的菱形頂也是一個頭肩頂排列（head-and-shoulder top），左肩／頭部／右肩的位置請參考圖形標示。成交量也是頭肩頂的標準型態，右肩的成交量遠小於左肩與頭部。

　　如果你發現某個菱形頂排列也可以解釋為頭肩頂排列，不用擔心，兩者都具有空頭意涵。關於突破之後的目標價位衡量，則挑選兩個可能型態中較保守的水準。

　　菱形頂提供的支撐／壓力經常發生在排列頭部的上緣，請參考圖 11.4。價格走勢經過菱形頂排列而向下反轉之後，隨後發生於 1993 年 3 月／4 月的漲勢在此遭逢壓力而折返。這個壓力水準持續到一年之後才被貫穿。

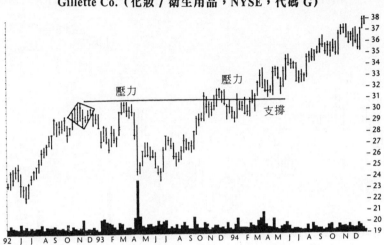

Gillette Co.（化妝／衛生用品，NYSE，代碼 G）

圖 11.4 菱形頂的頭部成為後續走勢的支撐／壓力。菱形頂上端的價位$31，在隨後一年半之內扮演支撐／壓力的功能。請注意，這是一份週線圖。

1993 年 10 月，價格漲勢又受阻於這個壓力區，在此密集盤整，一直拖到隔年 3 月才正式向上突破。上檔壓力被克服之後，轉變為下檔支撐。1994 年 4 月與 5 月份期間，回檔走勢都在$31 附近獲得支撐；請注意，提供這個支撐的菱形頂排列發生在一年半之前。

圖 11.5 是一個菱形底排列的例子。型態發生之前，曾經出現將近兩個月的價格跌勢。4 月初，價格稍微反彈，然後又下跌。對於最初 6 天的線形，繪製兩條直線分別銜接盤中高價與盤中低價，兩條趨勢線向外發散。同樣地，對於隨後 5 天的線形，繪製另外兩條直線銜接盤中高價與盤中低價，兩條**趨勢**

Fleetwood Enterprises（家用品製造，NYSE，代碼 FLE）

圖 11.5　成交量萎縮的菱形底排列。價格很快回升而創新高。

線向外收斂。這四條趨勢線圍繞成為菱形狀。

　　在排列發展過程中，成交量保持下降的趨勢。這是菱形底排列的典型現象，但並不是必要條件。如同菱形頂排列的情況一樣，成交量型態的變化很多；雖說如此，但大體上成交量還是呈現下降的趨勢，直到突破為止。突破通常都會出現大量。在圖 11.5 的例子中，突破當天的成交量大約是前一天的四倍，但只稍高於長期平均水準。

　　圖 11.6 顯示週線圖菱形底在 $10 附近提供的支撐。雖然菱形排列經常在各自不同的位置提供支撐，但最經常發生的位置是底部排列的下緣。另外，當價格向上突破排列之後，回挫

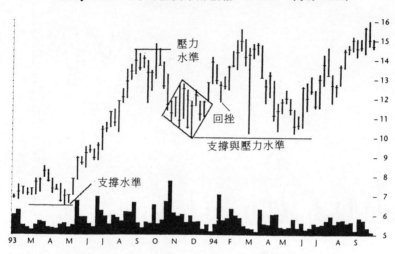

圖 11.6 菱形底排列提供的支撐在底部下端。週線圖顯現的支撐在$10 附近。

走勢經常在原先的突破點獲得支撐。請參考圖 11.6，排列向上突破之後，漲勢很快就停頓而拉回，回檔走勢觸及原先突破點$12，當天收盤價就拉高，然後正式展開一波漲勢。菱形底排列突破之後，大約有 43%的案例會出現回挫走勢（throwbacks），這代表另一個進場機會。

失敗案例

當然，每個菱形排列未必都是循規蹈矩的淑女，它們偶爾也會出現異常行為。請參考圖 11.7，這是一個原本應該向下突破的菱形頂排列失敗案例。如同圖 11.1 的案例一樣，我預期這支

Atlantic Richfield Co.（綜合石油，NYSE，代碼 ARC）

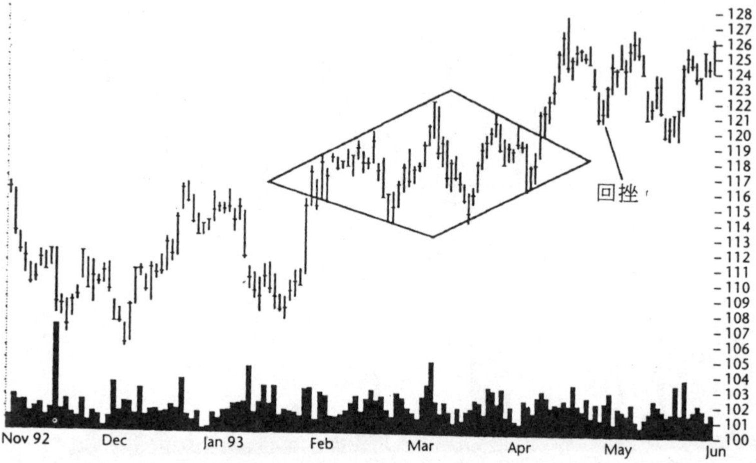

圖 11.7　　菱形頂排列的失敗案例。

股票向下突破之後，應該立即回到排列發生之前的$108 跳躍水準。可是，它向上突破而呈現直線狀漲勢，直接創$127¾的高價。這波漲勢發生在突破的兩個星期內，所創的高價也代表長期峰位──價格由此緩步下跌。1994 年初，股價曾經觸及$92½，遠低於菱形排列的突破價位$118³/₈。如果你在 1993 年 4 月份突破當時放空股票，短期之內雖然會套牢，但最後還是獲利──由突破點衡量到 1 年後最終低點的跌幅為 22%。

　　是否有什麼理由促使股價繼續走高？突破當時的成交量顯然不支持向上走勢。突破當天的成交量雖然是前一天的169%，但圖形中沒有出現顯著大量（譯按：突破量沒有超過

正常水準）。小量突破的情況雖然罕見，但也不是絕無僅有。小量突破，而且隨後一個星期的成交量持續萎縮，顯示當時的價格漲勢完全缺乏動能。

觀察圖 11.7 的成交量型態，趨勢向下發展（衡量成交量迴歸直線的斜率）。這是菱形排列的典型現象，顯然不能提供型態失敗的線索。我看不出任何理由足以解釋圖 11.7 的排列何以不能向下突破。所以，建立部位之前，最好等待實際的突破。

圖 11.8 是一個菱形底失敗的案例。1992 年 2 月初，股價創\$32¼的高價，然後開始走低。請注意，菱形排列發生的位置剛好是 3 月底 / 4 月初下降趨勢止跌之處。所以，在菱形排列的發展過程中，我們有理由相信這是一個底部型態，完成之後應該向上突破。可是，5 月中旬，排列向下突破。雖然股價曾經回升到突破點附近，但又反轉下跌，6 月中旬曾經觸及\$10½的低價，然後出現五個月的橫向盤整走勢（圖形沒有顯示）。目前（1999 年），股價不到\$1。

菱形排列的低點\$16¼（發生在 5 月初），價位大約對應 4 月初的低點。這兩個谷底看起來構成雙重底排列。左側谷底的成交量大於右側谷底，這是雙重底的正常現象。另外，兩個谷底所夾的峰位（\$21¼）也夠高。所以，整個排列確實是一個潛在的雙重底排列。不幸地，這是一個失敗的雙重底，因為價格出現第二個谷底之後，沒有向上穿越\$21¼的峰位；換言之，這個雙重底排列沒有完成，也可以說沒有經過確認。請注意，價格沒有向上發展，反而向下突破第二個谷底，當雙重底排列宣告失敗，意味著價格將進一步走低。

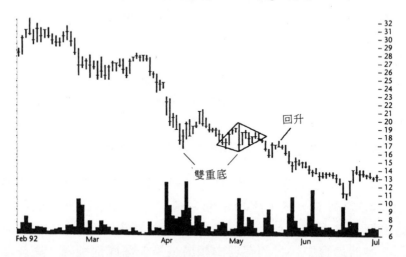

圖 11.8 　菱形底排列的失敗案例。菱形底完成之後，價格沒有向上反轉，卻繼續排列發生之前的下降趨勢。雙重底沒有經過確認；不是真正的雙重底。

　　雙重底與菱形底都是多頭反轉排列，既然如此，價格爲什麼會下跌呢？我找不到任何技術性理由足以解釋排列失敗的原因。可是，由於股價最後下跌到 $1 之下，這意味著基本面發生重大問題，這或許才是股價下跌的真正原因。

統計數據

表 11.2 列示菱形排列的一般統計數據。由於 1991 年~1996 年基本資料庫內的菱形排列案例不多，所以我同時採納 1996 年~1999 年之間的近期資料庫。結果顯示菱形排列確實非常罕見。

表 11.2　菱形排列的一般統計數據

說明	菱形底排列	菱形頂排列
排列數量： 1991 年~1996 年的 500 支股票；	34	111
1996 年~1999 年的 299 支股票	11	27
反轉或整理排列	9 個整理， 36 個反轉	31 個整理， 107 個反轉
失敗率	6/45 相當於 13%	35/138 相當於 25%
成功排列的平均 漲幅 / 跌幅	漲幅 35%	跌幅 21%
最經常發生漲幅 / 跌幅	漲幅 15%	跌幅 20%
在成功排列中，符合 或超越目標價位者	35 個或 95%	86 個或 79%
排列平均長度	1.5 個月（49 天）	1.5 個月（52 天）
相對於突破前一天， 突破當天與隨後 5 天 的成交量	151%，174%，151% 123%，137%，139%	152%，200%，177% 160%，160%，179%

它們大多屬於反轉型態（80%為底部排列，78%為頭部排列）。

　　菱形頂的失敗率高於菱形底，前者為 25%，後者為 13%。失敗率超過 20%就屬於不可靠的型態；所以，如果你打算操作菱形頂排列，必須格外謹慎。在這兩種排列中，唯有菱形頂才有 5%失敗的案例。換言之，向下突破之後，還沒有發生 5%或以上的跟進跌勢，價格又向上反轉。菱形底的案例總共只有

45 個，樣本實在太小，雖然沒有發生 5%失敗的案例，但也不足以做成任何結論。

　　底部排列完成之後的平均漲幅為 35%，最經常發生漲幅則是 15%。請參考圖 11.9，其中顯示菱形底排列漲幅的次數分配，最高欄位對應的漲幅（20%）代表最經常發生漲幅。編製這個次數分配的案例總數雖然只有 37 個，但漲幅 20%的欄位發生次數（27%）還是顯著超過其他欄位。如果漲幅的間距採用 5%，則最高欄位發生在 15%漲幅的位置。所以，圖 11.9 顯示的最高欄位雖然是 20%，但最經經常發生漲幅實際上是 15%。

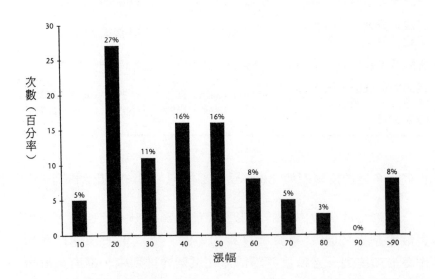

圖 11.9　　菱形底排列的漲幅次數分配　　圖形顯示的最經常發生漲幅為 20%，但橫軸刻度如果採用 5%為單位，最經常發生漲幅實際是 15%。

　　菱形頂排列完成之後的平均跌幅是 21%，最經常發生跌幅則是 20%。圖 11.10 顯示排列跌幅的次數分配狀況。頭部排列的案例較多，次數分配曲線也比較平滑。我們發現，平均跌幅與最經常發生跌幅非常接近，這意味著圖 11.10 峰位兩側的分配非常均勻（換言之，跌幅偏高的離群值不多，不至於把平均跌幅向上拉）。

　　菱形底突破的平均漲幅為 35%，低於一般多頭排列的平均漲幅 40%。反之，菱形頂突破的平均跌幅為 21%，約略等於一般空頭排列的平均跌幅 20%。

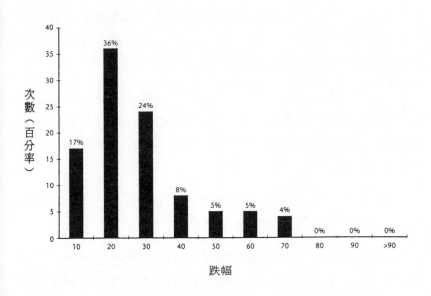

圖 11.10　菱形頂排列的跌幅次數分配　最經常發生跌幅為 20%。

　　最低目標價位是由突破點向上或向下衡量排列高度（排列最高價減去排列最低價），計算細節請參考後文的「交易戰術」一節。底部排列幾乎能夠完全達成目標價位（達成率為95%），但頭部排列完成目標價位的達成率只有 79%。我認為目標價位達成率超過 80%才屬於可靠型態。

　　由排列開始到突破為止之間的期間長度，頭部與底部排列大約相同，分別為 52 天與 49 天，屬於期間較短的排列。

　　表 11.3 列示菱形排列突破的相關統計數據。不論是頭部或底部排列，突破當天的成交量平均而言是前一天的 150%左右；隨後五天的情況也大致如此（參考表 11.2）。在頭部排列中，向下突破之後有 10 個案例沒有發生 5%或以上的跟進跌勢，這部分的失敗率為 9%，相當不錯。至於菱形底排列，向上突破之後的跟進漲勢都超過 5%。如同前文的解釋，沒有 5%失敗案例，這可能是因為樣本太小的緣故。

　　所以，在菱形排列中，一旦價格突破之後，通常都會出現相同方向的跟進走勢（至少是 5%），這意味著投資人應該等待突破，然後才順勢交易。

　　表 11.3 的數據顯示，底部排列向上突破的發生頻率為82%，頭部排列向下突破的發生頻率為 79%。

　　底部排列向上突破之後，價格有 43%的機會回挫到菱形邊緣；頭部排列向下突破之後，價格有 59%的機會回升到菱形邊緣。回挫走勢讓投資人有第二個進場機會或進行加碼，回升走勢讓投資人有第二個出場機會或建立空頭部位。如果最初的判

表 11.3　　菱形排列突破的統計數據

說明	菱形底排列	菱形頂排列
向上 / 向下突破的 5%失敗	0	10 個或 9%
向上突破	37 個或 82%	29 個或 21%
向下突破	7 個或 16%	109 個或 79%
水平突破	1 個或 2%	0
回挫 / 回升	16/37 或 43%	64/109 或 59%
完成回挫 / 回升走勢 的平均期間	11 天	11 天
對於成功的排列，突破與 最終峰位 / 谷底的相隔時間	4 個月 (122 天)	2 個月 (65 天)
突破點位在最近 12 個月價格 區間的下緣、中央或上緣	下緣 16% 中央 56% 上緣 28%	下緣　7% 中央 24% 上緣 69%
前述突破位置的 平均漲幅 / 跌幅	下緣 30% 中央 37% 上緣 35%	下緣 26% 中央 15% 上緣 20%

斷錯誤而市場給你第二個機會，最好接受，否則會愈來愈糟。

　　不論是回挫或回升走勢，價格折返到突破點的平均時間為 11 天。請注意，此處考慮的回挫或回升走勢期間不得超過30 天，否則視為正常的價格波動。

　　對於成功的排列，由突破點衡量到最終高點（底部排列）或最終低點（頭部排列）的平均時間，分別為 122 天與 65 天。這是相當合理的現象，因為底部排列突破的平均漲幅是 35%，

頭部排列突破的平均跌幅是 21%，前者的距離較遠，自然需要耗費較多的時間。

突破點經常落在年度價格區間三等分的哪個位置（上緣／中央／下緣）？就底部排列而言，56%落在年度價格區間的中央。在頭部排列中，69%落在年度價格區間的上緣。考慮這些數據，讀者或許覺得奇怪，菱形底為什麼會發生在年度價格區間的上緣（28%），菱形頂又為什麼會發生在年度價格區間下緣（7%）？

我是根據排列發生之前的價格趨勢來定義頭部或底部，不是根據排列發生的價位。菱形底發生之前，價格處於跌勢；菱形頂發生之前，價格處於漲勢。如果你還是覺得困惑，請回頭參考圖 11.1 與 11.2。

按照價格趨勢來歸納排列，如此才能凸顯共通的特性。如果價格出現延伸性漲勢而進入排列（菱形頂），一旦反轉排列完成之後，價格通常會下跌。如果根據價位來歸納排列，那麼頭部排列應該發生在年度價格區間的上緣，底部排列應該發生在年度價格區間的下緣。在這種情況下，如果排列發生在年度價格區間中央，如何歸類呢？

按照突破發生在年度價格區間的位置，我計算排列完成之後的平均漲幅與跌幅。結果，發生在年度價格區間上緣／中央／下緣的底部排列，平均漲幅分別為 35%／37%／30%，差別不大。請注意，計算三個平均漲幅的樣本數量很小，分別為 9 個（上緣）、18 個（中央）與 5 個（下緣）。

　　至於頭部排列，發生在年度價格區間下緣的平均跌幅最大（26%），但計算這項平均跌幅的樣本數量只有 5 個，實在沒有辦法歸納有意義的結論。計算上緣與中央平均漲幅的樣本分別為 50 個與 17 個。

交易戰術

表 11.4 列示菱形排列的交易戰術。衡量法則用來計算突破之後的最低目標價位。請參考圖 11.11，其中分別顯示菱形頂與菱形底的排列範例。首先，計算排列高度，這是以排列最高價（A 點）減去排列最低價（B 點）的差距。其次，頭部排列由突破點（C 點）向下衡量排列高度，底部排列則由突破點（C 點）向上衡量排列高度，結果就是突破之後的最低目標價位。

表 11.4　菱形排列的交易戰術

交易戰術	解釋
衡量法則	計算排列最高價與最低價之間的差值，這代表排列高度。頭部排列由突破點向下衡量排列高度，底部排列由突破點向上衡量排列高度，結果就是突破之後的最低目標價位。
等待突破	最好等待收盤價突破菱形排列的趨勢線，然後才建立部位。
風險／報酬關係	建立部位之前，必須考慮上檔壓力與下檔支撐，由預計進場點評估獲利潛能與潛在損失之間的關係，兩者至少應該維持 2：1 的比率。

Dow Chemical Co.（基本化工，NYSE，代碼 DOW）

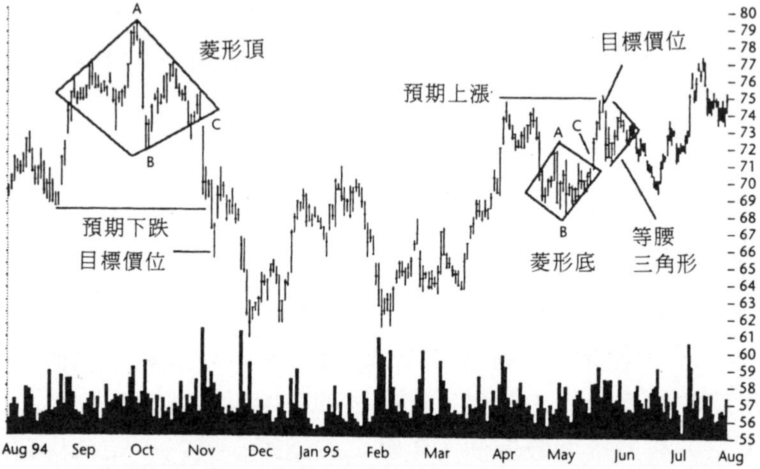

圖 11.11　菱形頂與菱形底排列範例。計算 A 點與 B 點之間的排列高度。對於頭部排列，最低目標價位是由 C 點向下衡量排列高度。菱形排列完成之後，經常會折返排列發生之前的價格底部或頂部。圖形中標示的預期下跌與預期上漲就是衡量最低目標價位的另一種方法。5 月底出現等腰三角形排列。

　　對於菱形頂的例子，排列高度是 $7^5/_8$（ $=79^1/_4-71^5/_8$）。由 C 點（ $73^1/_2$）向下衡量 $7^5/_8$，目標價位是 $65^7/_8$。請注意，C 點是價格向下突破菱形排列趨勢線的位置。突破之後，一個星期之內就完成目標價位。

　　菱形底的目標價位也是透過相同方法計算。在圖 11.11 中，菱形底的高度為 $3^3/_4$（ $71^3/_4-68$），由 C 點（突破點 $70^3/_4$）向上衡量排列高度，最低目標價位為 $74^1/_2$（ $=70^3/_4+3^3/_4$）。向上突破之後，三天之內就完成目標價位。

「統計數據」一節曾經提到，底部排列的目標價位達成率爲 95%，頭部排列爲 79%。這兩個比率都很高，使得目標價位成爲值得參考的數據。

還有另一種衡量目標價位的方法，結果可能更精確。這種方法是觀察圖形結構，看看是否存在可供反轉的走勢。舉例來說，菱形頂經常發生在一波跳躍漲勢之後。若是如此，菱形頂完成之後，價格可能又回到跳躍漲勢的底部。

圖 11.1 就是一個典型的例子。在菱形頂排列發生之前，價格由$20 附近向上跳躍，一天之內就上漲 1½點。當頭部反轉排列完成之後，價格很快又退回$20 附近。圖 11.11 也顯示兩個跳躍點。菱形頂排列發生之前，價格由$68 附近展開一波跳躍漲勢。頭部排列完成之後，價格快速折返這個區域（請參考圖 11.11 標示的「預期下跌」）。

同樣地，在菱形底形成之前，價格突然由$74 附近重挫（請參考圖 11.11 標示的「預期上漲」），這代表向上突破的目標價位。事實上，向上突破之後，價格在三天之內觸及這個目標價位，然後在兩個月之內始終游走於該價位之下。

針對菱形頂或菱形底之類的價格型態進行操作，最保守的做法還是等待實際突破。雖然這個底部排列的失敗率只有13%，但頭部排列出差錯的可能性相對較高（失敗率爲 25%）。

如果你不願意等待突破，很可能碰到「失敗案例」討論的情況，價格沒有如預期般的出現反轉走勢，反而朝排列發生

之前的趨勢方向繼續發展，提前採取動作可能造成獲利減少，或蒙受重大損失。

建立部位之前，應該是先考慮風險／報酬關係。原則上，首先判斷上檔壓力與下檔支撐，計算預期進場價位與這兩個水準之間的差距。風險／報酬比率最好維持 1：4 或更理想的關係。如果比率不足 1：4，或許不值得承擔風險。讓我們透過一個例子來說明，請回頭參考圖 11.6。假定我們對於這支股票所擁有的資料就是圖 11.6，目前是 1993 年底，預料菱形底排列即將向上突破，我們打算進場買進。在走勢圖的左側，股價下跌到 $6½ 而向上反彈。這個水準可以視為目前的下檔支撐。

如果這個排列向上突破成功的話，衡量法則計算的最低目標價位為 $14^5/$_8$，這剛好也對應 8 月中旬到 10 月初的頭部價位。目前（突破前一天）的收盤價是 $11^{13}/$_{16}$，計算該價位與支撐／壓力之間的差距，結果的風險（$11^{13}/_{16}$–$6^1/_2$）／報酬（$14^5/_8$–$11^{13}/_{16}$）關係為 5.31：2.82。這個比率大約是 2：1，距離我們設定的 1：4 關係差太遠。如果建立這筆交易，獲利潛能只是潛在損失的一半。當然，你可以把停損設定在菱形排列底部的稍下方（例如 $9¾）或更接近買點的位置。可是，停損設定得愈近，愈可能被正常的價格波動引發。

交易範例

史考特最近剛由某家著名工學院畢業，立即進入一家軟體公司服務。公司的薪水不錯，但他有一大堆學費貸款與其他債務等

著清償。所以,除了正常的薪水之外,他必須另外尋找財源,才能滿足目前的生活需要。他把目標設定在呈現多頭行情的股票市場。

史考特準備在 7 月初舉辦一場舞會,在此之前需要購買一套新的音響。目前的時間已經相當緊迫,他希望儘快挑選一個具有獲利潛能的價格型態,然後進場操作。結果,他發現圖 11.11 中的 5 月份菱形底排列,似乎幾天之後就會向上突破。根據他的估計,一旦價格向上突破之後,應該不會再跌破$70 的整數價位,這也是 1 月份數度出現的價格峰位。所以,他打算把買進部位的停損設定在$69⅞。

根據推算,突破價位大約在$70¾,所以這個部位承擔的下檔風險只有$0.75,上檔獲利潛能為$3.75,風險／報酬比率為 1:5,相當不錯。如果一切按照預期發展,應該可以小賺一筆,足以購買音響。

向上突破的隔天,史考特進場買進,成交價格為$71¾(圖 11.11 的 C 點附近)。雖然價格稍微偏高,但根據當時的股價走勢強度判斷,這筆交易應該還是可以順利進行。他把停損單設定在$69⅞。三天之後,股票的收盤價為$75,已經超過最低目標價位。下班回家的途中,史考特繞道到音響店,想要先觸摸一下音響的按鍵與轉鈕。

可是,情況的發展似乎開始發生問題。隔天的股價下跌將近$3,收盤價為$72⅛。次一天,價格再度收低$71⅜。又隔一天,甚至出現新的低價。突然之間,史考特發現部位已經陷

入虧損，音響也即將泡湯。是否應該趕快認賠賣出股票，把舞會往後延一陣子？

　　還好，股價及時回升，不久又出現$74 的價位，但好景不長。價格逐漸形成等腰三角形排列，但史考特並沒有察覺。等腰三角形完成之後，價格跌破下側趨勢線（對應菱形排列右下側趨勢線的延伸）。不久，股票向上回升到三角形排列的下緣，提供另一個讓史考特能夠勉強獲利了結的機會。可是，史考特忙著準備舞會的一些瑣事，沒有注意股價的發展。6 月中旬，他接到經紀人的電話，通知他在69^7/_8$ 停損賣出。史考特只能抓抓頭，搞不清楚究竟出了什麼差錯？你可以告訴他嗎？

雙重底排列

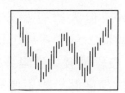

摘要資料

外觀	下降趨勢見底回升,再度下跌之後向上反轉。
反轉或整理	短期的(長達 3 個月)多頭反轉排列。
失敗率	64%。
等待突破之後的失敗率	3%。
平均漲幅	40%,最經常發生漲幅為 20%~30%。
成交量趨勢	突破之前呈現下降趨勢。
回挫	68%。
價格目標達成率	68%。
意外發現	相隔較近的底部,漲幅較大。
參閱排列	(19)複雜頭肩底排列;(22)雙角底排列

關於雙重底排列（double bottoms），最大的意外發現或許是失敗率偏高。所有潛在的案例中，只有三分之一屬於真正的雙重底。所謂真正的雙重底，是指第二個底部形成之後，價格上漲超過確認點（兩個谷底所夾的峰位）。如果經過確認之後，雙重底的失敗率下降爲 3%。這份研究只涵蓋經過確認的排列。

平均漲幅爲 40%，但大約有三分之一案例的漲幅不足 15%。由於某些漲幅偏低，爲了彌補起見，另外三分之一案例的漲幅則超過 45%。最經常發生漲幅介於 20%與 30%之間；在多頭排列之中，這個讀數屬於相對偏高者。

回挫走勢（throwbacks）的發生頻率爲 68%，讀數很高，投資人或許應該等待突破之後的拉回走勢。某些情況下，等待回挫走勢，往往可以避開一些不佳的交易。

我們發現一個相當奇怪的現象：兩個底部相隔的距離愈近，排列的表現愈好。關於這個現象的詳細討論，請參考「統計數據」一節。

緣起

雙重底排列的形狀究竟如何？請參考圖 12.1。價格峰位出現在 1992 年 3 月中旬。隨後三個月之內，價格持續下滑，一直到 6 月份才出現底部。

6 月 18 日，價格創新低$12.69，當天出現大成交量 110 萬股。由 3 月份的高點衡量，三個月之內的股價跌幅爲 47%。

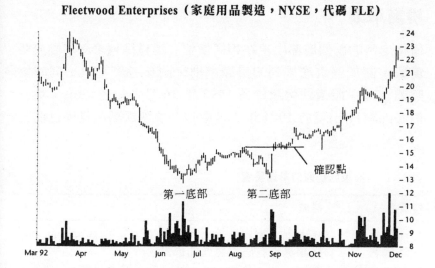

Fleetwood Enterprises（家庭用品製造，NYSE，代碼 FLE）

圖 12.1　雙重底排列範例。發生在下降趨勢末端。第一個底部通常出現大量。

價格見底之後，夾著大量回升，但不久之後又第二度測試低點。
8 月底，股價又下跌到 $13.06 的低點，成交量也很大。

　　股價創第二個低點的隔天，買盤力道轉強，股價暴漲，
兩天之內就向上穿越確認點。可是，價格沒有繼續上漲，只是
在突破點附近橫向盤整，大約經過一個星期之後才恢復上升走
勢。1 月底，股價創 $26^{7}/_{8} 的高價，由突破點向上衡量的漲幅
為 75%。

　　圖 12.1 顯示雙重底排列的範例，說明這類股價型態的上漲
潛能。雙重頂是否存在關鍵結構？沒錯，請參考下一節的討論。

辨識準則

價格走勢的兩個底部出現在相同價位，這種排列未必就屬於雙重底。關於雙重底排列的辨識準則，請參考表 12.1，同時對照圖 12.2。股價跌勢起始於 1993 年 10 月中旬的$56½，第一個底部$41½出現於 1994 年 5 月中旬。整個跌勢在見底之前，

表 12.1　雙重底排列的辨識特質

特質	討論
先前的價格下降趨勢	（短期）價格走勢朝下，出現第一個底部之前，下降趨勢沒有出現更低的低點。
兩個底部之間的回升	兩個底部之間所夾的峰位漲幅至少是 10%到 20%（由底部最低價衡量到峰位最高價）。兩個谷底的間距愈短，所夾峰位的漲幅通常也較小。回升走勢通常呈現圓弧狀，但也有不規則的走勢。
兩個底部	兩個底部的價格差距應該維持在 4%以內。實際的價位並不重要；總之，兩個底部的價位看起來應該相同。
底部間距	兩個底部是由兩個顯著的轉折低點構成（分別屬於不同階段的走勢），至少相隔幾個星期（許多專家認為至少需要 1 個月）。最低間距的規定並不重要，底部間距為 3 個月的排列，平均績效最理想。
第二個底部之後的漲勢	第二個底部出現之後，在漲勢向上穿越確認點之前，不應該跌破第二個底部的最低價。
底部成交量	第一個底部的成交量通常大於第二個底部。
突破量	通常夾著顯著大量突破。
確認點	確認點是兩個谷底所夾峰位的最高價，藉以確認雙重底的效力。當價格向上穿越確認點，雙重底即告完成或突破。

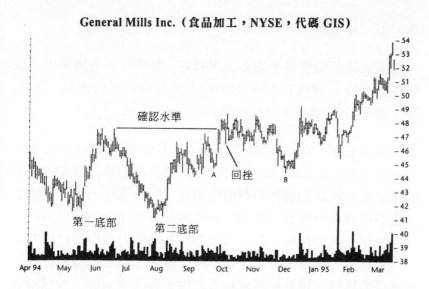

General Mills Inc.（食品加工，NYSE，代碼 GIS）

確認水準

第一底部

第二底部

A

回挫

B

圖 12.2　A 點與 B 點不是雙重底的兩個有效底部，因為 A 點左側還有更低的低點。

沒有出現更低於$41½的價位。我們之所以設定這個準則，因為雙重底是挑選整段跌勢中最低的兩個谷底。不要單純為了滿足這個準則，挑選某個低點與附近的另一個低點。在圖 12.2 中，A 點與 B 點不代表雙重底的兩個谷底，因為 A 點之前曾經發生更低的谷底。

　　兩個谷底之間所夾的反彈走勢漲幅至少必須是 10%（由谷底低點衡量到反彈高點）。確認點（confirmation point）是兩個谷底所夾反彈走勢的最高價，突破價位與目標價位的計算都需要運用確認點（細節討論，請參考後文）。圖 12.2 顯示的反彈走勢是由第二個底部的41^{5}/_{32}$衡量到先前峰位$47½，漲幅

為 15%，遠超過 10%的門檻。

　　兩個底部的價格差距必須保持在 4%以內。不論採用的價格刻度如何，兩個底部在走勢圖上看起來的價位應該大略相等。圖 12.2 的兩個底部價位差距在 1%之內。

　　兩個底部相隔的時間距離至少應該有幾個星期，但經常相隔幾個月（例如圖 12.2 的情況）。關於兩個底部之間的最小時間距離，我當初設定的篩選準則為 10 天或以上，但實際上挑選的排列案例都至少為 15 天。如果期待較強勁的突破漲勢，許多專業分析師採用 1 個月的最低時間距離。我採用較低的標準，藉以檢定前述的看法是否正確。結果，我發現兩個谷底彼此接近的排列，績效經常優於谷底間距較大的案例。我把谷底間距的上限設定為 1 年（谷底間距最寬的案例為 374 天）。

　　我採用的許多辨識準則都相當主觀，而且不同於傳統的定義。根據雙重底的傳統定義，兩個底部的間距至少相隔 1 個月，兩個底部的價位差異不得超過 3%，確認點相對於底部的漲幅至少為 20%（底部間距較短者，確認點的高度稍低）。兩個底部所夾的走勢應該呈現圓弧狀。

　　經過測試之後，我嘗試在自己準則與傳統定義之間尋找最佳的參數值，使得排列的績效最佳。可是，我發現各種參數設定並不會造成績效上的明顯差異，所以統計評估採用比較不嚴格的篩選準則（兩個谷底至少相隔 10 天／兩個谷底的價格差異不超過 4%／確認點至少上漲 10%）。

價格還沒有向上穿越確認點之前，潛在的雙重底還不能視為真正的雙重底。在我編製的統計表格內，只計算經過確認的雙重底排列。為什麼？由於失敗率偏高：64%。結構看似雙重底，但價格在向上穿越確認點之前卻跌破第二個底部，這類的案例總共有 980 個。經過確認的雙重底排列總共有 542 個，其中 525 個排列的價格繼續走高。所以，當價格出現第二個底部而向上反轉，這時候買進而期待整個走勢發展為成功的雙重底排列，機會只有三分之一。換言之，應該等到價格向上穿越確認點。

雙重底的典型成交量型態如下：第一個底部的成交量通常很大，第二個底部的成交量較小，整體排列之內的成交量呈現下降趨勢。當然，這都不是絕對必要的條件。某些案例中，第二個底部的成交量反而大於第一個底部。

價格走勢為何會形成雙重底排列呢？為了回答這個問題，請參考圖 12.3。股價在 1993 年 4 月中旬創峰位，然後出現橫向走勢，一直到同年 9 月份，突然出現恐慌性賣壓。於是，價格開始下滑，由高點$33^{7}/$_{8}$下跌到 1994 年 6 月底的低點$20^{1}/$_{4}$，九個月之內發生 40%的跌幅。

自從 6 月份出現多年以來的低點之後，價格開始回升。在這類的走勢中，價格隨後通常都會重新測試先前的低點。如果測試不成功，價格將繼續向下尋求底部。反之，如果測試成功，意味著底部的支撐非常強勁，通常都會展開一波漲勢。

圖 12.3 的情況正是如此。我們發現，在 B 點重新測試先

Central and South West（電力公用事業，NYSE，代碼 CSR）

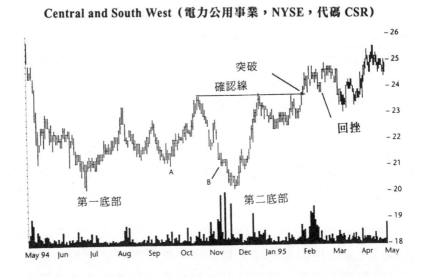

圖 12.3 一旦收盤價向上穿越確認點，排列即告完成。確認點是兩個底部所夾的最高價位。向上突破之後，價格經常回挫到確認點。

前 A 點底部的過程中爆出大量，意味著投資人對於測試是否成功的看法相當紛歧。

　　價格在$21 附近盤整將近一星期，結果貫穿先前 A 點的支撐。價格向下發展，嘗試在先前 6 月份低點（第一個底部）尋求支撐，成交量再度放大。走勢在此盤整將近兩個星期，然後開始向上發展。

　　所以，雙重底只不過是重新測試底部的走勢。投資人在底部買進股票，期待當時的走勢能夠止跌回升。某些情況下，他們的判斷正確，另一些情況則失敗，後者是下一節的主題。

失敗案例

圖 12.4 顯示一個毫無疑問的雙重底排列。第一個底部出現在延伸性的跌勢之後。兩個底部之間的間距大約為兩個月，中間所夾的反彈走勢幅度也很大，兩個谷底的價位大約相等。所以，這是一個不錯的潛在雙重底排列，雖然成交量型態比較不正常，第二個底部的成交量大於第一個底部，但這並不重要。第二個底部完成之後，稍做測試**就展開穩定的漲勢**，直到價格向上貫穿兩個谷底所夾的峰位$40⁵/₈。**一旦收盤價**向上穿越確認點之後，代表向上突破，雙重底正式完成。

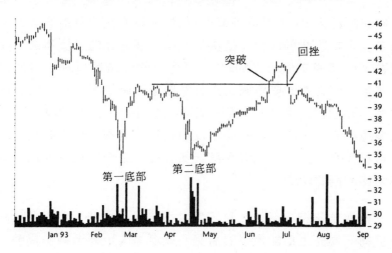

Flightsafety Intl. Inc.（航太／國防，NYSE，代碼 FSI）

圖 12.4 5%失敗的範例。雙重底排列完成之後，沒有出現 5%或以上的跟進漲勢。這種失敗案例非常罕見。

在這個例子中，排列向上突破之後，價格又回挫到突破點附近。回挫走勢在雙重底排列中經常發生，但很少繼續下跌。1993 年 9 月，這支股票創$31⁵/₈的低價（圖形沒有顯示），低於 2 月份谷底$34。

如果在突破過程中購買這支股票，並且繼續持有，結果將會發生虧損。我稱此爲 5%失敗：排列向上突破之後，沒有發生 5%或以上的跟進漲勢，然後又向下反轉。還好，5%失敗的案例非常罕見；在 542 個經過確認的雙重底排列中，總共只發生 17 個 5%失敗案例，其他 525 個案例在向上突破之後，至少出現 5%以上的跟進漲勢。

圖 12.5 顯示雙重底排列的第二種失敗類型，你可能也見過這類案例。周先生是一位初學的投資者，當圖 12.5 出現第二個底部之後，他核對辨識準則，相信這是潛在的雙重底排列。爲了及早掌握進場機會，他決定在第二個底部向上反轉之後就買進，結果成交價位爲$42⁵/₈。周先生的想法很單純：既然這應該是一個有效的雙重底，爲什麼要等待確認呢？似乎沒有什麼理由要把買進價位提高到確認點（$46¼）。他對於隨後的股價表現很滿意，直到走勢向下反轉爲止。現在，他應該趁著還有獲利而立即出場，或者應該繼續等待？這是讓投資人經常覺得困惑的兩難決策。

他決定繼續等待。5 月下旬，價格恢復漲勢，但不久又向下反轉。周先生只能無奈看著獲利逐漸消失，甚至轉盈爲虧。最後，當價格加速下跌，他終於決定認賠出場，結果幾乎賣在最低價位。

Air Products and Chemicals Inc.（化工[多角化]，NYSE，代碼 APD）

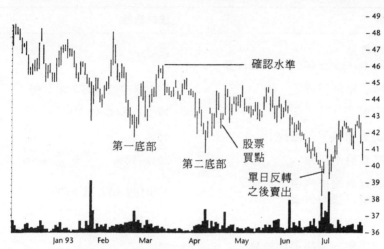

圖 12.5 　第二種類型的失敗案例。排列還沒有經過**確認**，**價格就跌破底部**。周先生想要提早鎖定雙重底排列的買進機會，結果卻**發生損失**。

　　究竟出了什麼差錯？周先生沒有等待雙重底確認完成的訊號。必須等到收盤價向上穿越確認點之後，才可以順著突破方向建立部位。否則，成功的機會只有三分之一。本章稍後的「交易戰術」會詳細討論操作方面的細節。

統計數據

表 12.2 的統計數據只考慮已經完成的雙重底排列；換言之，收盤價已經向上穿越確認點（兩個谷底所夾的峰位最高價）。在 500 支股票的五年期間走勢內，總共找到 542 個經過確認的

表 12.2　雙重底排列的一般統計數據

說明	統計數據
排列數量： 1991 年~1996 年的 500 支股票	542 個
反轉或整理排列	170 個整理，372 個反轉
失敗率	17/542 相當於 3%
成功排列的平均漲幅	40%
最經常發生漲幅	20%~30%
經過確認的排列中，符合 或超越目標價位者	370/542 相當於 68%
排列平均長度	2 個月（70 天）
兩個底部的價格平均差異	2%
兩個底部之間的走勢平均漲幅	19%
第一底部價位低於第二底部 的發生頻率	52%
第一底部價位較低與第二底部 價位較低的平均漲幅	39%與 39%

雙重底案例，其中 372 個（69%）屬於反轉排列。

　　幾乎所有的案例（97%）一旦突破之後，都繼續朝上發展，其餘案例則沒有發生 5%的跟進漲勢。這項統計數據顯示，應該在向上突破之後才買進股票——股價通常都會繼續上漲。

　　經過確認的排列平均漲幅為 40%，最經常發生漲幅則介於 20%與 30%之間。圖 12.6 顯示雙重底排列漲幅的次數分配。

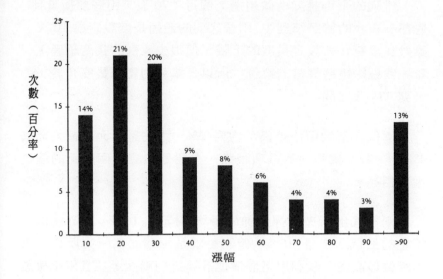

圖 12.6　雙重底排列的漲幅次數分配　最經常發生漲幅介於 20%~30%。

此處把漲幅百分率劃分為 10 個欄位（請參考圖 12.6 的橫軸），然後按照每個案例的實際漲幅，計算每個欄位的發生次數。我們可以由次數分配圖中看出，少數幾個偏高漲幅使得平均漲幅向上扭曲。請注意,漲幅超過 90%的案例數量佔總案例的 13%，漲幅超過 50%的案例則佔總案例的 38%。

　　關於目標價位的衡量方法，細節部分請參考「交易戰術」一節。如同傳統的衡量方法一樣，首先計算排列的高度，然後由突破點向上衡量排列高度，結果就是最低目標價位。這個排列的目標價位達成率為 68%，讀數低於我認為可靠型態應有的水準 80%。

　　排列的平均長度稍微超過 2 個月（70 天，由底部衡量到底部）。在我的篩選準則中，兩個底部的最短長度設定為 10 天。雖然我沒有正式設定長度的上限，但很少案例的長度超過 1 年。我剔除這些異常的案例；所以，排列的實際長度介於 15 天到 374 天之間。

　　兩個底部的價位差異平均為 2%，大約是所允許最大差異 4%的一半。我們列示這項讀數，主要是強調兩個底部的價位大致相等。

　　兩個底部所夾反彈走勢的平均漲幅為 19%，篩選案例所設定的最低水準是 10%。確認點就是兩個底部所夾反彈走勢的峰位最高價。我利用這個價位計算排列高度，並且用來確認向上突破。

　　所挑選的案例中，兩個底部的價位大約相同，第一底部價位較低的案例稍多（52%），第二底部較低的案例佔 48%。對於這兩類情況，我發現它們的平均漲幅大約相同，都是 39%。

　　兩個底部間距較近的案例，平均漲幅是否超過兩個底部間距較遠者？沒錯。請參考圖 12.7，其中顯示兩個底部間距與該間距案例平均漲幅之間的關係。舉例來說，兩個底部的間距為 21 天，這類排列的平均漲幅為 42%；底部間距為 119 天，這類排列的平均漲幅為 23%。圖 12.7 的曲線雖然上下起伏頗大，但整體趨勢還是朝下（不太明顯）；換言之，底部間距與排列漲幅之間保持反向變動的關係，間距愈大，漲幅愈小。

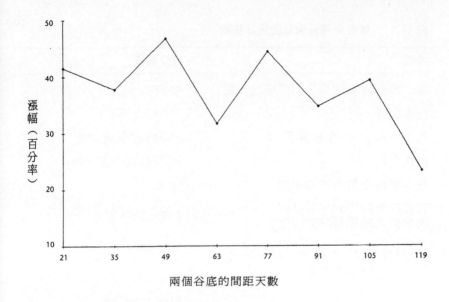

圖 **12.7** **谷底間距與價格漲幅之間的關係** 兩個底部的間距愈小，漲幅是否愈大？這份圖形似乎支持這種論點。

表 12.3 顯示雙重底突破的統計數據。第二底部與實際突破之間存在時間延遲，因為價格漲勢需要耗費時間。延遲的平均長度為 43 天。

由於我只考慮經過確認的排列，所以全部 542 個案例都向上突破。一旦向上突破之後，17 個案例沒有出現 5%或以上的跟進漲勢。這類 5%失敗案例非常罕見（請參考圖 12.4），不值得特別留意。

向上突破之後，有相當多的案例（68%）回挫到突破點。

表 12.3　雙重底排列突破的統計數據

說明	統計數據
第二底部與突破點之間的平均天數	43 天
向上突破	542 個或 100%
向上突破的 5%失敗案例	17/542 相當於 3%
回挫	366/542 相當於 68%
完成回挫走勢的平均期間	11 天
對於成功的排列，突破與最終峰位的相隔時間	7 個月(204 天)
突破點位在最近 12 個月價格區間的下緣、中央或上緣	下緣 28% 中央 46% 上緣 25%
前述突破位置的平均漲幅	下緣 42% 中央 38% 上緣 41%

這項統計數據隱含著一項投資策略：等待回挫走勢，當價格重新恢復漲勢才進場買進。「交易戰術」會更深入討論這項策略。

價格回挫到突破價位的平均時間長度是 11 天，類似其他排列的情況。此處不考慮 30 天以上的回挫走勢，這類長度的走勢都視為正常價格波動。

向上突破發生之後，需要經過多久時間才會到達最終高點？雖然平均期間是 7 個月（204 天），但必須留意這是一個統計平均數。如果某個排列的漲幅為 10%或 15%，到達最終

高點的時間應該較短，或許只要 2 個月。

　　把最近 12 個月的價格區間劃分為三等份（上緣 / 中央 / 下緣），計算雙重底突破點落在這三個區間內的次數百分率。結果，大部分排列（46%）落在年度價格區間的中央，上緣與下緣的次數大約相等，分別為 25% 與 28%。另外，落在這三個區間的排列平均漲幅大約相同。前述的結果意味著，大多數雙重底發生在延伸性漲勢之後，一旦價格由年度高價附近回檔，經過一段下降趨勢，然後形成雙重底排列，排列完成之後又恢復漲勢。

　　根據推理，排列發生之前的下跌走勢愈嚴重（發生在年度價格區間下緣的型態），排列完成之後的上漲走勢愈強勁。情況確實如此，它們的平均漲幅為 42%。由另一個角度說，如果雙重底發生在年度價格區間上緣，意味著當時的上漲動能十足，排列完成之後的漲勢更強勁。這些排列的平均漲幅為 41%。

　　表 12.4 提供雙重底排列的成交量統計數據。第一個底部成交量較大的案例佔 58%，第二個底部成交量較大的案例佔 42%。大約有三分之二的案例（65%），排列過程的成交量呈現下降趨勢。我計算兩個底部之間的成交量迴歸直線斜率，另外也考慮第二底部到突破點之間的成交量，結果整個排列期間內的成交量經常都呈現平均水準；換言之，迴歸直線大體上為水平狀。

　　突破過程與隨後幾天的成交量通常會放大，但很快又恢復常態。表 12.4 顯示突破當天與隨後一星期的成交量，我們

表 12.4　雙重底排列的成交量統計數據

說明	統計數據
第一底部成交量較大的案例百分率	58%
成交量呈現下降趨勢的案例百分率	351/542 相當於 65%
相對於突破前一天，突破當天與隨後 5 天的成交量	165%，133%，105%，92%，89%，82%
突破量偏高與偏低，隨後發生回挫走勢的百分率	65%與 65%

可以感受成交量下降的速度：突破當天是前一天的 165%，一個星期之後，成交量下降爲突破前一天的 82%。

　　突破當時的成交量偏低，隨後是否比較經常發生回挫走勢？沒有這方面的特殊傾向。突破量特別大或特別小的排列，隨後發生回挫走勢的百分率都是 65%。

交易戰術

表 12.5 列示雙重底的交易戰術。衡量法則計算排列向上突破之後的最低目標價位。請參考圖 12.8。爲了計算目標價位，首先計算排列的高度，把排列最高價（A 點，$31.09）減去排列最低價（第二底部，$27.57），排列高度爲$3.52，由突破點（確認點$31.09）向上衡量排列高度，最低目標價位爲$34.61（=31.09+3.52）。請參考實際的價格走勢，這個目標價位達成於 12 月底。達成目標價位之後，價格曾經顯著拉回，然後又

表 12.5　雙重底排列的交易戰術

交易戰術	解釋
衡量法則	計算排列最高點與最低點之間的高度，由突破點（亦即是確認點，也是兩個谷底所夾峰位的最高價）向上衡量排列高度，結果就是最低目標價位。
等待突破	第二個底部完成之後，只有 36%的案例會向上突破確認點，所以最好等待收盤價突破之後才買進。
等待回挫	向上突破之後，三分之二的排列會回挫到突破點附近。所以，可以等待回挫走勢結束而價格重新回升。

Banc One Corp.（銀行，NYSE，代碼 ONE）

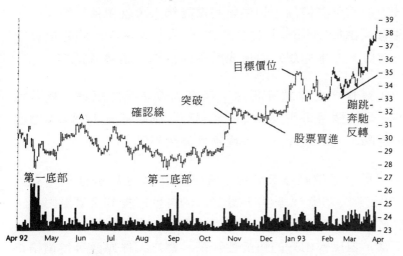

圖 12.8　雙重底排列操作上的難題。如何操作這個雙重底？買進時間設定在何處？第二個底部向上反轉？價格向上突破確認點？或等待回挫走勢結束？由 A 點到突破點之間，呈現圓形底的走勢。

繼續上漲。1993 年 4 月中旬，走勢出現最終高點$40.26，接著向下反轉。

當你看見某個潛在雙重底，進行交易之前，最好先查核辨識準則。圖 12.8 的例子中，第一個底部發生之前曾經出現下降趨勢。兩個底部之間的漲勢大約 13%，勉強符合 10%的最低門檻。兩個底部的價位大致相同，相隔好幾個月。

第一底部的成交量很大，第二底部的成交量明顯縮小，這是雙重底的典型現象。排列過程中，由第一底部到第二底部之間，成交量趨勢下降，這也是正常現象。

第二底部完成之後，就可以透過衡量法則估計向上突破之後的最低目標價位。如果獲利潛能夠大，就值得等待突破。請注意，由於排列的失敗率高達 64%，必須等待收盤價實際向上突破。如果你想知道搶先動手的後果，請參考圖 12.5。

收盤價向上穿越確認點，代表突破完成的訊號。確認點只不過是兩個谷底所夾峰位的最高價。請參考圖 12.8，A 點就是確認點，向右延伸的水平直線代表突破點。

一旦收盤價超過突破點，是否就應該進場買進？未必見得。向上突破之後,大約有三分之二的排列回挫到突破點附近，所以最好還是繼續等待。價格回挫到突破點之後，雖然可能繼續下跌，但反轉回升的可能性較高。總之，你應該等待價格止跌回升，然後才進場買進。話說回來，等待回挫走勢也意味著你將錯失一些機會。

對於短線交易，適合在目標價位附近獲利了結。**雙重底排列的目標價位達成率只有 68%**。所以，在目標價位附近，只要出現弱勢的表現，最好立即獲利出場。

對於中期與長期投資人來說，評估基本面的情況，藉以決定是否應該繼續持有部位。原則上，雙重底排列只適合用來設定進場時效，至於是否應該買進或持有，最好由基本面的角度考慮。

交易範例

林小姐是一位小學老師。雖然很喜歡和小孩子混在一起，但她更希望透過網際網路從事股票短線交易。

當她看見圖 12.8 的潛在雙重底排列，就愛上這個交易機會。圓形底的走勢（由 A 點到突破點之間），意味著價格將繼續走高。可是，她克制提早進場的衝動，因為價格並不保證能夠向上穿越確認點。她假裝自己在教學生們進行交易，如果不能以身作則，如何期待學生的表現呢？

當價格到達兩個谷底所夾的高價，林小姐決定進場買進。實際遞單之前，她打電話向經紀人查詢當時的交易價格。結果，價格遠高於確認點，所以她決定等待回挫走勢。

突破的四個星期之後，價格回挫到突破點，但是否**會繼續走低**呢？林小姐繼續等待，直到她相信股價將回升為止。這發生在隔天 11 月 27 日，當天低價高於前一天的低價，她覺得

可以進場。當然，這是一場賭博，因為兩天的上漲不足以構成
趨勢。雖說如此，但她已經不耐煩，不願意繼續等待，不希望
空手望著價格回升。所以，她進場買進，成交價格為 $31^3/_8$。

隔天，突然爆出 300 萬股的大成交量，價格跳升 3/4 點。
突兀狀的走勢讓她覺得緊張，因為這可能是單日反轉（one-day
reversal），但價格收在最高價附近，似乎不可能是單日反轉。
可是，林小姐還是立即把停損點設定在最近轉折低點的下方 1/4
點處，實際停損價位是 $30^7/_8$。

次一天，價格下滑，但接下來幾天的走勢都上漲。12 月
中旬，漲勢轉趨強勁，很快就達成目標價位。林小姐不確定自
己是否應該獲利了結，還在三心兩意的時候，股價已經下跌到
上升趨勢線附近（銜接 1992 年 9 月底、10 月底、12 月初與 12
月底等低點的趨勢線），所以只有繼續等待。

隨後出現起伏相當大的漲勢。3 月底，股價突然向上躍升，
一天之內幾乎上漲 1½點。對於這支股票來說，1½點是非常大
的走勢，林小姐覺得其中必有蹊蹺。她嚴密追蹤股價的發展，
不久就發現這支股票處於蹦跳-奔馳反轉排列（bump-and-run
reversal）的蹦跳階段。隨著價格持續走高，她繪製 BARR 趨
勢線與平行的賣出線。觀察走勢圖，她看見一個很窄的峰位，
曉得漲勢即將結束。當股價跌破最近的賣出線，她下單賣出股
票，成交價格為 $38^5/_8$。

這筆交易的獲利為 22%，年度化報酬率為 60%。她覺得
非常滿意，因為這是在課堂裡講解年度化報酬率的最佳範例。

❖ 13 ❖

雙重頂排列

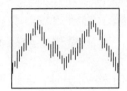

摘要資料

外觀	兩個顯著的峰位，相隔一段期間，價位大致相同。
反轉或整理	短期的（長達 3 個月）空頭反轉排列。
失敗率	65%。
等待突破之後 的失敗率	17%。
平均跌幅	20%，最經常發生漲幅為 10%~15%。
成交量趨勢	突破之前呈現下降趨勢。
回升	69%。
價格目標 達成率	39%。
意外發現	兩個峰位間距愈近，所夾谷底愈深，突破成交量愈 大，隨後的跌勢也愈嚴重。
參閱排列	（21）複雜頭肩底排列；（23）雙角底排列

針對雙重頂排列（double tops）所做的研究，出現一些令人意外的結果。失敗率高達 65%，甚至還不如投擲銅板。在雙重頂排列還沒有突破之前，如果盲目賣出股票，後悔的機率頗高。反之，如果等待突破之後才賣出股票，大約有 83%的機會屬於明智決策。可是，決策或許正確，但大約有半數案例（47%）的跌幅不超過 15%，將近有三分之二的案例（61%）不能達成目標價位。雙重頂排列顯示的績效統計數據實在太差，面對這個公認的空頭反轉排列，賣出股票之前恐怕還要再三考量。

向下突破之後，價格回升到突破點的發生頻率很高（69%）。如果你打算賣出股票，或許應該等到股價重新回升到突破點附近。

兩個峰位間距較小的雙重頂，突破之後的平均跌幅反而超過那些峰位拉得較開的排列。兩個峰位的間距不大，投資人比較容易辨識雙重頂，介入操作的意願較高。

兩個峰位所夾谷底的深度，以及突破之後的跌幅，兩者之間也存在關聯。谷底跌幅愈深的排列，績效愈理想。

大量突破與小量突破對於排列績效的影響，也存在統計上顯著的差異。詳細來說，排列夾著大量進行突破，隨後跌勢通常較嚴重。深入的討論，請參考「統計數據」一節。

緣起

除了頭肩排列之外，雙重頂可能是最通俗的一種型態。初學的

投資人看到股價走勢圖出現兩個峰位，經常就判定爲雙重頂排列。實際的情況或許沒有那麼單純；真正有效的雙重頂需要一些構成條件。我稍後會詳細討論型態的辨識準則，但首先說明這個排列的形狀。

　　請參考圖 13.1 的例子。雙重頂排列的最大特色當然是兩個顯著的峰位，它們的價位大致相同，相隔一段時間距離。第一個峰位出現之前，曾經出現一段延伸性上升趨勢，第二個峰位發生之後，價格呈現跌勢。

　　兩個峰位所夾谷底的跌幅應該有 10%或 20%，甚至更多。

Pacific Scientific（精密儀器，NYSE，代碼 PSX）

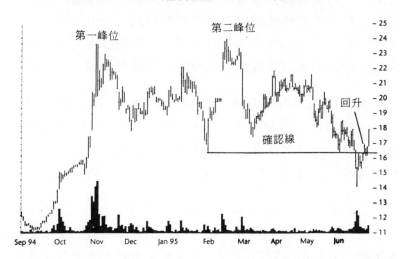

圖 13.1　　雙重頂排列。兩個峰位通常相隔幾個月，價格大致相同。唯有當價格跌破兩個峰位所夾的谷底，雙重頂排列才經過確認或完成。

這個谷底稱為雙重頂排列的確認點（confirmation point）或確認水準。當價格形成第二個峰位而向下跌破確認點，雙重頂排列才經過確認；換言之，雙重頂排列這個時候才正式完成。

雙重頂向下突破之後，價格經常會回升到突破點附近（請參考圖 13.1）。回升走勢讓投資人有第二個機會，在正式下跌之前出脫股票。對於態度比較積極的交易者，回升走勢也是建立空頭部位的良機。

辨識準則

表 13.1 列示一些雙重頂排列的辨識準則。第一部分說明排列發生之前的整體價格趨勢朝上。雙重頂第一個峰位出現之前的價格走勢，不應該是延伸性下降趨勢的向上折返，而應該呈現類似如圖 13.2 的階梯狀漲勢。當然，實際的漲勢可能更快速。總之，雙重頂應該是數個月延伸性上升趨勢的頭部反轉排列。

在圖 13.2 中，波段漲勢起始於 1993 年 10 月份，峰位出現在 1994 年 3 月份。這波漲勢由低點$25½上漲到高點$40。第一個峰位之後出現幾個月的跌勢，然後回升創第二個峰位。第二個峰位的價格為$39，較第一個峰位低 2.5%。

第二個峰位形成之後，價格穩定下跌，不久就貫穿兩個峰位所夾谷底的確認點。這個時候，排列才正式向下突破而完成所謂的雙重頂型態。請注意，唯有當收盤價向下穿越突破點，雙重頂排列才算正式完成。

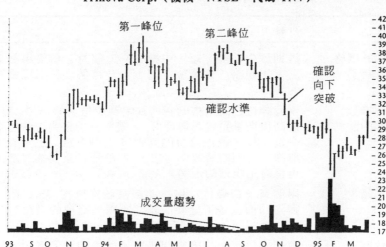

圖 13.2 週線圖的雙重頂排列。第一峰位$40 的起漲點在$25½，這波漲勢的期間爲五個月。收盤價向下跌破確認點，代表向下突破，也宣告排列正式完成。

第二個峰位形成之後，價格跌勢可能很快反轉爲漲勢。這個漲勢可能形成第三個峰位，也可能繼續上漲。總之，在第二個峰位形成之後，大約有三分之二的案例，價格根本不會向下貫穿確認點，反而向上穿越兩個峰位而繼續創新高。稍後的「失敗案例」一節會深入探討這方面的價格行爲。

正常的成交量型態如下。第一個峰位的成交量通常大於第二個峰位，突破過程也會出現大量。整個排列過程中，成交量呈現下降趨勢，請參考圖 13.2。突破量的放大速度，約略等於第一個峰位——成交量雖然擴大，但又不特別大。突破量

表 13.1　雙重頂排列的辨識特質

特質	討論
先前的價格上升趨勢	排列發生之前，短、中期（3~6 個月）價格趨勢朝上，出現第一個峰位之前，上升趨勢沒有出現更高的峰位。
兩個峰位之間的跌勢	兩個峰位之間所夾的谷底跌幅至少是 10%（由峰位最高價衡量到谷底最低價），某些分析家要求跌幅至少為 20%。兩個峰位的間距為 1 個月或以上（谷底愈深，排列的績效愈理想）。谷底通常呈現圓弧狀，但也有不規則的走勢。
兩個峰位	兩個顯著的峰位，價格差距應該維持在 3%以內。實際的價位並不重要；總之，兩個峰位的價位看起來應該相同，而且不隸屬於同一波走勢。
峰位間距	兩個峰位至少相隔幾個星期。如果間距太寬，不妨採用週線圖。
第二個峰位之後的跌勢	第二個峰位出現之後，在跌勢向下穿越確認點之前，不應該向上穿越第二個峰位的最高價。
成交量	第一個峰位的成交量通常大於第二個峰位。排列的整體成交量型態呈現下降趨勢。
突破量	通常夾量突破，但不是必要條件。突破量愈大，隨後的跌勢愈重。
確認點	確認點是兩個峰位所夾谷底的最低價，藉以確認雙重頂的效力。當收盤價向下穿越確認點，雙重頂即告完成或突破。

愈大，隨後的跌勢經常愈嚴重，但夾量突破並不是雙重頂排列的必要條件。

　　雙重頂形成的緣由如何？請參考圖 13.3，這是一個非常典型的例子，完全符合表 13.1 的辨識準則。在雙重頂排列發

USF & Corp.（保險 [產物 / 意外]，NYSE，代碼 FG）

圖 13.3 標準的雙重頂排列。排列完成之後，價格在三年之內不能向上穿越峰位。第一個峰位出現之前的上升趨勢屬於三波段衡量漲勢。

生之前，波段漲勢起始於 1992 年 10 月份的 $9⁷/₈。最初，成交量沒有顯著放大，但隨後則偶爾爆出大量。類似如 3 月份與 4 月份的情況，突兀狀的大量推動價格走高。

許多不幸的投資人或動能玩家在第一個峰位附近買進，期待價格繼續走高。可是，精明的技術分析者則發現真正的價格型態：三波段衡量漲勢（measured move up）。第一隻腳完成於三天之內，然後是幾個星期的修正，接著是創峰位的第二隻腳漲勢。

三波動衡量走勢結束之後，成交量快速萎縮，漲勢停頓。

價格下滑，形成一個底部，低點為$15¾；盤整期間大約持續兩個月，成交量很小。

第一個峰位的回檔程度就金額而言不大，但幅度還是有20%。盤整期間內，進行加碼或建立新部位的投資人不多。那些在第一個峰位附近買進的人，則發誓解套就出場。6月底到7月初之間，價格開始上漲，解套賣壓陸續出場，但另一些投資人則認為價格整理結束而進場，成交量放大。

7月份，當價格形成第二個峰位而向下反轉，某些投資人正確判斷雙重頂排列正在形成當中。他們在頭部附近獲利了結，賣出持股。另一些大膽的交易者，則放空股票而期待股價下跌。價格確實下滑，但停頓於先前兩個峰位所夾谷底盤整走勢的上緣。

8月份與9月份之間，價格試圖向上攻堅，但沒有成功而留下第三個峰位。9月底，價格向下跳空而貫穿確認點$15¾。向下突破之後，精明資金立即認賠出場，某些投資人則期待超賣而低檔承接，另一些人則順勢放空。

10月中旬，股票嘗試拉回到突破點，顯然沒有成功。隨後的三年內（直到這份研究結束於1996年為止），股價始終沒有回到雙重頂的頭部價位。

失敗案例

雙重頂排列的失敗情況究竟如何？有什麼值得學習的教訓？請

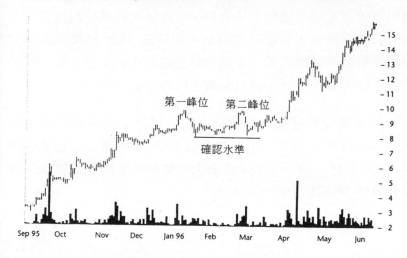

Fairchild Corporation A（工業服務，NYSE，代碼 FA）

圖 13.4 常見的雙重頂排列失敗案例。第二個峰位出現之後，價格還沒有跌破確認點之前，向上穿越峰位。

參考圖 13.4，其中顯示雙重頂排列經常發生的失敗情況。兩個峰位的水準、間距與回檔程度都符合表 13.1 的辨識準則，只有成交量稍有疑問。第一個峰位的成交量很大，但只維持一天而已。第二個底部的成交量更大，而且持續一個星期左右。可是，話說回來，每個雙重頂排列的實際成交量型態都各自不同，前述的現象實在不足以判斷最後的結果。

可是，在第二個峰位完成之後，收盤價並沒有向下穿越確認點。就所有的潛在雙重頂案例而言（換言之，沒有經過確認的排列），大約有三分之二（65%）的案例出現圖 13.4 的失敗情況。價格不只沒有跌破確認點，反而走高。爲什麼？

在多頭行情的大環境之下，頭部反轉排列（包括此處考慮的雙重頂）的績效相對不理想，底部排列的績效則很好，本書的研究分析普遍存在這種現象。關於圖 13.4 提供的教訓：等待收盤價跌破確認點，才適合針對這個排列進行交易。否則的話，很可能太早賣出持股或放空股票。

如果等到雙重頂經過確認之後，排列成功的可能性上升為 83%。當然，還有 17%的機會發生 5%失敗案例。請參考圖 13.5，這就是一個 5%失敗例子：收盤價向下穿越確認點，但沒有發生 5%或以上的跟進跌勢。

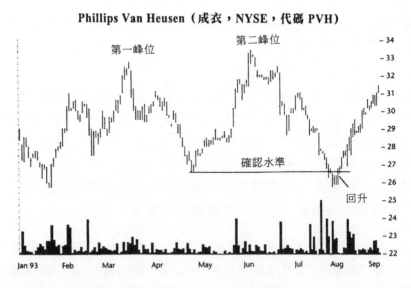

Phillips Van Heusen（成衣，NYSE，代碼 PVH）

圖 13.5 雙重頂排列的 5%失敗案例。價格跌破確認點，但沒有發生 5%或以上的跟進跌勢。

這個頭部排列的起漲點在 1992 年 5 月份，第一個峰位發生在 1993 年 3 月份，整段走勢的漲幅超過 60%。價格回檔一個月左右，然後蓄積動能再度向上攻堅，不久又在 6 月份創新高，第二個峰位較前一個峰位高出 5/8 點。

可是，創新高的喜悅沒有維持多久，價格開始快速下滑，在$26 獲得支撐之前，跌幅已經累積 20%。這段跌勢曾經向下穿越確認點，但立即向上反轉，夾著相當快速的步調向上挺進，一直到$39 附近才出現重大壓力。所以，最後這段漲勢由低點衡量的幅度為 50%。如果你在雙重頂完成的時候──收盤價跌破確認點──賣出股票，將拱手讓出這 50%的漲幅。

這種失敗類型稱為 5%失敗。收盤價確實向下突破，但隨後沒有出現 5%或以上的跟進跌勢。還好，這類的失敗情況相對少見；在所有經過確認的雙重頂排列中，大約有 17%的案例發生 5%失敗。

統計數據

表 13.2 列示雙重頂排列的一般統計數據，但沒有道盡完整的內容。在 500 支股票的五年走勢期間內，總共發現 1,280 個潛在雙重頂排列，其中有 826 個（65%）案例在價格跌破確認點之前就向上穿越峰位。唯有經過確認之後，才視為雙重頂排列，所以此處不考慮這 826 個案例；換言之，它們不屬於雙重頂。

在剩下的 454 個案例中，反轉型態佔 75%，連續型態佔

表 13.2　雙重頂排列的一般統計數據

說明	統計數據
排列數量： 1991 年~1996 年的 500 支股票	454 個
反轉或整理排列	113 個整理，341 個反轉
失敗率	75/454 相當於 17%
成功排列的平均跌幅	20%
最經常發生跌幅	10%~15%
經過確認的排列中，符合 或超越目標價位者	177/454 相當於 39%
排列平均長度	2 個月（57 天）
兩個峰位的價格平均差異	1%
兩個峰位之間的走勢平均跌幅	15%
第一峰位價格較高或第二峰位 價格較高的百分率	56%與 44%

25%。這部分排列的失敗率為 17%；換言之，75 個案例向下突破之後沒有出現 5%或以上的跟進跌勢。我把失敗率低於 20%的型態視為可靠排列。可是，我希望重複強調一點，此處考慮的雙重底都經過確認。

　　成功排列的平均跌幅為 20%，但最經常發生跌幅介於 10%與 15%之間，請參考圖 13.6 的跌幅次數分配。此處把跌幅百分率劃分為 10 個欄位（請參考圖 13.6 的橫軸），然後按照每個案例的實際跌幅，計算每個欄位的發生次數。這份次數分配圖顯示一個顯著的趨勢：幾乎半數案例的跌幅不超過 15%（此

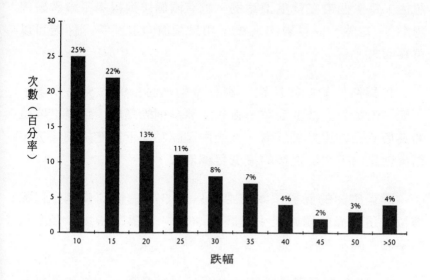

圖 13.6　　雙重頂排列的跌幅次數分配　　大約半數案例的跌幅小於 15%。

處所謂的「跌幅」是由突破點向下衡量到最終低點）。

　　問題是：雙重頂完成之後——換言之，經過確認之後——持股者是否應該獲利了結？空手者是否值得建立空頭部位？由突破點起算，如果價格平均只會再下跌 15%，然後就會向上反轉，爲什麼不等待價格回升呢？這些都是合理的問題。如果你在雙重頂經過確認之後才賣出，很可能賣在最終低點附近。

　　由最高峰位衡量到最終低點之間的平均跌幅爲 32%。爲什麼不在頭部附近賣出？爲什麼不在排列確認之前，提早獲利了結？如果你真的這麼做，股價很可能在你賣出之後上漲（請

記住，每三個潛在雙重頂案例，就有兩個排列根本不會跌破確認點）。當然，一旦賣出之後，如果股價向上反轉，你還可以再買回來。

目標價位的細節問題，請參考稍後討論的「交易戰術」一節，但衡量方法很簡單。首先計算排列的高度，這是把峰位最高價減去確認點最低價。然後由確認點向下衡量排列高度，結果就是向下突破之後的最低目標價位。

經過確認的雙重頂案例中，只有 39%的排列會滿足目標價位。這方面的讀數至少應該是 80%才可靠。所以，雙重頂的平均跌幅不夠深，或許完全不值得進行交易。

表 13.2 列示雙重頂的一些參考統計數據。由峰位衡量到峰位的排列平均期間長度為 57 天（2 個月）；兩個峰位的平均差價為 1%，由最高峰位衡量的谷底平均跌幅為 15%。第一峰位的高度通常超過第二峰位，但兩種情況發生的比率相差有限，分別為 56%與 44%。

稍早，當我採用較小刻度進行研究的時候，發現雙重頂峰位相隔的時間長度愈短，績效往往更理想。目前這份研究也顯示相同的現象。

我計算每個排列案例的峰位相隔天數，編製一份峰位間距的次數分配表，然後繪圖顯示次數分配天數欄位的間距（圖 13.7 橫軸）與該欄平均跌幅（縱軸）之間關係，請參考圖 13.7。這份圖形顯示，峰位的間距較接近，隨後跌幅較重（績效較理想）。

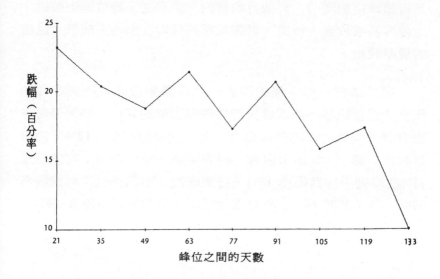

圖 13.7　雙重頂谷底間距與價格跌幅之間的關係　峰位較接近的排列，績效經常更理想。

如同稍早的研究一樣，目前這份研究的最大問題是樣本太小。剛開始的時候，編製次數分配表的過程還算順利；可是，當間距天數超過 77 天之後，就發生問題了。舉例來說，間距 91 天的案例只有 16 個，隨後的 105 天、119 天與 133 天，案例分別為 15 個、8 個與 8 個。雖然最後這四個欄位的樣本數量少於最低標準門檻 30 個，但先前欄位的資料已經足以顯示圖形曲線的下降趨勢。

峰位間距較小而績效反而理想，發生這種現象的理由可能是辨識問題。相對於峰位相隔 1 年的雙重頂，投資人比較容

易辨識峰位相隔 2、3 個月的排列。換言之，峰位間距較近，比較容易被投資人辨識，針對該排列採取行動的人較多，股價的賣壓較重。

另外還有一個奇怪的現象，我衡量兩個峰位所夾谷底的深度，然後比較谷底深度與最終跌幅之間的關係，結果發現谷底愈深，突破之後的跌幅愈大，至少在某個深度（18%）之前是如此。圖 13.8 顯示兩者之間的關係。舉例來說，谷底深度11%的排列平均跌幅為 15%，谷底深度 18%的排列平均跌幅為27%。谷底深度 18%已經非常接近篩選案例的典型深度 20%。

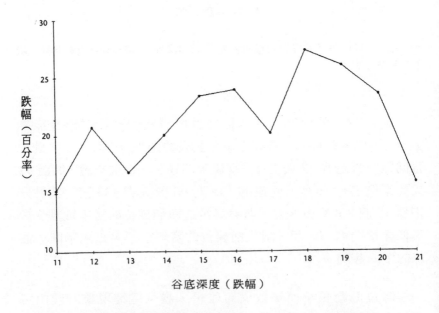

圖 13.8　谷底深度與價格跌幅之間的關係　谷底愈深，跌幅愈大。

表 13.3　**雙重頂排列突破的統計數據**

說明	統計數據
第二峰位與突破點之間的平均天數	39 天
向下突破	454 個或 100%
向下突破的 5%失敗案例	75/454 相當於 17%
回升	314/454 相當於 69%
完成回升走勢的平均期間	10 天
對於成功的排列，突破與 最終低點的相隔時間	3 個月(83 天)
突破點位在最近 12 個月價格區間 的下緣、中央或上緣	下緣 24% 中央 50% 上緣 26%
前述突破位置的 平均跌幅	下緣 17% 中央 20% 上緣 20%

　　表 13.3 顯示雙重頂突破的相關統計數據。雙重頂排列第二個峰位距離突破點的時間距離平均為 39 天。

　　前文已經提到，我們只考慮經過確認的雙重頂排列；換言之，收盤價實際向下突破確認點。所以，此處考慮的 454 個案例都完全向下突破。可是，這些案例之中，有 75 個排列在向下突破之後沒有發生 5%或以上的跟進跌勢。這類 5%失敗案例並不常見，大約佔總案例的 17%。

　　向下突破之後，大約有三分之二的排列（69%）會出現回

升走勢（pullbacks），價格重新拉高到突破點附近。這個數據明顯偏高，似乎意味著突破點下檔的空間很有限。這個意涵也得到最經常發生跌幅的支持，讀數只有 10%到 15%之間。很多情況下，跌幅只是 10%或 15%，所以價格回升到突破點附近，可能繼續走高。基於這個緣故，如果打算針對雙重頂進行操作，最恰當的時間或許是：等待回升走勢，而且價格已經重新向下反轉之後。價格拉回到達突破點的回升走勢完成期間平均為 10天，約略等於其他排列的讀數。

由突破點衡量到最終低點的平均期間為 3 個月（83 天）。絕大部分的案例（70%）都在 3 個月內到達最終低點，另外 18%案例在 6 個月之內到達最終低點。所以，就投資意涵來說，我把雙重頂歸納為短期排列。

雙重頂的突破點落在年度價格區間三等份的哪個位置（下緣／中央／上緣）？半數的案例落在年度價格區間的中央。至於這三個區間的案例平均跌幅，則沒有明顯的差異；換言之，不論突破點落在年度價格區間的哪個位置，跌幅都大致相同。

表 13.4 列示雙重頂排列的成交量相關統計數據。第一峰位的成交量大於第二峰位，這屬於辨識準則之一，發生的機會為 57%。整個排列（兩個峰位之間）的成交量型態，經常呈現下降趨勢（發生頻率為 56%）。

突破當天的成交量明顯放大（是突破前一天的 191%），然後逐漸縮小。

表 13.4　雙重頂排列的成交量統計數據

說明	統計數據
第一峰位成交量較大的案例百分率	57%
成交量呈現下降趨勢的案例百分率	256/454 相當於 56%
相對於突破前一天，突破當天與 隨後 5 天的成交量	191%，158%，124%， 113%，116%，112%
小量突破，隨後發生回升 走勢的百分率	65%
大量突破，隨後發生回升 走勢的百分率	67%
大量突破或小量突破，隨後 發生的平均跌幅	21%與 15%

　　小量突破是否比較容易發生回升走勢？沒有證據顯示如此。小量突破發生回升走勢的案例佔 65%，大量突破發生回升走勢的比率為 67%。

　　我把大量突破定義為突破量超過突破前一天成交量的 150%，把小量突破定義為突破量低於突破前一天成交量的 75%。如果小量突破的定義門檻由 75%降低為 50%，則只有 62% 的小量突破發生回升走勢。在這種情況下，或許可以歸納出一個結論：大量突破比較容易發生回升走勢。這是合理的現象，因為當股價向下突破的時候，如果大部分持股者都賣出股票，稍後買盤比較容易推升股價，因為上檔沒有賣壓。

　　大量突破的案例，平均跌幅是否較大？沒錯，而且這個

結論具有統計上的顯著意義。大量突破案例的平均跌幅爲
21%，小量突破排列的平均跌幅爲 15%。

交易戰術

表 13.5 建議一些可供運用的交易戰術。首先討論衡量法則，
這是估計股價向下突破之後的最低目標價位。關於衡量法則如
何運用在雙重頂排列，請參考圖 13.9 的例子。雙重頂排列發
生之前，股價由$9^1/$_4$上漲到$15^1/$_8$（圖形沒有顯示），然後形成
頭部型態。就這方面來說，圖 13.9 的排列有些異常，因爲在
第一個峰位發生之前的兩個月，曾經出現更高的價位。雖說如
此，但投資人如果還是準備操作這個排列，首先必須估計獲利
潛能，這也是運用衡量法則的目的所在。

首先，計算排列高度，把排列最高價減去最低價。排列
最高價是第一個峰位的$14^3/$_8$，最低價是兩個峰位所夾谷底的
確認點$12^1/$_8$，排列高度是 2¼點。由確認點（$12^1/$_8$）向下衡
量排列高度，最低目標價位是$9^7/$_8$。目標價位完成於 3 月底。

前述衡量法則的目標價位達成率只有 39%，這意味著只
有三分之一的排列能夠滿足目標價位，所以我們或許應該考慮
另一個比較保守的衡量方法：排列的一半高度。這種情況下，
目標價位達成率可以提高到 70%。對於圖 13.9 而言，如果採
用排列的一半高度（$1^1/$_8$），目標價位爲$11$（$=12^1/$_8$$-1^1/$_8$）。這
個目標在突破當天就完成了。

表 13.5 雙重頂排列的交易戰術

交易戰術	解釋
衡量法則	計算排列最高點與最低點之間的高度，由突破點（亦即是確認點，也是兩個峰位所夾谷底的最低價）向下衡量排列高度，結果就是最低目標價位。這個目標價位的達成率爲 39%；如果取排列的一半高度衡量目標價位，達成率提高爲 70%。
不要交易	最經常發生跌幅只是 10%到 15%之間，謹慎考慮是否值得賣出持股？如果決定賣出，則在第二個峰位附近賣出，如果股價重新向上穿越峰位，立即買回股票（因爲股價恢復上升趨勢）。
峰位接近	挑選峰位間距不大的對象（例如：60 天），這類排列的績效通常比較理想。
谷底很深	爲了提高操作績效，兩個峰位所夾谷底的深度應該稍深，在 15%或以上。
等待突破	第二個峰位完成之後，大約有 65%的案例會向上突破峰位，如果準備針對向下突破進行交易，最好等待收盤價跌破確認點之後再採取行動。收盤價跌破確認點之後，股價至少繼續下跌 5%的機率有 83%。
等待回挫	向下突破之後，三分之二的排列會回升到突破點附近。所以，可以等待回升走勢結束而價格重新下跌。

　　進行一筆交易之前，最好還是察明基本面的情況。大多數的雙重頂排列都發生在基本面轉差的環境下。不幸地，不論是媒體的相關報導，或是經紀商提供的研究分析報告，在情況發生變化的關鍵期間，資料往往最不可靠。在股價頭部附近，經紀商經常調高公司的投資建議等級或盈餘預測。這不能完全

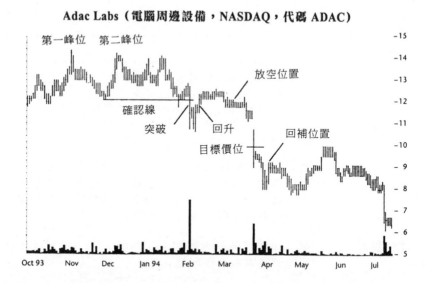

Adac Labs（電腦周邊設備，NASDAQ，代碼 ADAC）

圖 13.9 　衡量雙重頂排列的目標價位。一旦回升走勢結束而價格重新向下反轉，進場建立空頭部位。

歸咎於經紀商，因為盈餘預測原本就是非常困難的工作，而且經紀商本身的判斷也可能受到市場樂觀氣氛的影響。

對於任何一筆交易，你都應該嘗試理解股價走勢呈現某種型態的真正理由。這方面的理解對於雙重頂尤其重要，因為這種排列的最經常發生跌幅很有限（只不過是 10%到 15%之間）。如果你發現公司的基本面確實轉差，或許就更有理由與信心操作雙重頂排列。

雙重頂排列的統計績效既然很差，為什麼還要冒險操作呢？如果你決定不操作這種排列，或許是明智的抉擇；第二個

峰位出現之後，股價可能繼續創新高——尤其是在多頭市場的環境之下。潛在雙重頂演變爲真正雙重頂的機會，大約只有三分之一。某些情況下，雙重頂排列確實可能出現重大的跌勢，但根據圖 13.6 的數據顯示，跌幅超過 50%的案例只佔 4%（379個排列的 17 個）。當然，30%的跌幅也非同小可（發生的機會爲 28%）。

面對雙重頂排列，爲了提高操作績效，可以考慮在第二個峰位出現之後立即賣出股票。大多數情況下，股價可能反彈而重新穿越峰位。若是如此，可以買回股票。反之，如果第二個峰位出現之後，股價直接跌破確認點，那股票就賣在最理想的價位。

如同前文提到的，表現比較理想的雙重頂，經常是那些峰位間距很近，而且所夾谷底很深的案例。圖 13.9 就是這類的例子。兩個峰位相隔 35 天，中間的谷底爲 16%（由最高峰位向下衡量的跌幅），最低目標價位在確認點（$12\frac{1}{8}$）下方的 $2\frac{1}{4}$ 點處，由突破位置衡量的目標跌幅爲 19%，似乎值得操作。

如何拿捏交易的時間呢？唯有當收盤價跌破確認點，雙重頂才算完成（經過確認）。對於圖 13.9 的案例，1994 年 1月底的盤中價格曾經向下穿越確認線，這並不視爲突破，因爲當天的收盤價格沒有跌破確認點。2 月 2 日，收盤價才夾著大量穿越確認線。

向下突破之後，價格經常會回升到突破點附近，這類走勢的發生頻率爲 69%；所以，進場點或許應該設定在回升走

勢結束。請參考圖 13.9，正式跌破確認點之後，第三天的價格收高，隨後三天的走勢繼續回升，然後盤整於突破點附近。一旦價格又開始下跌，才賣出或放空股票。

交易範例

潘小姐是某家大型共同基金公司的執行秘書，非常聰明，人長得又漂亮，經常與基金經理人約會。這段日子裡，她聽到一些投資消息，也學會一些專業術語。最重要者，她與這些人始終保持很好的關係，他們隨時都願意幫忙。

當她看見圖 13.9 的機會，就徵詢這些朋友，這支股票是否適合放空。得到他們的鼓勵，並且自行研究之後，她決定進場放空，時間是 3 月 8 日，成交價位為$12。不久之後，股價開始下跌，很快就滿足下檔目標價位。可是，由於走勢相當疲軟，潘小姐覺得沒有必要急著回補。

3 月 31 日，情況發生變化，當天的價格收高。由於她都是在收盤之後才評估市場行情與個股走勢，所以當天來不及採取行動，只能等待隔天開盤。隔天，價格又恢復跌勢，所以她決定多等一天。

當價格又向上翻升的時候，她決定回補，成交價格為$9。扣除佣金之後，每股獲利將近$3，三個星期的報酬率為 25%。如果她繼續持有空頭部位，獲利原本可以更高。這支股票經過三個月的橫向盤整，最後又展開跌勢，再創低價6\frac{1}{8}$。

❖ 14 ❖

旗形與三角旗形

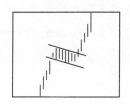 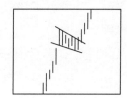

摘要資料

旗形

外觀	由兩條平行趨勢線界定的傾斜矩形狀。
反轉或整理	短期的（長達 3 個月）整理排列。
上升趨勢失敗率	13%。
下降趨勢失敗率	12%。
上升趨勢平均漲幅	19%，最經常發生報酬率 20%。
下降趨勢平均跌幅	17%，最經常發生報酬率 15%。
成交量趨勢	下降。
回升	20%。
回挫	10%。
上升趨勢價格目標達成率	63%。
下降趨勢價格目標達成率	61%
參閱排列	（32）矩形底排列，（33）矩形頂排列。

三角旗形

外觀	由收斂趨勢線界定的傾斜三角形排列。
反轉或整理	短期的（長達 3 個月）整理排列。
上升趨勢失敗率	19%。
下降趨勢失敗率	34%。
上升趨勢平均漲幅	21%，最經常發生報酬率 15%~20%。
下降趨勢平均跌幅	17%，最經常發生報酬率 25%。
成交量趨勢	下降。
回升	17%。
回挫	16%。
上升趨勢價格目標達成率	58%。
下降趨勢價格目標達成率	52%
參閱排列	（40）等腰三角形底部排列，（41）等腰三角形頭部排列，（44）下降楔形排列，（45）上升楔形排列。

旗形（flags）與三角旗形（pennants）看起來很相像，行為也頗為類似。這些排列的期間通常很短，可能幾天之內就完成，很少超過 3 個星期，通常發生在一段快速走勢的中央位置。旗形與三角旗形具有短線投資價值，但手腳必須俐落，才能充分掌握走勢。三角旗形在下降趨勢中的失敗率高達 34%，遠超過我所能夠接受的最高門檻 20%。除此之外，上升趨勢的三角旗形與上升／下降趨勢的旗形排列，失敗率都還不錯，分別為19%與 13%／12%。

　　不論旗形或三角旗形，目標價位達成率都不甚理想，介於 52%到 63%之間，距離我認為可靠型態的 80%門檻差很遠。所以，當你操作這些排列的時候，對於傳統目標價位的預期不可過高。

　　這些排列的最經常發生漲幅（跌幅）不甚可靠，讀數高於平均漲幅（跌幅）。在次數分配圖中，這意味著某個欄位的發生次數雖然最多，但該欄位之前的各欄位發生次數總和很大，使得平均值向下扭曲。

緣起

圖 14.1 是一個典型的旗形排列範例。排列由兩條平行趨勢線界定，期間少於 3 個星期（甚至可能是幾天而已）。這些排列通常都發生在快速的上升或下降走勢過程中（類似圖 14.1 的情況），位置通常是在該走勢的中央附近。一般來說，排列整理方向與趨勢方向相反；換言之，如果旗形或三角旗形發生在下降趨勢內，排列的整理方向朝上（參考圖 14.1 的例子）；反之，上升趨勢內的排列整理方向朝下（參考圖 14.4 的例子）。當然，前述的現象只代表一般狀況，某些旗形或三角旗形的整理方向也可能呈現水平狀，甚至與當時的趨勢方向相同。

　　旗形排列內的成交量型態，通常呈現下降趨勢。這種傾向相當顯著，詳細數據請參考「統計數據」一節。

Advanced Micro Devices, Inc.（半導體，NYSE，代碼 AMD）

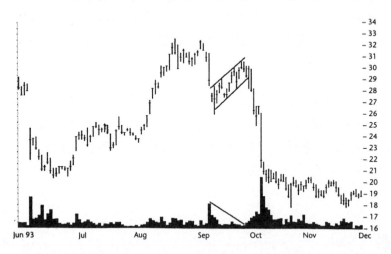

圖 14.1　旗形排列，由兩條平行趨勢線界定，成交量通常呈現下降**趨勢**。

　　圖 14.2 顯示三角旗形的例子。就外觀來說，三角旗形與旗形的唯一差別只在於排列界定的趨勢線：三角旗形的兩條**趨勢**線相互收斂（換言之，兩條趨勢線向右延伸將會彼此相交）。所以，三角旗形的形狀相當於是小一號的楔形。如同前述的**說**明，三角旗形的傾斜方向與當時趨勢方向經常相反；下降**趨勢**的三角旗形朝上，上升趨勢的三角旗形朝下。

　　三角旗形的成交量型態也是呈現下降**趨勢**，這點與旗形排列相同，但發生的頻率更爲普遍。幾乎所有的三角**旗形**案例（**90%**）都存在這種現象。

Circuit City Stores（特殊零售，NYSE，代碼 CC）

圖 14.2 三角旗形排列，由兩條收斂趨勢線界定，狀似上升楔形，但規模較小。

辨識準則

表 14.1 列示旗形與三角旗形的辨識準則。圖 14.3 顯示旗形排列的例子，價格型態由兩條相互平行的趨勢線界定；圖 14.4 顯示三角旗形的例子，界定排列的兩條趨勢線相互收斂。這兩個例子中，排列本身的涵蓋期間都很短（相對於本書介紹的其他排列）。圖 14.3 的旗形涵蓋 12 個交易日，圖 14.4 的三角旗形只涵蓋 8 個交易日。某些情況下，排列可能更短，甚至只是 3、4 天的整理，看起來就像水平狀的矩形——快速價格走勢中的一個小黑塊。原則上，這兩種排列的期間不應該超過 3 個星期；當然，這個期間上限是武斷設定的。在我篩選的案例中，

表 14.1　旗形與三角旗形的辨識特質

特質	討論
界定排列的趨勢線	旗形：排列由兩條平行趨勢線界定。 三角旗形：排列由兩條相互收斂的趨勢線界定。 兩種排列的發展方向與趨勢方向通常相反：排列發生在上升趨勢中，發展方向朝下；排列發生在下降趨勢中，發展方向朝上。
最長期間 3 個星期	旗形與三角旗形屬於短期整理排列，期間通常介於幾天到 3 個星期（21 個交易日）之間。如果排列期間超過 3 個星期，失敗的可能性較高，適合歸納為等腰三角形、矩形或（上升／下降）楔形。
陡峭而快速的走勢	這些排列通常都發生在一段快速而陡峭的走勢中點。所謂「飄揚在旗桿中央的旗形」。如果型態發生之前不存在快速的漲勢或跌勢，最好視為無效的排列。
成交量呈現下降趨勢	排列過程內，成交量型態通常呈現下降趨勢。

只有 16 個排列的期間超過 3 個星期（佔全部案例的 6%），最長的旗形是 32 天，最長的三角旗形為 28 天。

可靠的旗形或三角旗形通常發生在陡峭而快速的趨勢中。趨勢可能朝上或朝下，但價格變動的速度必須夠快，幾天或幾個星期之內就出現重大的走勢。請參考圖 14.3，下降趨勢起始於 1 月 18 日，旗形排列起始於 2 月 1 日，10 天之內就由 $40^3/_4$ 下跌到 $30^1/_8$，約略是 25% 的跌幅。

在圖 14.4 的例子中，關於三角旗形發生之前的價格漲勢究竟起始於哪個時候，看法可能見仁見智，某些人或許認為漲

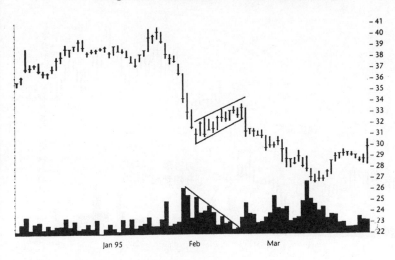

圖 14.3　旗形處在下降趨勢的中點。

勢起始於 4 月初，但我認爲起點是 4 月 26 日。換言之，這波
走勢起漲於$22^3/_8$，6 天之後創三角旗形的高點$31^3/_4$。我把漲
勢起點設定在兩個轉折高點之後的 4 月 26 日，這個起點可以
做爲目標價位的衡量基準。

　　圖 14.3 的旗形朝上發展，圖 14.4 的三角旗形朝下發展，
這都是典型的現象；換言之，旗形或三角旗形的價格整理方向
與當時的趨勢方向相反。另外，這些排列的發生位置，通常在
一段走勢的中點，也是所謂的「飄揚在旗桿中央的旗形」。

　　排列過程的成交量型態，通常都呈現下降趨勢。當然，

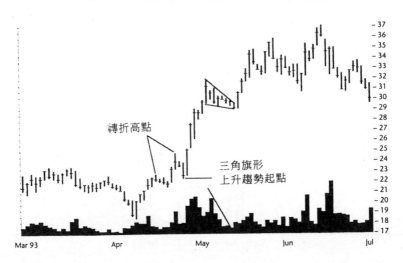

圖 14.4　快速漲勢的發展過程中，出現很小的三角旗形，排列方向朝下，但突破方向朝上。

這並不是鐵則，但基本上都是如此。我希望特別強調一點，如果排列內的成交量趨於上升，也不值得大驚小怪。在 45 個失敗案例中，總共只有 4 個排列的成交量呈現上升趨勢。

如果你嘗試挑選旗形或三角旗形的交易對象，最重要的辨識準則是「快速而陡峭的價格走勢」。如果價格慢條斯理的踏入旗形或三角旗形排列，那就另外尋找對象。總之，這些排列代表急速發展中的喘息階段，價格在幾天之內逆著趨勢方向稍做整理，整理完畢之後，就繼續上路奔馳。

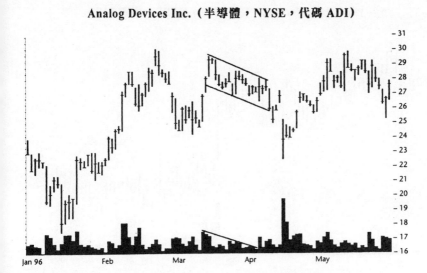

Analog Devices Inc.（半導體，NYSE，代碼 ADI）

圖 14.5 失敗的旗形。旗形整理完成之後，沒有繼續先前的漲勢，理由可能有兩點：先前的漲勢太短，旗形排列本身太長。

失敗案例

如同任何其他型態一樣，旗形與三角旗形也不能完全避免失敗。圖 14.5 顯示旗形排列的失敗例子。旗形排列本身的形狀很標準，由兩條向下傾斜的平行趨勢線界定。成交量也呈現典型的下降趨勢。按照道理，旗形整理結束之後，應該恢復先前的上升趨勢，實際不然，為什麼？可能的原因之一，是旗形涵蓋的期間太長，總共有 26 個交易日。排列期間過長，經常意味著失敗或疲軟的價格走勢（突破之後）。如果旗形或三角旗形的期間超過 20 個交易日，最好不要做為操作對象。

Pier 1 Imports Inc.（特殊零售，NYSE，代碼 PIR）

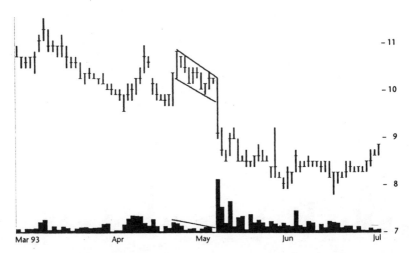

圖 14.6　失敗的旗形。旗形發生之前，只出現 1 天的價格漲勢，動力不足以支持一個有效排列。

　　圖 14.6 是另一個旗形排列的失敗案例。旗形整理結束之後，原本應該恢復先前的漲勢。排列本身的長度不錯，10 天約略是旗形的平均長度；成交量趨勢朝下。可是，排列發生之前的價格漲勢顯然不夠。起漲點與旗形排列高點之間的差距只不過是 1 點，遠不如平均水準 19%。假定旗形或三角旗形真的發生在走勢的中點，那麼這個案例的上檔空間也太有限了。交易者看到這份走勢圖，應該會放棄這個操作機會。

　　圖 14.7 顯示一個發生在下降趨勢中的三角旗形失敗案例。就排列的形狀來說，這個三角旗形很像小一號的等腰三角

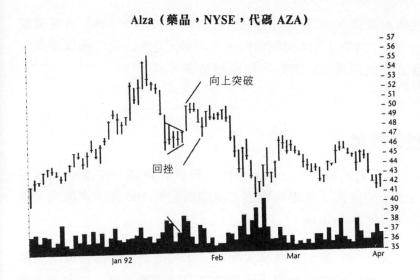

圖 14.7 這個三角旗形看起來像是小一號的等腰三角形。整理結束之後，價格向上突破，然後回挫到三角旗形頂點附近，最後向下發展。

形，但扮演底部反轉型態的功能（在等腰三角形排列中相當罕見）。成交量型態很正常，保持下降趨勢。排列本身由兩條相互收斂的趨勢線界定，看起來不錯。排列出現之前，發生一段18%的跌勢，屬於最典型的狀況。一切看起來都很好，整理結束之後應該立即恢復跌勢，實際上卻不然。為什麼？

圖 14.7 的案例向上突破（與預期的方向相反），回挫到排列上緣盤旋，最後還是向下發展。如果你繼續持有空頭部位，最後還是獲利。可是，我還是把這個例子歸類為失敗，因為排列的突破方向錯誤，沒有立即恢復跌勢。觀察資料庫的案例，

在所有失敗案例中（45 個），大約有 66%（30 個）呈現這類的失敗；換言之，排列朝錯誤方向突破，但立即就回挫或回升，並且朝排列發生之前的方向繼續發展。

統計數據

表 14.2 列示旗形與三角旗形的一般統計數據。在 500 支股票的 5 年期間內，我總共找到 144 個旗形與 106 個三角旗形，數量少於當初的預期。

除了 23 個例外情況，所有的排列都屬於連續型態；整理結束之後，價格又恢復排列發生之前的趨勢方向。失敗率大體上還算合理：下降與上升趨勢的旗形失敗率分別為 12%與 13%，三角旗形的失敗率較高，上升趨勢為 19%，下降趨勢為 34%，後者已經超過可靠型態的最高門檻 20%，儘量避免操作這個型態。

幾乎所有的旗形（87%）與很多三角旗形（75%）的行為都按照預期發展；換言之，排列完成之後，價格繼續朝排列發生之前的方向繼續發展＊。

表 14.2 也顯示旗形與三角旗形發生回升或回挫走勢的頻

＊ 譯按：請參考表 14.2 的數據，旗形排列的案例總共有 144 個，上升與下降趨勢的失敗案例各為 10 個與 8 個，所以有 126 個（或 126/144=87%）旗形的行為按照預期發展。三角旗形也是如此：106-12-15=79，79/106=75%。

表 14.2 旗形與三角旗形的一般統計數據

説明	旗形	三角旗形
排列數量: 1991 年~1996 年 的 500 支股票	144 個	106 個
反轉或整理排列	130 個整理, 14 個反轉	67 個整理, 9 個反轉
上升趨勢的失敗率	10 個或 13%	12 個或 19%
下降趨勢的失敗率	8 個或 12%	15 個或 34%
回挫	7 個或 10%	8 個或 16%
回升	12 個或 20%	5 個或 17%
排列平均長度	11 天	10 天
成交量下降趨勢	112 個或 78%	95 個或 90%

繁程度。針對這兩種排列進行交易,大可忽略回升或回挫走勢的可能性,因爲發生頻率太低。

　　旗形與三角旗形的平均長度分別爲 11 天與 10 天,相當短暫。如同「辨識準則」提到的,這兩種排列的涵蓋期間通常介於幾天到 3 個星期之間。

　　兩種排列的成交量型態大多呈現下降趨勢,具備這種趨勢的旗形排列佔 78%,三角旗形佔 90%。爲了確認這點,我針對排列開始到結束之間的成交量時間序列進行迴歸分析;結果,迴歸直線的斜率確實向下。如同我稍早提到的,如果排列內的成交量呈現放大趨勢,並不足以判定該排列可能失敗。成

表 14.3　　旗形與三角旗形的統計數據：價格上升趨勢

說明	旗形	三角旗形
排列起始於最近 12 個月價格區間的下緣、中央或上緣	下緣 7%，中央 18%，上緣 76%	下緣 7%，中央 9%，上緣 84%
價格趨勢持續期間	62 天	53 天
排列發生之前的平均漲幅	19%	22%
排列發生之後的平均漲幅	19%	21%
排列發生之後的最經常發生漲幅	20%	15%~20%
在成功的排列之中，目標價位達成率	63%	58%

交量呈現上升趨勢的案例當中，只有 4 個失敗排列（佔 9%），但有 41 個成功排列*。

　　表 14.3 顯示價格上升趨勢內的旗形與三角旗形相關統計數據；換言之，排列發生之前，價格呈現上升趨勢，雖然排列本身的價格發展趨勢可能朝下。

---

* 譯按：這些數據顯然兜不攏。根據表 14.2，排列總數量爲 250 個（=144+106），成交量呈現下降趨勢的案例總共有 207 個（=112+95），這意味著成交量呈現上升或其他趨勢的案例有 43 個。根據前述推論，扣除其他趨勢的案例之後，成交量呈現上升趨勢的案例絕對不會超過 43 個，但正文卻說有 45 個（=4+41）。

　　旗形與三角旗形通常都落在年度價格區間的哪個位置？大多數旗形都起始於年度高價附近，76%的案例落在**年度價格區間的上緣**（我把最近 12 個月的價格區間劃分為三等份）。三角旗形則有 84%的案例落在年度價格區間的上緣。

　　關於價格趨勢的持續期間（由排列發生之前的最近轉折低點，衡量到排列完成之後的最近轉折高點），旗形為 **62 天**，三角旗形為 53 天。由於旗形與三角旗形通常都飄揚在旗桿中點，假定進場點設定在排列完成位置（向上突破點），如此建立的多頭部位應該可以在一個月內結束（平均而言）。這意味著你可以在很短暫的期間內，獲取不錯的報酬，然後**另外尋找機會。**

　　為了評估排列發生之前的漲勢陡峭程度，我計算這些漲勢的平均漲幅。旗形與三角旗形發生之前的上升趨勢**平均漲幅**大約都是 20%，這是由起漲點的最低價，衡量到排列起點的**最高價**。我把這方面的數據也納入表 14.3，因為挑選**旗形與**三角旗形的交易對象，必須非常重視排列發生之前的**漲勢陡峭**與快速程度。

　　同樣地，我也計算排列突破之後的平均漲幅。旗形為 19%，三角旗形為 21%，幾乎完全對應排列發生之前的漲幅。所以，稱呼這些排列是「飄揚在旗桿中央的旗形」，真是實至名歸。

　　前幾段討論的都是平均漲幅，所以還需要查核最經常發生漲幅。旗形與三角旗形的最經常發生漲幅都介於 15%到 20%之間，非常接近平均漲幅。

　　關於目標價位，旗形的達成率為 63%，三角旗形的達成率為 58%。我認為 80%以上才足以信賴。這兩個數據都超過50%，這意味著半數以上的旗形都會「飄揚在旗桿中央」，也意味著你對於突破之後的漲勢強度必須保留。

　　表 14.4 顯示價格下降趨勢內的旗形與三角旗形相關統計數據。當行情趨於下降，這些排列落在年度價格區間的哪個位置呢？不論旗形或三角旗形，它們大多落在年度價格區間的中央，意味著排列發生之前的跌勢起始於年度高價附近，快速下跌到年度價格區間中央，開始形成旗形或三角旗形的連續排列，整理完成之後，又繼續下跌。

表 14.4　旗形與三角旗形的統計數據：價格下降趨勢

說明	旗形	三角旗形
排列起始於最近 12 個月價格區間的 下緣、中央或上緣	下緣 24%，中央 60%， 上緣 17%	下緣 23%，中央 66%， 上緣 11%
價格趨勢持續期間	50 天	52 天
排列發生之前的 平均跌幅	18%	17%
排列發生之後的 平均跌幅	17%	17%
排列發生之後的 最經常發生跌幅	15%	25%
在成功的排列之中， 目標價位達成率	61%	52%

關於價格趨勢的持續期間，旗形為 50 天，三角旗形為 52 天。這是指整個價格趨勢由開始到結束的平均期間。因為趨勢的起點與終點經常很難判斷，定義上很困難，所以此處考慮的趨勢是由排列發生之前的最近轉折高點，衡量到排列完成之後的最近轉折低點，必要的情況下，可以再做調整。

排列發生之前的平均跌幅，旗形為 18%，三角旗形為 17%。這是由下跌趨勢開始的最高價，衡量到排列起點的最低價。至於排列發生之後的平均跌幅，兩種型態的數據都是 17%。

大體上來說，這兩種排列都發生在整段跌勢的中點（排列發生之前與之後的跌幅各為 17%），涵蓋期間平均為 50~52 天。短暫的期間內，發生重大的跌勢，這意味著操作機會，細節內容請參考「交易戰術」一節。

排列結束之後的最經常發生跌幅（由排列結束的最高價，衡量到價格跌勢結束的最低價），旗形為 15%，三角旗形為 25%。三角旗形的讀數雖然很大，但這只是意味著跌幅 25% 的案例發生次數很多，但跌幅小於 25% 的欄位發生次數也不少，使得平均數向下扭曲。

在下降趨勢中，旗形與三角旗形完成目標價位的達成率分別為 61% 與 52%。我認為可靠排列的最低門檻為 80%，所以這兩個型態顯然不足，尤其是三角旗形。如果你打算在下降趨勢中操作三角旗形，必須特別留意，向下突破之後的走勢通常沒有辦法到達目標價位。

交易戰術

表 14.5 顯示旗形與三角旗形的交易戰術，請同時參考圖 14.8。關於排列完成之後的最低目標價位，旗形與三角旗形都採用相同的衡量方法。首先，決定價格趨勢的起點，這通常都是排列發生之前的最近轉折高點（下降趨勢）或最近轉折低點（上升趨勢）。圖 14.8 顯示的趨勢起點是 A 點（$47½）。其次，決定排列起點的最低價（下降趨勢）或最高價（上升趨勢）。圖 14.8 的排列起點最低價為 B 點（$42¾）。接著，計算前兩個價位的差距（$4¾=47½－42¾）。由排列突破當天的最高價向下橫量前述距離，結果就是向下突破之後的最低目標價位（或由突破當天最低價向上衡量前述距離，結果就是向上突破之後的最低目標價位）。圖 14.8 的排列突破點最高價為 C 點（$43），由此向下衡量$4¾，下檔的目標價位為$38¼；結果，在向下突破之後的 13 個交易日，走勢完成目標價位。

當你打算操作旗形或三角旗形排列，首先必須確定型態的有效性。關於這方面的查核，請運用表 14.1 的辨識準則。

表 14.5　旗形與三角旗形的交易戰術

交易戰術	解釋
衡量法則	計算趨勢起點與排列起點之間的價格差距，排列完成之後應該向上（上升趨勢）或向下（下降趨勢）移動相同的距離。
等待突破	一旦價格穿越排列的界定趨勢線，進場建立部位。

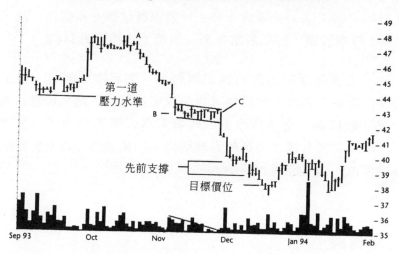

Murphy Oil Corp.（綜合石油，NYSE，代碼 MUR）

圖 14.8 旗形與三角旗形的衡量目標價位。估計排列向下突破之後的目標價位。計算先前最近轉折高點（A 點）到排列起點的最低價（B 點）之間的距離。由排列結束的最高價（C 點）向下衡量該距離，結果就是最低目標價位。

利用衡量法則計算交易的獲利潛能，然後評估獲利潛能與潛在風險之間的關係。觀察上檔壓力或下檔支撐，計算進場價位與這些關鍵價位之間的距離，藉以衡量空頭部位或多頭部位的潛在風險。然後，比較部位潛在風險與獲利潛能之間的關係，兩者最好維持 1：4 或以上的比率。

就圖 14.8 的例子而言，假定在 $43 放空股票，下檔目標價位為 $38¼，獲利潛能為 $4¾（ =43–38¼）。萬一價格沒有朝預期方向突破，反而朝上發展，首先可能停頓於 $44 的壓力區，

其次是 $45；所以，潛在風險是 1 點（=44–43）或 2 點（=45–43）。
風險與報酬之間的比率為 4.75：1，意味著這筆交易值得一試。
在 $43 放空股票，停損設定在第一道壓力的稍上方 $44^1/_8。

　　一旦價格穿越排列的界定趨勢線，進場建立部位；當走
勢接近衡量法則預計的目標價位，就準備獲利了結。可是，由
於統計數據顯示很多旗形或三角旗形案例都不能達成目標價
位，所以需要有提早出場的心理準備。如果執意等待走勢到達
目標價位，很可能轉盈為虧。

交易範例

假定目前是 1993 年 11 月底，你考慮操作圖 14.8 的股票。由
於這支股票當時處於下降趨勢，而且形成一個旗形排列，你準
備在向下突破的過程中放空股票。按照統計數據顯示，下降趨
勢的旗形排列只有 61%能夠完成目標價位，這種程度的績效
顯然太差，需要特別留意。

　　你追蹤這支股票的走勢，觀察盤中價格的變動，當你發現
價格向下穿越排列下側趨勢線，立即撥電話給經紀人，下達放
空股票的指令，結果成交價格為 $42，稍高於當天的收盤價
$41½。

　　你回頭觀察過去一年的價格走勢，發現下檔 $40 與 $39 分
別都有支撐。你相信——或期待——股價會貫穿第一道支撐，
但第二道支撐恐怕很難突破。事實上，第二道支撐非常接近目

標價位$38¼，此處應該顯露強勁的買盤力道。

　　股價下跌到$40 附近，開始呈現橫向走勢。你查核基本面資料與技術指標，發現一切都沒有問題，所以繼續持有部位。

　　最後，價格向下貫穿$40 的支撐，跌到$39 附近，但跌勢顯然又停頓。跌破第一道支撐當天的收盤價為$39，隔天價格走高。你決定在次一天回補空頭部位，因為此處的風險已經超過進一步獲利的潛能。結果，你的買單成交於$39，每股獲利大約是$3。就 2 個星期的時間來說，獲利相當不錯。如果換算為年度報酬率，結果是……。

❖　15　❖

高位緊密旗形排列

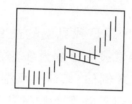

摘要資料

外觀	股價上漲一倍以上，然後形成幾天到幾個星期的狹幅旗形整理。
反轉或整理	短期的（長達 3 個月）多頭整理排列。
失敗率	32%。
等待突破之後 　的失敗率	17%。
平均漲幅	63%，最經常發生漲幅介於 20% 到 30%，漲幅超過 50% 的案例佔 44%。
成交量趨勢	下降。
回挫	47%。

最近，在研究旗形與三角旗形排列的過程中，我意外發現很多高位緊密旗形排列（high, tight flags）。更讓我覺得意外的是它們的績效。失敗率高達 32%，或許不甚理想，但等到向上突破之後，失敗率下降為 17%，已經低於可靠型態的最低門檻20%。所以，只要等待突破，高位緊密旗形屬於操作績效不錯的排列。

平均漲幅為 63%，這是我見過的最高水準。另外，次數分配的資料顯示，最經常發生漲幅大多落在 20%與 30%之間，而且漲幅超過 90%的案例佔 33%，漲幅超過 50%的案例佔44%。兩個月期間內能夠取得 50%的獲利，這類的機會顯然非常值得深究！

緣起

圖 15.1 是高位緊密旗形排列的典型例子。不到兩個月的期間內，價格由低點$14 上漲到旗形高點$30¾。旗形排列本身的成交量型態呈現下降趨勢。經過短暫整理之後，價格向上突破，繼續走高。又經過兩個月，股價創峰位$120。

高位緊密旗形屬於標準的動能型態。如果股價在短期間內出現 100%以上的漲幅，通常都需要稍做整理喘息。這代表投資人進場買進的機會，藉以掌握後續的漲勢。可是，如何正確辨識高位緊密旗形排列呢？

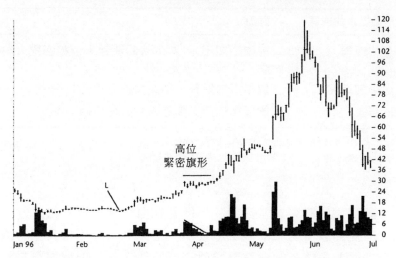

圖 15.1　高位緊密旗形。兩個月期間內，價格由$30上漲到$120。

辨識準則

所謂「高位緊密旗形」，名稱實在不太恰當，因爲排列結構通常全然不像旗形。少數情況下，價格排列確實類似旗形（例如：圖 15.1 的例子）；可是，一般來說，排列初期經常出現短暫的突兀跌勢（持續一、兩天），接著向上反彈，然後呈現下降或水平狀的整理，整理完畢之後，向上突破繼續走高。

　　這個排列因爲威廉・歐尼爾（William J. O'Neil）在《股票賺錢術》（*How to Make Money in Stocks*）一書的推廣而普遍被接受。歐尼爾提出排列的一些辨識特質，內容請參考表 15.1。

表 15.1   歐尼爾：高位緊密旗形的辨識特質

歐尼爾提出的特質	討論
顯著的漲勢	持續期間不足 2 個月的漲勢，價格漲幅大約是 100%到 120%之間。
旗形排列期間	價格橫向盤整，期間大約 3~5 個星期。
旗形修正	旗形排列內，價格跌幅不得超過 20%。

附註：按照這些篩選準則，平均漲幅為 69%，但總共只有 6 個案例（按照我的準則篩選，總共有 81 個案例，包括 26 個失敗案例）。

　　歐尼爾的說明非常清楚，但問題是他所沒有提到的部分。他沒有提到股價呈現倍數上漲之前，應該有一段相當長期的橫向走勢。某些分析師把這點視為必要條件之一，但歐尼爾在他的書中至少提到一個例子，在 2 個月漲勢邁入旗形整理之前，曾經出現穩定的上升趨勢。這份走勢圖顯示的低價在$26 附近，旗形則出現在$100 左右。

　　我認為這種延伸性的漲勢是必要條件。這意味著觀察重點只是：價格在 2 個月之內上漲一倍，然後出現整理。依此類推，股票可以是：上漲一倍／整理（出現高位緊密旗形）／又上漲一倍／又整理（再度出現高位緊密旗形）。在資料庫內，我找到幾個這類的例子。就我採用的篩選準則來說，其中沒有假定當時處在哪種價格趨勢中（換言之，這種價格型態未必要發生在一段長期而平坦的底部之上）。

　　某些分析家認為，旗形整理階段的成交量型態應該呈現下降趨勢，然後夾著大量向上突破。同樣地，歐尼爾沒有把成

交量型態視為必要條件，我的篩選準則也不考慮這點。可是，統計數據顯示，成交量呈現下降趨勢，*確實*能夠提升排列績效。

最後，歐尼爾也沒有提到這個排列的操作方法。按照推理，一旦察覺高位緊密旗形排列，就應該買進。不幸地，這個排列的失敗率高達 32%；所以，如果你只是單純買進，恐怕經常失敗。就如同大多數其他排列一樣，最好等待突破之後才進場。

我如何篩選這些旗形排列呢？我讓電腦尋找價格在兩個月以內曾經出現 100%漲幅的所有案例。然後，利用肉眼實際觀察這些案例，重點是附近的整理區間。如果整理區間位在 100%漲勢附近，就接受它們為高位緊密旗形。我沒有考慮旗形排列的期間與向下修正的限制（如同表 15.1）。稍後討論的統計數據顯示，排列期間與修正幅度的限制確實可以提升排列的績效，但程度很有限。

圖 15.1 的例子完全符合歐尼爾的準則，但圖 15.2 的例子則否（如果嚴格套用這些準則的話）。圖 15.2 的股票在 7 月初觸及$5¼的低點（標示為 L），然後開始走高。9 月初，股價上漲到$10¼，漲幅稍微不足 100%。嚴格來說，95%確實不符合歐尼爾的準則，但已經夠接近了。高位緊密旗形排列本身，涵蓋期間為 38 天，價格向下修正的幅度為 22%；相對於歐尼爾的準則，時間超過 3 天，幅度超過 2%。讀者或許認為，這些條件已經夠接近了。我把這個例子視為高位緊密旗形，但測試績效的過程中，則認為這個例子不符合歐尼爾的準則。為了運用電腦程式，我必須把一些模糊的字眼轉換為死板的規定。根

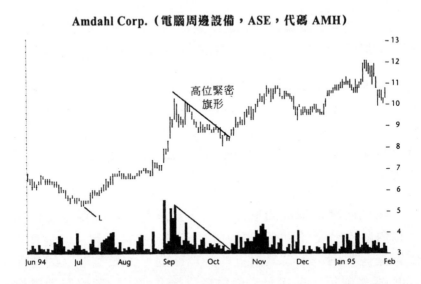

Amdahl Corp.（電腦周邊設備，ASE，代碼 AMH）

圖 15.2　嚴格來說，這個高位緊密旗形幾乎違反歐尼爾的全部準則。旗形整理之前，股價在 2 個月內出現 95%的漲幅（由圖形標示 L 的位置向上衡量）。旗形排列本身涵蓋 38 天，向下修正幅度為 22%。突破之後的漲幅為 33%（由 9 月初峰位最高點向上衡量）。

據歐尼爾的準則與我的準則，我比較兩者篩選案例的績效，這方面的細節內容請參考稍後討論的「統計數據」。現在，回到圖 15.2 的例子，這個旗形突破之後，漲幅為 33%，遠不如排列的平均漲幅。

表 15.2 列示我採用的準則。這個排列的最重要特色是：一段快速而猛烈的漲勢。在我挑選的案例中，總共有 10 個排列的漲幅超過 90%，但不足 100%。大多數案例的漲勢都發生在 2 個月之內，最長案例超過一星期（67 天）。總之，重點是：

表 15.2　　高位緊密旗形的辨識特質

特質	討論
顯著的漲勢	持續期間不足 2 個月的漲勢，漲幅至少 90%。兩個月期間漲幅超過 115%的案例績效最佳。
尋找整理排列	在既有的上升趨勢中，尋找價格整理的區域。
成交量下降趨勢	成交量在旗形排列內呈現下降趨勢，這類案例的績效最佳。

附註：就績效來說，我的準則與歐尼爾準則大致相同；就篩選的案例數量來說，我的準則是歐尼爾準則的六倍以上。

股價在很短期間內上漲一倍。

按照價格與時間的準則找到適當對象之後，接著尋找附近的整理區域。大部分情況下，整理區域都非常接近。我的篩選準則不考慮整理期間的長度，也不理會排列內價格向下修正的幅度。重點是：非常清楚的整理區域。

最後一項辨識準則，實際上不是基於辨識目的而設定的條件，只不過是為了提高績效。旗形排列內的成交量呈現下降趨勢，這類案例的績效比較理想。可是，我並不會因為成交量呈現上升趨勢，就剔除某個高位緊密旗形排列──雖然我相信這類案例的績效較差。

失敗案例

在高位緊密旗形排列的向上突破過程中，買進股票也不免涉及

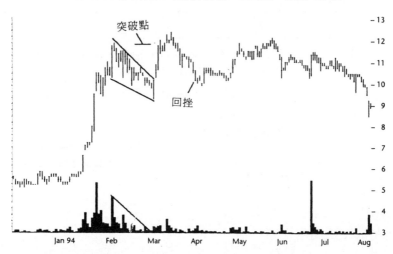

圖 15.3 高位緊密旗形排列的 5%失敗案例。價格向上突破旗形排列之後，沒有出現 5%或以上的跟進漲勢。在所有向上突破的案例中，總共有 17%發生這類的失敗。

風險。圖 15.3 顯示我所謂的 5%失敗案例。向上突破的高位緊密旗形總共有 66 個，其中有 11 個案例（17%）沒有出現 5%或以上的跟進漲勢。由於我們預期這種排列屬於上升趨勢的連續型態，整理結束之後應該繼續上漲；所以，對於沒有發生 5%或以上跟進漲勢的排列，我們視其為失敗案例。

在圖 15.3 中，整理排列發生之前，呈現一段幾乎是直線狀的漲勢。隨著漲勢停頓，成交量也立即萎縮。價格在旗形排列的向下整理過程中（此處標示兩條向下傾斜的趨勢線），成

交量趨勢明顯下降。旗形的涵蓋期間大約一個月，然後價格向上突破。突破之後，漲勢沒有持續多久，接著就回檔到排列底部附近，橫向盤旋幾個月，最後還是向下發展。

如果把排列最高點視為突破點，圖 15.3 屬於 5%失敗案例（因為突破之後沒有出現 5%或以上的跟進漲勢）。反之，如果你把價格向上穿越排列上側趨勢線的位置視為突破點，這個例子屬於成功的排列。如果以後者為基準（換言之，以趨勢線突破為基準），則高位緊密旗形只有 11 個 5%失敗案例。

可是，某些情況下，旗形排列本身呈現不規則狀，很難由趨勢線界定，突破的位置也不明確，所以我把排列最高點視為突破點。這可能會對於統計數據造成一些偏頗的影響，但如果遇到不可避免的情況，還是保守一點。

順便提及一點，圖 15.3 的高位緊密旗形排列完全符合歐尼爾的準則。不幸地，突破之後的漲勢在向下反轉之前，只出現 4%的漲幅。

圖 15.4 則顯示一個徹底失敗的高位緊密旗形例子。最初，這個排列看起來很不錯。波段走勢起漲於 10 月初的$12½，12月初創$27 的高價——價格在 2 個月內上漲超過 100%。然後，價格緩步下滑，形成狹幅整理的旗形排列……而且價格繼續下跌。雖然符合歐尼爾提出的全部條件，但該排列並沒有向上突破而繼續走高。3 月底，股價創$11½的新低，把先前的全部漲幅完全吐出。這個例子可以凸顯高位緊密旗形排列在操作上的風險。除非等待向上突破，否則你可能陷入虧損。

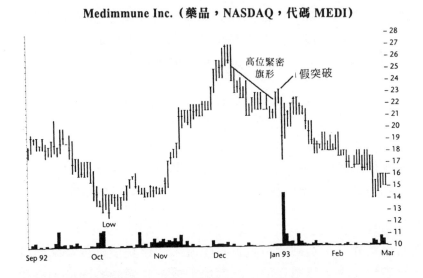

圖 15.4　　這個排列符合高位緊密旗形的所有條件，但沒有向上突破。3 月底，這支股票完全吐回先前的漲幅。

統計數據

關於績效評估，很難解釋歐尼爾的篩選準則。最初，我認為自己誤解歐尼爾的意思，旗形長度只要不太長就應該可以了（不超過 5 個星期）。經過查證之後，歐尼爾確實把旗形長度限定在 3~5 星期之間。其他人顯然也是如此解釋。

表 15.2 的上半部列示歐尼爾篩選準則各種解釋版本的績效，下半部列示我自己的準則。由上往下，每列準則設定的條件大體上愈來愈嚴格。歐尼爾的第 I 列規定：旗形發生之前曾經在 2 個月內出現 100% 以上的漲幅，但不得超過 120%，旗

表 15.3　高位緊密旗形：各種篩選準則的相關統計數據

	歐尼爾的準則	漲幅（%）	失敗案例 / 排列數量
I	100~120%漲幅， 旗形期間最長 5 星期， 旗形向下最大修正 20%	47	9/38 或 24%
II	100~120%漲幅， 旗形期間最長 5 星期， 旗形向下最大修正 20%， 等待突破	64	0/29
III	100~120%漲幅， 旗形期間介於 3~5 星期， 旗形向下最大修正 20%， 等待突破	69	0/6
IV	100~120%漲幅， 旗形期間最長 5 星期， 旗形向下最大修正 20%， 等待突破， 成交量趨勢下降	68	0/20
	我的準則	漲幅（%）	失敗案例 / 排列數量
V	最小漲幅 90%， 成交量下降，等待突破	65	0/40
VI	最小漲幅 95%， 成交量下降，等待突破	63	0/36
VII	最小漲幅 100%， 成交量下降，等待突破	63	0/35
VIII	最小漲幅 105%， 成交量下降，等待突破	75	0/29
IX	最小漲幅 110%， 成交量下降，等待突破	84	0/24
X	最小漲幅 115%， 成交量下降，等待突破	93	0/15

形本身的長度介於 0~5 個星期，旗形排列向下修正的幅度不超過 20%。在我的資料庫內（1991 年~1996 年的 500 支股票），符合前述條件的案例總共有 38 個，其中 9 個失敗，剩餘 29 個排列的平均漲幅為 47%✥。

　　按照上述準則，如果等待價格向上突破（向上穿越旗形排列最高價），則前述 9 個失敗案例將被剔除，平均漲幅提高為 64%（參考表 15.2 第 II 列）。

　　如果限定旗形排列的最短期間，平均漲幅可以提高到 69%，但總共只有 6 個符合條件的案例。我不認為這是適當的做法，因為排列績效（平均漲幅）的提高程度有限，但符合條件的案例數量減少太多。如果不限制排列的最短期間，改用成交量呈現下降趨勢的條件，符合條件的排列有 20 個，其中沒有失敗案例，平均漲幅為 68%。

　　我放寬歐尼爾的一些準則，只採用下列條件篩選案例：2個月內出現 90%或以上漲幅的走勢，成交量呈現下降趨勢，整理排列向上突破。結果，我找到 40 個排列，沒有任何失敗案例，平均漲幅為 65%。接下來，我把漲幅條件依次增加 5%，其他條件維持不變，重複統計排列的績效。符合條件的排列數量當然愈來愈少，但始終沒以出現失敗案例。至於平均漲幅的數據方面，除了 95%與 100%兩個情況出現下降之外，提高走勢漲幅條件（由 100%依次提高到 115%）都造成平均漲幅增

✥ 譯按：所謂的「平均漲幅」顯然包括失敗案例在內。

加。如果把走勢漲幅提高到 120%或以上，平均漲幅開始下降。

為了篩選數量較多的案例，應該考慮採用比較寬鬆的條件，只要排列績效不至於因此受到顯著影響。由另一個角度說，在歐尼爾的準則中，我逐次剔除其中的某個條件，結果發現每個條件對於排列績效都有正面影響，但影響程度都不超過 4%。舉例來說，如果剔除「旗形排列本身的向下修正幅度不得超過 20%」的條件，排列績效（平均漲幅）由 64%下降為 63%。沒錯，這個條件確實有價值，但我們可以歸納下列結論：這個條件造成篩選案例數量大幅減少，卻沒有顯著提高績效。

在歐尼爾的準則中，如果剔除某個條件，是否會因此而造成排列績效提高呢？這種情況唯有剔除「100%~120%漲幅」的條件。就我的資料庫而言，績效最佳的漲幅區間是介於 110% 與 140%之間。

這些統計數據究竟有什麼意義呢？我認為「平均漲幅 65% 的 40 個合格案例」（第 V 列）優於「平均漲幅 69%的 6 個合格案例」（第 III 列），因為前者提供的進場／賺錢機會較多。關於表 15.4 與 15.5，其中的統計數據都採用我的篩選準則。

表 15.4 顯示高位緊密旗形的一般統計數據，採用我的篩選準則（參考表 15.2）。在 2,500 年的日線資料中，我找到 81 個案例，非常罕見的排列。

這些案例大多屬於既有趨勢的整理型態（佔 78%），其餘案例屬於反轉排列，而且都是失敗案例。

表 15.4　高位緊密旗形排列的一般統計數據

説明	統計數據
排列數量： 1991 年~1996 年的 500 支股票	81 個
反轉或整理排列	63 個整理，18 個反轉
失敗率	26/81 相當於 32%
等待向上突破 　之後的失敗率	11/81 相當於 17%
成功排列的平均 漲幅	63%
最經常發生漲幅	20%~30%
排列平均長度	20 天
成交量呈現下降趨勢 的案例百分率	60/81 相當於 74%

附註：這些統計數據是採用表 15.2 的準則，唯一例外是成交量呈現下降趨勢。

　　失敗率為 32%，讀數相當高。可是，如果等待向上突破的話，失敗率下降為 17%。我認為可靠型態的失敗率應該低於 20%，所以針對目前這個排列採取行動之前，應該等待向上突破。

　　案例平均漲幅的水準很高 63%。請注意，為了增加合格案例的數量，目前的篩選準則沒有規定成交量必須呈現下降趨勢。如果納入前述的成交量條件，績效提高為 65%，這是由排列最高價向上衡量。衡量績效不是採用突破當天的最低價，而採用排列最高價，這會造成績效下降。透過這種方法，5%

失敗案例將由 11 個減少爲零，但平均漲幅提高。可是，一般的失敗案例仍然爲 4 個，所以這種方法還是不完美。

圖 15.5 顯示高位緊密旗形排列的漲幅次數分配。如果不考慮最右端漲幅超過 90%的次數，那麼發生次數最高的漲幅爲 20%與 30%，我視此爲最經常發生漲幅。可是，畢竟有 33%的案例漲幅超過 90%，真正的最經常發生漲幅應該更高。

排列的平均長度爲 20 天，這意味著歐尼爾把排列長度設定在 3 星期~5 星期之間，或許不太恰當。

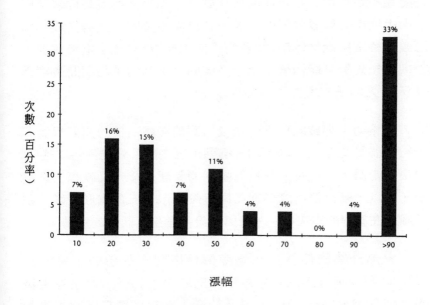

圖 15.5　高位緊密旗形排列的漲幅次數分配　漲幅超過 90%的案例數量相當多，使得平均漲幅向上扭曲。

很多排列的成交量型態都呈現下降趨勢（大約佔 74%）。在 21 個失敗案例中，6 個排列（佔 29%）的成交量型態呈現上升趨勢。在成交量呈現上升趨勢的成功排列中，大約半數案例（53%）的漲幅低於平均水準。這些統計數據似乎能夠更進一步支持成交量下降趨勢對於排列績效的助益。

表 15.5 顯示突破相關的統計數據。大多數排列向上突破（佔 81%），其中只有 17% 發生 5% 失敗走勢。

在向上突破的案例當中，47% 出現回挫走勢，發生的頻繁程度還不足以據此擬定任何操作戰術。如果你發現高位緊密旗形向上突破之後發生回挫走勢，就應該等待回挫走勢完成。你應該等待回挫走勢停頓，而且價格向上反轉，然後才進場買進，否則回挫走勢可能繼續走低。完成回挫走勢的平均期間長度為 11 天，大約是本書排列的平均水準。

價格向上突破旗形排列之後，到達最終高價的期間很短，平均只需要 2 個月（70 天）。排列出現之前，曾經發生 2 個月的快速走勢，經過幾天到幾個星期的整理之後，又恢復上升趨勢。所以，高位緊密旗形就如同一般旗形或三角旗形一樣，都是飄揚在旗桿的中央——之前與之後都發生 2 個月的漲勢。

大部分案例都發生在年度價格區間三等份的上緣（佔 92%），極少部分發生在年度區間的中央。另外，發生在上緣的排列平均漲幅為 70%，遠高於發生在年度價格區間中央的案例（平均漲幅為 34%）。請注意，沒有任何案例落在年度價格區間的下緣。

表 15.5　高位緊密旗形排列的突破相關統計數據

說明	統計數據
向上突破	66/81 相當於 81%
向下突破	15/81 相當於 19%
向上突破而發生 5%失敗	11/66 相當於 17%
回挫	31/66 相當於 47%
完成回挫走勢的平均期間	11 天
對於成功的排列，突破與 最終高點的相隔時間	2 個月（70 天）
突破點位在最近 12 個月價格區 間的下緣、中央或上緣	下緣　0% 中央　8% 上緣 92%
前述突破位置的 平均漲幅	下緣　0% 中央 34% 上緣 70%

交易戰術

表 15.6 列示高位緊密旗形排列的交易戰術。這個型態的目標
價位沒有公認的衡量方法。可是，在 55 個成功排列當中，大
約有四分之一案例（13 / 55 相當於 24%）的突破之後漲幅大
於排列發生之前的漲幅。換言之，相當數量的排列發生在整段
走勢的中點。

　　關於高位緊密旗形排列，實際上只有一種交易戰術，請
參考圖 15.6。當股價向上突破旗形排列，進場買進。某些情

表 15.6　　高位緊密旗形排列的交易戰術

交易戰術	解釋
衡量法則	無。排列可能發生在整段漲勢的中點，你可以藉此衡量向上突破的目標價位，但最好稍微保守一點。
突破之後買進	買點設定在旗形排列向上突破的位置。如果你不能確定突破點，不妨等待價格向上穿越旗形排列的最高價。

Fairchild Corporation A（工業服務，NYSE，代碼 FA）

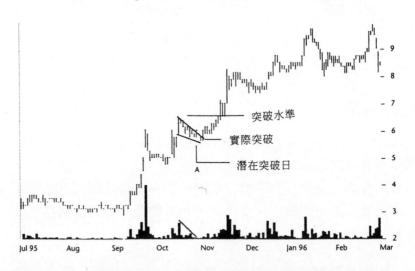

圖 15.6　　高位緊密旗形排列，價格呈現階梯狀漲勢。你打算如何操作？當價格向上突破旗形排列，立即進場買進。你可以把買點設定在價格向上穿越排列上緣趨勢線，但如此會提高風險。

況下，突破價位很難判定。如果你仔細觀察圖 15.6，在旗形排列「實際突破」之前 3 天，股價似乎已經穿越上側趨勢線。很多情況下，你沒有辦法繪製高位緊密旗形的界定趨勢線，所以很難判斷突破的位置。基於這個理由，我把突破點設爲排列的最高價，這也是圖 15.6 標示「突破水準」的位置。如果你對於這個準則有所懷疑，請回頭參考圖 15.2。股票創新高之後的第五天，股價突然上揚而開始形成高位緊密旗形排列。價格很快又下向發展。在價格穿越排列最高價之前，大約經過一個月的時間，一個月之內可能發生很多事故！另外，圖 15.4 的假突破可能是更好的例子。當價格穿越排列上側趨勢線，如果你在這個位置進場買進，必定發生虧損；如果等待價格穿越排列最高價，你根本不會進場。

建立多頭部位之後，只要上升趨勢沒有變化，就繼續持有部位。整個上漲過程通常不會呈現直線狀走勢。股價發展會交替出現整理／上漲的階梯狀走勢，請參考圖 15.6。9 月中旬，在價格峰位爆出大量之後，股價曾經稍微回檔整理，然後才繼續上漲，並且形成高位緊密旗形排列。整理結束之後，又開始上漲，這段漲勢在 12 月份又出現整理。這種上漲／整理的階梯狀走勢持續一陣子，只要結構沒有發生根本的變化，就繼續持有多頭部位。

交易範例

老周是一個痴漢，我這麼說完全是基於善意。當然，他非常不可靠，但永遠是個甘草人物。始終精力充沛，對什麼都很熱忱，

他操作股票的方法，就像他過日子一樣的漫無頭緒。

當他看見圖 15.6 的高位緊密旗形排列，一點也不打算浪費時間，當價格穿越排列上側的趨勢線，立即進場買進（圖形中標示 A 點的位置）。

他把停損設定在當時排列下緣的 1/8 點處（$5⅝）。兩天之後，他被停損出場。

「這裡一點，那裡一點，很快就聚少成多。」他喃喃地向我抱怨交易的經過。

經過幾天的休息，等到股價向上穿越排列的最高價$6½，他又再度進場買進，成交價格也剛好是$6½。他認為旗形排列本身就代表下檔支撐，所以把停損設定在排列的底部。可是，他沒有把停損單實際遞出，只採用心理停損（換言之，停損設定在腦海裡）。採用心理停損當然沒有問題，只要到時候真的願意扣動扳機的話。可是，就老周的個性來說，心理停損實在非常不可靠。

老周時常查閱走勢圖，嘗試瞭解最近的股價發展。年底左右，股價攀升到$8附近，以此為底部，盤整很長一段期間。這個時候，老周把心理停止價位調高到$7¾。

不久，股價又向上攀升。整個走勢似乎有意忽略 1 月初與 2 月底的雙重頂排列，老周也沒有留意這個空頭型態。4 月份的時候，股價再創新高，默默宣佈先前的雙重頂排列無效。

4 月中旬，當股價向上穿越 $13 的時候，老周開始留意了。他看見股價由 $13¼ 回檔，低點觸及 $11¹/₈。不久，股價又快速上漲。老周沿著最近走勢的下緣，繪製一條上升趨勢線，當價格向下貫穿趨勢線的時候，他打電話給經紀人，賣出股票。結果，成交價格是 $13⁵/₈，距離最高價 $15⁷/₈ 還有一段差距，但他表示「已經夠接近了」。扣除佣金成本之後，在不足 8 個月的期間內，他獲利 108%。

跳空缺口

摘要資料

外觀	由於該時段低價高於前一時段的高價（向上跳空缺口），或該時段高價低於前一時段的低價（向下跳空缺口），價格走勢圖出現一段沒有成交價格的缺口。
反轉或整理	短期（長達 3 個月）整理
區域、普通或型態缺口	90%的缺口案例，在一個星期內填補。填補的平均時間為 6 天。

上升趨勢

缺口類型	一週內填補（％）	填補平均期間（天）
突破缺口	1	83
連續缺口	11	70
竭盡缺口	58	23

下降趨勢

缺口類型	一週內填補（％）	填補平均期間（天）
突破缺口	6	86
連續缺口	10	43
竭盡缺口	72	17

價格缺口總共有五種類型，本章準備討論其中四種。我們不打算討論除息缺口（ex-dividend gap），因為這種缺口很罕見，而且也沒有技術上的意義。除息缺口通常出現在公用事業類股或其他支付高股利的股票。在股票的除息日，股價必須向下調整，幅度剛好等於每股支付的股利。所以，在除息日當天，開盤價經常會向下跳空，但這種缺口很可能當天就被填補，根本看不出來曾經存在缺口。

我所謂的填補缺口，是指價格回到缺口而完全封閉缺口。區域缺口（area gap，又稱為普通缺口[common gap]與型態缺口[pattern gap]）很容易被填補，大約有 90%的區域缺口在 1 個星期內被填補。

關於各種缺口的填補平均期間，請參考「摘要資料」。某些缺口很容易被填補，例如：竭盡缺口（exhaustion gap），它們發生在趨勢的末端，價格反轉之後很容易把缺口填補起來。另一些缺口比較不容易被填補，例如發生在趨勢起點的突破缺口（breakaway gap）。連續缺口（continuation gap）則發生在一段走勢的中間。

緣起

就日線圖而言，向上跳空缺口是指今天的低價高於昨天的高價，兩支線形之間夾著一段沒有成交價格的缺口。同理，向下跳空缺口是指今天的高價低於昨天的低價。不論向上或向下的價格缺口，跳空走勢經常是受到某種極端力量的驅使。某些情況下，跳空缺口只代表股票價值因為分派股利而減少。其他情況下，跳空缺口的意涵很複雜。如果公司的盈餘能力全然不同於市場的預期，股價可能開盤就跳空上漲 10%或 15%，或跳空下跌 30%；至於缺口的大小，則取決於消息的嚴重程度。

　　圖 16.1 呈現許多不同類型的缺口。區域缺口或普通缺口經常發生在橫向盤整區間，當時的交易往往很清淡，這些缺口沒有任何意義，經常很快就被填補。突破缺口發生在某個**趨勢**的起點。這類缺口時常出現，一般都伴隨著大成交量。連續缺口（通常稱為逃逸缺口[runaway gap]或衡量缺口[measuring gap]）比較少見，發生在一段強勁走勢的中點。這類強勁走勢本身就非常罕見，夾著連續缺口的走勢當然更少見。竭盡缺口發生在**趨勢**的末端，這些缺口一旦出現，通常都意味著價格即將反轉。

辨識準則

表 16.1 列示價格缺口的辨識準則。區域缺口、普通缺口或型態缺口都是指相同類型的缺口而言。這些缺口都發生在價格整理區間之內。走勢圖經常點綴著這種勾狀缺口，通常都在一個星期內就被填補。圖 16.2 顯示許多這類勾狀的特色。舉例來

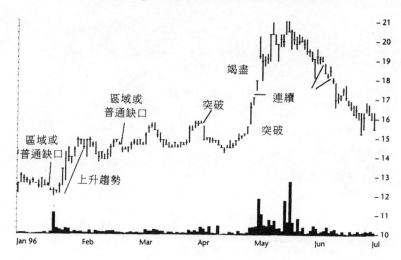

圖 16.1　日線圖出現很多缺口，最常見的是區域缺口，或稱爲普通缺口。

說，3 月底曾經出現一個向下跳空缺口，隔天就被塡補。這種快速的勾狀走勢，就是區域缺口的特質。一般來說，區域缺口發生之後，不會立即出現新高價或新低價。

區域缺口當天的成交量可能很大，但通常很快就萎縮下來。請參考圖 16.2 在 1 月底的情況。缺口當天爆出突兀狀成交量，但隔天立即恢復常態。

突破缺口意味著新趨勢的開始。成交量顯著放大，價格向上（或向下）跳空之後，走勢持續上漲（或下跌），並且創新高價（或新低價）。

Advanced Micro Devices, Inc.（半導體，NYSE，代碼 AMD）

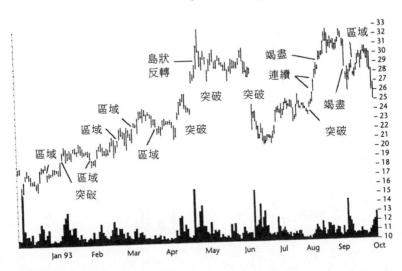

圖 16.2 各種缺口類型，包括勾狀特質的區域缺口。判斷缺口的類型，必須留意當時的成交量型態，以及缺口發生在趨勢中的位置。

　　請參考圖 16.2 發生在 1 月初的突破缺口，價格連續上漲三天，伴隨著明顯放大的成交量。然後，價格開始走平，呈現幾個星期的橫向走勢，接著出現向下跳空的區域缺口。兩天之後，又出現一個向上突破缺口（圖形上沒有標示），價格連續三天創新高。

　　4 月中旬出現一個很大的缺口，同時爆出大量，這很可能是竭盡缺口，但因為跟進的漲勢非常明確（價格創新高），所以圖形內標示為突破缺口。6 月初又發生類似的情況，但方向朝下；缺口很寬，成交量顯著擴大。一般來說，缺口很大是竭

表 16.1　缺口的辨識特質

缺口類型	討論
區域、普通或型態	發生在密集交易區（行情沒有明顯的趨勢），很快被填補。缺口當天的成交量可能很大，但隨後一、二天就恢復正常。缺口發生之後，不會出現新高價或新低價。缺口被填補而形成勾狀，這是區域缺口的特色。
突破	代表新趨勢的開始，通常藉此脫離整理區域。突破缺口當天的成交量很大，而且會持續幾天。突破缺口發生之後，通常會出現數個新高價或新低價。
連續、衡量或逃逸	發生在直線狀漲勢或跌勢的中央。缺口發生之後，價格持續創新高或新低，短期之內不會填補缺口。成交量通常很大，驅動價格持續朝既有方向發展。
除息	由於股票分派股利而產生的缺口。股價必須按照分派股利而向下調整，如果當天的交易價格缺乏向上動能，就會產生除息的缺口。
竭盡	發生在趨勢的末端，通常伴隨著大量。這類缺口發生之後，通常不會立即出現新高或新低，而且缺口本身可能很寬。缺口發生之後，走勢會陷入整理。這類缺口通常發生在連續缺口之後。竭盡缺口很快被填補，時間通常在一個星期之內。

盡缺口的特色，但價格在短期之內又繼續下跌，所以我在圖形內標示為突破缺口。

　　連續缺口發生在趨勢的中央。這種缺口並不常見，因為它們必須發生在快速的漲勢或跌勢過程，缺口出現之後，價格

繼續朝先前的方向快速發展。請參考圖 16.2，8 月份的漲勢在兩個星期內由23^1/_2$上漲到$32$^5/_8$，其中出現兩個連續缺口，缺口當天的成交量雖然很大，但不特別顯著。連續缺口發生之後，價格繼續創新高，缺口在短期之內不會被填補（請對照區域缺口的情況）。當然，如果在下降趨勢中，連續缺口發生之後，價格將持續創新低價。

竭盡缺口通常都發生在連續缺口之後。請參考圖 16.2，8 月份上升走勢最上端的缺口就是竭盡缺口。缺口發生當時，看起來像是另一個連續缺口，但缺口太寬，而且新高價發生之前經過兩天的整理。這些都是竭盡缺口的特色。當缺口發生的時候，如果某個趨勢已經發展一段期間，而且缺口寬度又特別大，通常是竭盡缺口。圖 16.2 有兩個竭盡缺口，分別發生於 8 月份與 9 月份。9 月份的缺口很快被填補，這也是竭盡缺口的特色之一。

竭盡缺口通常伴隨著大量，這是趨勢即將反轉的徵兆，就像油燈將滅之前展現的最燦爛光芒。圖 16.2 的兩個竭盡缺口成交量都很大，尤其是 9 月份的缺口。即使是向下跳空的缺口，仍然爆出巨量，成交量雖然立即縮小，但隨後幾天還是超過正常水準。大成交量代表買、賣雙方的看法相當紛歧──持股者因為價格大跌而急著出場，但很多投資人希望逢低買進。

統計數據：區域缺口

表 16.2 列示區域缺口的統計數據。此處只考慮 25 支股票，因

表 16.2　區域缺口的統計數據

說明	統計數據
排列數量： 1991 年~1996 年的 25 支股票	174 個
一年內填補的缺口數量	171/174 或 98%
填補缺口的平均期間	6 天
一星期內填補的百分率	90%
缺口當天與隨後五天 的成交量（相對於 25 天移動平均）	135%，90%，89%， 　96%，87%，86%

為我發現這類缺口的案例實在太多（5 年期間共有 174 個區域缺口）。由於這類缺口沒有太大的意義，所以我忽略某些統計數據。在所有 174 個缺口中，98%在一年之內被填補，在一星期內被填補的案例佔 90%。區域缺口被填補的平均期間很短，只有 6 天。

　　由於缺口只存在於單一線形，時間非常短，所以我決定比較成交量與其 25 天移動平均。發生缺口的當天，成交量是平均量的 135%，隨後五天的成交量都低於平均水準。這反映一項事實：區域缺口當天的成交量很大，然後成交量迅速萎縮。成交量型態乃是辨識區域缺口的最重要特色之一。

統計數據：突破缺口

表 16.3 顯示突破缺口的統計數據。突破缺口可能是最重要的

表 16.3　　突破缺口的統計數據

說明	上升趨勢	下降趨勢
排列數量： 1991 年~1996 年的 50 支股票	98 個	101 個
平均漲幅／跌幅	25%	20%
最經常發生漲幅／跌幅	10%~20%	10%~15%
到達最終高價／低價的天數	77 天	52 天
缺口位在最近 12 個月價格 區間的下緣、中央或上緣	下緣 21% 中央 27% 上緣 52%	下緣 23% 中央 29% 上緣 48%
前述缺口位置的 平均漲幅／跌幅	下緣 26% 中央 31% 上緣 24%	下緣 25% 中央 18% 上緣 19%
一年內填補的缺口數量	74/98 或 76%	67/101 或 66%
填補缺口的平均期間	83 天	86 天
一星期內填補的百分率	1%	6%
缺口當天與隨後五天 的成交量（相對於 25 天移動平均）	197%，144%， 133%，139%， 120%，143%	260%，183%， 156%，139%， 126%，113%

缺口類型。我在 50 支股票的 5 年走勢中找到 199 個案例，樣本數量遠超過抽樣理論的需要。由於突破缺口通常發生在趨勢的起點附近，向上與向下跳空缺口的平均漲幅與跌幅分別為 25%與 20%——對於缺口來說，屬於相當可觀的幅度。最經常發生漲幅與跌幅分別為 10%~20%與 10%~15%。關於最經常發生漲幅或跌幅的數據，我是採用突破缺口實際漲幅（或跌幅）編製次數分配圖形，發生次數最高欄位的漲幅（或跌幅）就代

表最經常發生漲幅（或跌幅）。這種處理方法可以避免平均數受到偏高漲幅（或跌幅）離群值的向上扭曲。當你進行某筆交易，最經常發生漲幅或跌幅比較能夠代表預期績效。

由向上（向下）跳空缺口發生，衡量到最終高點（低點）的平均期間為 77 天（52 天）。期間很短暫，這意味著突破缺口的操作，手腳需要非常俐落。

把最近 12 個月的價格區間劃分為三等份（下緣／中央／上緣），考慮缺口最可能發生在哪一部分。大部分的突破缺口發生在年度價格區間的上緣，包括向下跳空缺口也是如此。分別考慮突破缺口發生在這三個位置的平均績效，結果顯示績效最高的向上跳空缺口發生在年度價格區間的中央，平均漲幅為31%；績效最高的向下跳空缺口則發生在年度價格區間的下緣，平均跌幅為 25%。

突破缺口在 1 年之內被填補的百分率，向上跳空為 76%，向下跳空為 66%。不論向上或向下跳空，突破缺口被填補的平均期間大約是 3 個月。突破缺口在 1 年內被填補的數量可能低估，因為某些缺口案例發生在 1991~1996 年期間結束的最後一年之內。這些缺口部分被填補，有些在研究期間結束還沒有被填補，前述的統計數據並沒有繼續追蹤這些缺口，也沒有考慮它們是否在 1 年內被填補。

突破缺口在 1 星期之內被填補的案例，只有 1%（向上跳空）與 6%（向下跳空）。讀者對於這個結果應該不覺得意外，因為突破缺口通常都發生在趨勢起點，隨後的價格走勢會持續

上漲或下跌，立即反轉的可能性不高。請注意，突破缺口發生之後，平均漲幅為 25%，平均跌幅為 20%，這意味著價格需要經過一段相當漫長的走勢才能填補缺口——大多數缺口所需要的時間都超過 1 個星期。

由表 16.3 的最後一列數據顯示，突破缺口發生當天的成交量大約是平均量的兩倍，隨後 5 天仍然維持大量。大成交量是辨識突破缺口的關鍵線索；所以，如果對於缺口類型產生任何疑惑，請留意觀察成交量型態。

統計數據：連續缺口

表 16.4 顯示連續缺口的統計數據。連續缺口屬於相對罕見的缺口類型，在 100 支股票的 5 年走勢內，總共只發生 160 個案例。連續缺口的最重要特質，或許是缺口位置通常發生在一段趨勢的中點。所以，連續缺口的平均漲幅（11%）或跌幅（11%）大約是突破缺口的一半（漲幅 25%與跌幅 20%）。

向上或向下跳空的連續缺口，最經常發生漲幅與跌幅都是 10%。同樣地，此處也是利用績效的次數分配，藉以避免平均數受到極端離群值的扭曲。

向上跳空缺口距離趨勢高點的平均天數為 14 天，向下跳空缺口距離趨勢低點的平均天數為 11 天，這與突破缺口的情況相差頗多。就這方面的數據來說，讀者或許認為連續缺口讀數是突破缺口讀數的一半，因為突破缺口發生在趨勢起點附

表 16.4　連續缺口的統計數據

說明	上升趨勢	下降趨勢
排列數量： 1991 年~1996 年的 100 支股票	85 個	75 個
平均漲幅／跌幅	11%	11%
最經常發生漲幅／跌幅	10%	10%
到達趨勢高價／低價的天數	14 天	11 天
缺口位在最近 12 個月價格 區間的下緣、中央或上緣	下緣 11% 中央 17% 上緣 72%	下緣 26% 中央 48% 上緣 26%
前述缺口位置的 平均漲幅／跌幅	下緣 10% 中央 6% 上緣 11%	下緣 12% 中央 11% 上緣 10%
一年內填補的缺口數量	74/85 或 87%	71/75 或 95%
填補缺口的平均期間	70 天	43 天
一星期內填補的百分率	11%	10%
缺口當天與隨後五天 的成交量（相對於 25 天移動平均）	223%，165%， 144%，143%， 135%，133%	242%，149%， 118%，99%， 105%，97%
缺口的時間位置 (趨勢起點~缺口起點)	48%	58%
缺口的價格位置 (趨勢起點~缺口中點)	48%	50%

近，連續缺口發生在趨勢的中點。可是，表 16.4 考慮連續缺口距離趨勢高點或低點——不是最終高點或低點——的平均天數，因為我希望知道連續缺口是否位在一段趨勢的中點。

　　很多情況下，一段短期趨勢結束之後，整體趨勢還是繼續朝上發展。請回頭參考圖 16.1，1 月中旬發生的短期上升趨勢大約涵蓋兩個星期，這段趨勢結束之後，整個股價走勢還是呈現向上偏頗的趨勢，直到 5 月中旬為止。就長期趨勢來說，最終低點位在 1 月中旬，最終高點位在 5 月中旬。反之，就 1 月中旬發生的短期上升趨勢來說，趨勢高點與低點當然是考慮這段走勢本身的高點與低點。

　　向上跳空的連續缺口，大多發生在年度價格區間的上緣；向下跳空缺口，則大多發生在年度價格區間的中央。至於連續缺口發生在年度價格區間的哪個位置，平均績效最理想呢？發生在年度價格區間上緣的向上跳空缺口，平均漲幅最大（11%）。向下跳空缺口不論發生在哪個位置，平均跌幅都差不多，下緣為 12%，中央為 11%，上緣為 10%。

　　幾乎所有的連續缺口都在 1 年之內填補，向上跳空缺口為 87%，向下跳空缺口為 95%。同樣地，由於某些缺口的發生時間距離研究期間結束不滿 1 年，其中部分缺口被視為 1 年之內沒有被填補（實際上可能在 1 年內被填補，但我沒有繼續追蹤），所以前述數據會有低估的傾向。向上跳空與向下跳空的連續缺口，它們被填補的平均期間長度差距頗大，前者為 70 天，後者為 43 天。由於我們的研究期間基本上屬於股票大多頭市場，股價下降趨勢比較容易向上反轉，所以向下跳空的連續缺口被填補的平均期間較短。

　　連續缺口在 1 個星期內被填補的比率為 11%（向上跳空）或 10%（向下跳空）。這個數據偏低，因為連續缺口發生之後，

價格通常會朝原先的趨勢方向繼續發展，發生反轉而在短期間內填補缺口的可能性不大。

關於成交量型態，此處是考慮當時成交量與其 25 天移動平均的相對水準。大體上來說，連續缺口發生當天的成交量都顯著放大（超過平均量的一倍以上），隨後 5 天繼續保持大量。

把連續缺口擺在當時的價格趨勢上觀察，我衡量缺口在時間上與價格上的發生位置。就時間位置考量，向上跳空缺口平均發生在上升趨勢開始的 48%位置，向下跳空缺口平均發生在下降趨勢開始的 58%位置。換言之，我計算整段價格趨勢涵蓋的天數，以及該趨勢起點到缺口發生當時的天數，然後計算後者是前者的多少百分率。

就價格位置考量，由趨勢起點衡量到缺口中點的距離──平均而言──佔整段趨勢總距離的 48%（向上跳空）與 50%（向下跳空）。這方面的統計數據支持連續缺口發生在整段趨勢中點的說法。向上跳空缺口發生之後，平均漲幅稍大。請注意，此處是考慮平均值，個別結果當然會有所不同。

統計數據：竭盡缺口

表 16.5 顯示竭盡缺口的統計數據。在 100 支股票的 5 年期間內，我找到 159 個竭盡缺口的案例，相對於其他類型的缺口，竭盡缺口相對少見。由缺口發生位置，衡量到趨勢結束為止，向上跳空缺口的平均漲幅為 6%，向下跳空缺口的平均跌幅為

表 16.5　竭盡缺口的統計數據

說明	上升趨勢	下降趨勢
排列數量： 1991 年~1996 年的 100 支股票	63 個	96 個
平均漲幅／跌幅	6%	5%
最經常發生漲幅／跌幅	3%	3%~4%
缺口位在最近 12 個月價格 區間的下緣、中央或上緣	下緣　9% 中央 14% 上緣 77%	下緣 41% 中央 37% 上緣 22%
一年內填補的缺口數量	62/63 或 98%	94/96 或 98%
填補缺口的平均期間	23 天	17 天
一星期內填補的百分率	58%	72%
缺口當天與隨後五天 的成交量（相對於 25 天移動平均）	280%，144%， 120%，121%， 108%，　95%	295%，172%， 127%，108%， 105%，117%

5%。由於竭盡缺口代表趨勢即將結束的徵兆，這些績效數據偏低顯得合理。另外，最經常發生漲幅為 3%，跌幅為 3%~4%。

　　竭盡缺口經常發生在年度價格區間三等份的哪個位置呢？大部分向上跳空缺口發生在年度價格區間上緣（77%），向下跳空缺口則最經常發生在年度價格區間的下緣（41%）。這符合直覺的預期，因為上升趨勢的末端應該發生在年度高價附近，下降趨勢的末端應該發生在年度低價附近。我沒有考慮竭盡缺口發生在年度價格區間上緣／中央／下緣的個別平均績效，因為讀數非常小。

填補向上（向下）跳空竭盡缺口的平均期間為 23 天（17 天）。在 1 個星期內被填補的向上（向下）跳空竭盡缺口案例為 58%（72%）。竭盡缺口的填補期間很短，半數以上的缺口在 1 個星期內被填補，這項事實可以反映出竭盡缺口發生的位置在趨勢末端。

竭盡缺口發生當時的成交量幾乎是平均水準的三倍，大約在一個星期之後就逐漸恢復正常。

交易戰術與交易範例

表 16.6 列示缺口的交易戰術。為了成功操作缺口，進場與出場的手腳必須俐落，務必設定停損，隨時留意行情的發展，**斷然採取行動**。請參考圖 16.3 的例子，小莉準備針對跳空缺口進行交易。

小莉知道所有類型的缺口，曾經在紙上磨練相關的操作技巧，直到成功機率很高、一切都成為例行動作為止。由於非常強調風險控制，她對於自己的操作系統非常有信心，決定實際進場進行交易。

她追蹤圖 16.3 的股票已經有一段時間，除了股價走勢之外，對於公司的基本面也非常熟悉。當她發現 5 月 10 日的突破缺口，立即核對各項辨識準則。成交量高於平均水準（雖然走勢圖看起來並不清楚），似乎展開另一波的向上攻勢。她打電話給經紀人，買進 1,000 股，成交價格為$58。

表 16.6   各種缺口的交易戰術

交易戰術	解釋
區域缺口	這些缺口通常沒有技術意義，不存在操作價值。
突破缺口	如果趨勢起點的成交量很大，順著趨勢方向進行交易。建立部位之前，按照辨識準則確認缺口的類型。
連續缺口	連續缺口通常發生在趨勢的中點，可以按照缺口發生位置衡量目標價位。換言之，由趨勢起點衡量到缺口中點，然後由缺口中點向上或向下衡量前述距離，結果就是向上跳空或向下跳空的目標價位。
竭盡缺口	如果缺口非常寬或位置發生在趨勢末端，在趨勢反轉之前，結束先前的順勢部位。一旦趨勢反轉之後，可以考慮順著新趨勢方向建立部位（如果趨勢由上升反轉爲下降，可以考慮放空股票）。竭盡缺口之後經常發生激烈的趨勢反轉。缺口發生之後，只要價格沒有創新高或新低，隔天就結束部位。
停損	把停損設定在缺口反向邊緣外側 1/8 點處。換言之，多頭部位的停損設定在缺口下緣 1/8 點處，空頭部位的停損設定在缺口上緣 1/8 點處。前述的停損策略是把缺口視爲短期的支撐／壓力，假定缺口在短期之內不會被塡補。

　　她把停損設定在$57，亦即是缺口下緣 1/8 點處。萬一這個缺口是區域缺口，她可以立即認賠出場。在紙上作業的期間，她知道缺口能夠提供支撐／壓力功能，所以她對於自己設定停損的位置很有信心。

　　她密切觀察股價的演變。兩天之後，價格又向上跳空。她知道這個缺口如果不是連續缺口，就是竭盡缺口。缺口當天的成交量很大，約略是 25 天平均量的兩倍，暫時還不能判斷

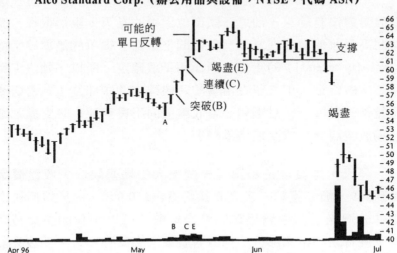

圖 16.3 缺口的操作方法。小莉在突破缺口買進股票，幾天之後結束部位，獲利$7,500。接著，她在竭盡缺口演變爲迴光返照的過程中，放空股票。

缺口的類型。又隔一天，再度出現向上跳空缺口，所以前一個缺口可以確定是連續缺口。

　　當天上午價格開高之後，小莉就衡量前一天連續缺口中點到趨勢低點（A 點）之間的距離，結果是 5½點（ =60¼−54¾）。由連續缺口中點向上衡量 5½點，上檔目標價位預計是$65¾（ =60¼+5½）。於是，小莉把獲利了結的停止賣單設定在$65½的位置。不久，盤中價格就引發這張賣單，部位獲利了結出場。當天的盤中高價爲$66，稍高於目標價位，但收盤價爲$63¼。

不考慮佣金費用的話，3 天之內的獲利為$7,500，而且這個機會還沒有結束。前述多頭部位出場的當天，線形很長，價格開高而收盤價落在當天交易區間下半部，很可能是單日反轉（one-day reversal）的走勢，但小莉不敢確定。所以，她決定暫時不採取行動，但希望在恰當的時機建立空頭部位。她密切留意盤勢的發展；6 月下旬，當收盤價向下貫穿$61 的支撐，她進場放空股票，成交價格為$59。

隔天，她發現走勢出現一個很大的竭盡缺口，收盤價暴跌到$49，帳面獲利一夜之間就累積為$10,000。由於這個缺口相當於迴光返照型態起點的重挫走勢，所以小莉調整交易戰術，沒有立即結束部位。她看著股價向上反彈一天，然後又繼續下跌，完全按照迴光返照的劇本演出。不久，整個跌勢逐漸趨緩，她決定不要太貪心，於是回補股票，在$45 結束空頭部位，兩個星期之內獲利$14,000。

如果你認為小莉的運氣很好，在 10 多個工作天內賺取$21,000 的利潤，你的看法或許沒錯。可是，她有能力正確評估投資機會，斷然進場，並且採取必要的防範措施，顯然不完全仰賴運氣，其中也涉及技巧。

小莉是一位態度嚴肅的投資人，採取任何行動之前，總是儘可能預做周全的準備。她不是在某些書籍中看到價格缺口的介紹，就立即跳入市場。事實上，她曾經深入研究，透過紙上操作的磨練，預先設計一套成功機會很大的交易系統，然後才實際進場。

❖ 17 ❖

吊人線形

摘要資料

向上突破

外觀　　　　開盤價與收盤價大致相同，位在最高價附近，曾經出現顯著的盤中低價。（譯按：就陰陽線的角度說，線形實體很小，沒有或幾乎沒有上影線，下影線很長。）

反轉或整理　短期的（少於 3 個月）多頭反轉排列。

失敗率　　　原本應該向下突破，但有 67%的案例向上突破。5% 失敗案例有 11%。

平均漲幅　　40%，最經常發生漲幅 10%。

向下突破

外觀　　　　開盤價與收盤價大致相同，位在最高價附近，曾經出現顯著的盤中低價。（譯按：就陰陽線的角度說，線形實體很小，沒有或幾乎沒有上影線，下影線很長。）

反轉或整理　短期的（少於 3 個月）空頭整理排列。

失敗率　　　不適用，原本應該向下突破。5%失敗案例有 22%。

平均跌幅　　16%，最經常發生跌幅介於 5%與 10%之間。

吊人排列（hanging man）實際上是取自陰陽線型態。關於這個線形的運作，主要有兩套理論。根據第一套理論的說法，如果價格收在最高價「附近」（不論「附近」的定義如何），隔天有80%的機會看到更高的盤中最高價。請參考本章稍後討論的「統計數據」，我發現這種情況發生的百分率只不過介於55%到57%之間。這套理論或許比較適用於普通股之外的其他證券。對於普通股的隔夜部位來說，隔天有 55%的機會看到更高的盤中最高價，機會稍高於投擲銅板；可是，由於股價趨勢原本就存在向上的偏頗，如果把這點考慮進去，55%的機會與純粹的巧合幾乎沒有什麼差別。

另一套理論的說法如下：在延伸性上升趨勢中，如果某天的開盤價與收盤價非常接近盤中最高價，而且當天的股價曾經顯著下滑，這種吊人線形具有空頭意涵，意味著趨勢將向下反轉。可是，根據「摘要資料」的數據顯示，吊人線形的成功機會大約只有三分之一；換言之，失敗率高達 67%——相當令人失望。

如果由更傳統的角度來觀察失敗率，結果好得多。吊人線發生之後，向上突破的案例中，只有11%發生 5%失敗情況；換言之，沒有出現 5%跟進漲勢之前，價格就向下反轉。反之，向下突破的排列中，發生 5%失敗情況的案例佔 22%，超過我認為可以接受的最高失敗率 20%。

吊人線形向上突破的平均漲幅為 40%，非常不錯，但最經常發生漲幅只有 10%，相對不理想。對於向下突破，平均跌幅為 16%，最經常跌幅介於 5%與 10%之間。如果你決定操

作向下突破的吊人線形，不該預期發生很大的價格走勢。

緣起與辨識準則

表 17.1 列示吊人線形的辨識準則。這種線形需要考慮每天的四個價格：開盤、最高、最低與收盤價。開盤價、最高價與收盤價完全相同。這意味著當天長條圖的上端為水平小橫畫，線形結構類似英文字母 T*。

　　盤中最低價必須顯著低於盤中最高價。按照我的解釋，「顯著低於」是指 5%或以上的價差而言。當然，這是任意設定的參數，但必須能夠篩選足夠數量的樣本，使得統計數據具有意義。如果你認為 5%太大或太小，可以設定其他數據。可是，把 5%更改為 2.5%或 7.5%，結果都不會出現重大差別；即使採用 10%的參數水準，失敗率也只不過由 59%上升為 75%。不論如何調整，失敗率還是很高，遠超過 20%的高限。

　　挑選吊人反轉線形的最後一個準則，是它必須發生在價格上升趨勢中。由於此處所處理的是單一線形，所以我不認為當時的價格趨勢需要很大。換言之，只要當時呈現明顯的漲勢，就已經足夠了。

　　請參考圖 17.1，其中標示一些吊人線形。在這份走勢圖

---

* 譯按：根據一般的定義，只要線形實體很小而下影線很長，就稱為吊人線形。可是，根據此處的定義，吊人線形不能存在實體；換言之，必須是下影線很長而沒有上影線的十字線。套用陰陽線的術語，這即是蜻蜓十字線。

表 17.1　吊人線形的辨識特質

特質	討論
開盤=最高=收盤	當天的開盤價、最高價與收盤價必須相同。如果走勢圖採用開盤／最高／最低／收盤等價格，當天的線形類似英文字母 T。
顯著較低的最低價	盤中最低價必須顯著低於盤中最高價；這意味著兩個價格的差距必須至少 5%。
發生在上升趨勢	這個線形必須發生在價格上升趨勢中。

Kulicke and Soffa（半導體資本財，NASDAQ，代碼 KLIC）

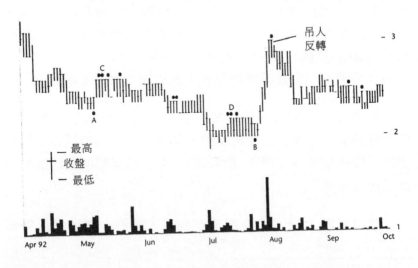

圖 17.1　真正的吊人線形。請參考黑點標示的位置，雖然圖形中只顯示最高價、最低價與收盤價（沒有顯示開盤價），但黑點標示位置的當天線形，開盤價也等於最高價。

中，每天的線形只採用最高價／最低價／收盤價，沒有採用開盤價。可是，凡是以黑點標示的線形，開盤價也等於最高價——真正的吊人線形。

舉例來說，當價格在 8 月初創$3 峰位的隔天，開盤價（圖形沒有顯示）、最高價與收盤價都是$3，最低價為$2.81，顯著低於最高價（兩個價格的差距至少 5%，實際上是 6.3%）。請留意這支線形的上端標示黑點，但先前 4 支線形看起來也是呈現 T 形，但這些線形沒有標示黑點；換言之，這些線形的開盤價或許不等於最高價，要不然最低價與最高價的差距就不足5%。總之，這 4 支線形都不是真正的吊人（由於圖形沒有顯示開盤價，所以你必須相信我）。

當時的價格漲勢起始於$1.88，截至線形出現當天，漲勢完全沒有停頓。這是吊人線形的必要條件之一，反轉線形必須存在某個顯著的趨勢供其反轉。請參考圖 17.1 的 A 點，多頭反轉的吊人線形出現在下降趨勢中，顯然沒有意義。B 點發生在橫向走勢中，但也顯示上升趨勢的開始（雖然 2 天之後才開始）。C 點的吊人線毫無意義，這或許是最經常發生的類型。D 點可以視為成功的吊人反轉線形，雖然其中頗有爭議之處。價格連續上漲 3 天，在吊人線形出現之後，反轉為橫向走勢。如果把 D 點到 B 點之間的走勢視為下降趨勢，則 D 點的吊人線形代表上升趨勢反轉為下降趨勢（雖然具有橫向走勢的意味）。

當然，我認為 8 月份的案例最典型。不幸地，如同你在圖 17.1 所看到的黑點，吊人線形很少成功，即使發生在上升趨勢也是如此。

失敗案例

圖 17.2 顯示吊人線的兩種失敗類型。左側的案例代表第一種失敗。在這種情況下，我認爲吊人線隔天應該出現更高的高價。可是，目前這個例子並非如此，價格繼續下跌。吊人線隔天出現更高的高價，機會有 44%（真正的吊人線）或 57%（T 形線，定義參閱後文），這兩個數據取決於線形是否考慮開盤價。進一步討論請參考「統計數據」一節。

在右側案例中，當吊人線形出現時，並不代表價格趨勢即將向下反轉。吊人線形當天的高價爲 $21¾，兩天之後的高

Roberts Pharmaceutical（藥品，ASE，代碼 RPC）

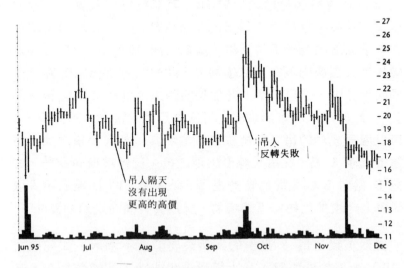

圖 17.2　吊人線形的兩種失敗情況。吊人線發生之後，隔天究竟會出現更高的最高價，或者意味著上升趨勢即將向下反轉。

價爲$26½。所以，這個吊人線形顯然不是多頭反轉線形——而是多頭連續線形。

第二種失敗類型——換言之，不正確的多頭反轉警訊——的發生頻率爲 67%。由另一個角度看，當這種線形出現的時候，如果我們預期價格將繼續走高，反而有三分之二的成功機會。由於績效太差，我只能歸納出一個結論：吊人線形不適用於普通股，或者比較適用於其他證券或交易工具。

由於失敗率高得離譜，我重新檢驗相關的案例。少數情況下，吊人線形發生在峰位之前幾天（類似如圖 17.2 的右邊案例）。大多數吊人線形發生在上升趨勢的中點或起點附近。總之，吊人線形發生之後，上升趨勢沒有發生反轉的傾向，大多繼續走高。

你可以透過最簡單的辦法把失敗率降低爲零：不要操作這個線形（或不要把它視爲有效型態）。

統計數據

表 17.2 顯示吊人線形的第一組統計數據。許多作者對於吊人線形的開盤、收盤與最高價，經常採用不同的關係。所以，此處也考慮一些可能性。收盤價與最高價之間的距離，可能是整天價格區間的 0%到 25%之間。

表 17.2 考慮兩種線形，T 形線與吊人線。T 形線即是不

表 17.2　　隔天高價向上穿越 T 形線或吊人線的統計數據

收盤價與盤中高價的距離 （表示為價格區間的%）	T 形線 （%）	吊人線 （%）
0	55.4	44.4
10	56.4	44.7
15	57.0	45.4
20	57.2	47.0
25	56.6	48.0

附註：T 形線即是不考慮開盤價的吊人線，允許開盤價與收盤價低於最高價，但盤中低價還是必須顯著低於盤中高價。

考慮開盤價的吊人線。對於吊人線來說，開盤價必須等於最高價，而且盤中低價顯著低於盤中高價（但價格上升趨勢不視為必要條件）＊。

　　表 17.2 的統計數據顯示隔天最高價向上穿越 T 形線或吊人線的頻繁程度。在 T 形線的欄位中，樣本數量非常大，即使是最小的樣本也有 78,000 個。當然，這是考慮 500 支股票的 5 年期間走勢（換言之，2,500 年的日線資料）。如果收盤價等於最高價，隔天出現更高最高價的機會為 55.4%。即使收盤價低於最高價，隔天出現更高最高價的機會也大致相同，最

＊ 譯按：所謂的 T 形線，是指①上影線很短或沒有，②實體很小，③下影線很長的線形，可以是陰線或陽線（這也是一般文獻對於吊人線的定義）。所謂吊人線，作者指定開盤價必須等於最高價，所以只有兩種可能線形，一是沒有上影線的十字線（下影線很長）；另一是沒有上影線的 T 形陰線（不允許是陽線，否則開盤價不是最高價）。

大讀數為 57.2%。這只不過稍優於純粹巧合（50%），甚至只是反映股票價格向上偏頗的歷史趨勢。

在吊人線欄位中，開盤價必須等於最高價。假定收盤價與盤中高價的距離為整天價格區間的 0%，意味著開盤價、收盤價與最高價都相同；這種情況下，隔天出現更高最高價的機會為 44.4%。如果允許收盤價不等於最高價，績效會稍微提高。在最好的情況下，隔天幾乎有一半的機會（48%）出現更高的高價。順便提及一點，吊人線的最小樣本也有 27,600 個以上。

我編製表 17.2 的主要目的是嘗試檢定一個假設：如果價格收在當天最高價附近，隔天將出現更高的最高價。根據表 17.2 的數據顯示，前述假設顯然非常不可靠，距離我所能夠接受的 80%精準度差太遠。總之，如果今天價格收在最高價附近，並不能保證明天會出現更高的高價，至少對於普通股來說是如此。

表 17.3 顯示吊人線形的一般統計數據。我通常忽略線形發生之前的價格趨勢（失敗率的部分為例外）。我把案例分為兩大類：向上突破與向下突破。在 500 支股票的 5 年期間內，總共有 56,000 多個吊人線形，所以需要做一些調整，才能把樣本數量減少到方便處理的程度。

此處也採用其他價格型態運用的程序（例如：內側日與外側日），如果某支股票提供的案例超過 10 個，我只接受某個比率的案例。舉例來說，假定某支股票在 5 年期間內提供 100 個案例，就按照時間順序，每 10 個案例挑選 1 個，總共只挑選 10 個案例。由表 17.3 的數據可以發現，向上突破與向下突

表 17.3　　吊人線形的一般統計數據

說明	向上突破	向下突破
排列數量：1991 年~1996 年的 400 支股票，每支股票大約不超過 10 個案例	274 個	261 個
反轉或整理排列	104 個整理，170 個反轉	210 個整理，51 個反轉
失敗率（理想排列：上升趨勢的反轉線形）	104/155 或 67%	不適用
5%失敗案例	29/274 或 11%	58/261 或 22%
成功排列的平均漲幅 / 跌幅	40%	16%
最經常發生漲幅 / 跌幅	10%	5%~10%
成功的吊人線形，發展到最終高點 / 低點的天數	2.5 個月（78 天）	1.5 個月（41 天）
排列起始於最近 12 個月價格區間的下緣、中央或上緣	下緣 66%，中央 17%，上緣 17%	下緣 77%，中央 16%，上緣 6%
前述突破位置的平均漲幅 / 跌幅	下緣 41%，中央 26%，上緣 53%	下緣 15%，中央 12%，上緣 17%
線形發生前一天、當天與隔天的成交量 (相對於 25 天移動平均)	前一天 107%，當天 115%，隔天 102%	前一天 107%，當天 115%，隔天 102%
大成交量的平均漲幅 / 跌幅	28%	16%
小成交量的平均漲幅 / 跌幅	45%	15%
大成交量的失敗率	19 個或 18%	不適用
小成交量的失敗率	42 個或 40%	不適用

破的案例數量大約相同，分別爲 274 個與 261 個。向上突破案例大多屬於短期價格趨勢的反轉型態，向下突破案例則大多屬於既有趨勢的連續型態。

失敗率高達 67%，這是所有排列的最差績效。關於失敗率統計數據，我考慮的吊人線形必須符合下列三個條件：

1. 開盤價、最高價與收盤價完全相同。

2. 盤中低價至少必須較盤中高價低 5%。

3. 發生在短期（或稍長期）價格上升趨勢。

對於符合前述三個條件的案例（換言之，處在價格上升趨勢的吊人線形），我觀察隔天是否出現趨勢反轉（換言之，向下突破）。大多數情況下（67%），價格繼續上揚。對於向下突破的案例，不存在對應的失敗率，因爲吊人線形原本就應該向下突破（換言之，隔天的價格下跌）。在我考慮的股票與期間內，符合前述三個條件的吊人線形共有 155 個，其中 104 個向上突破（原本應該向下突破，所以向上突破視爲失敗）。

由於失敗率非常高，這讓我心中頗有疑惑，所以觀察向上與向下突破的 5%失敗狀況。所謂 5%失敗，是指價格朝某個方向突破，但還沒有出現 5%或以上的跟進走勢之前，價格又朝另一個方向反轉。向上突破發生 5%失敗情況的比率爲 11%，向下突破的比率爲 22%，提高一倍。就我個人的觀點來說，失敗率超過 20%就不被接受。

關於向上突破與向下突破的平均漲幅與跌幅，首先剔除

104 個向上突破失敗的案例，然後分別計算向上與向下突破的
數據，結果平均漲幅爲 40%與平均跌幅爲 16%。

　　圖 17.3 與 17.4 分別顯示向上突破漲幅與向下突破跌幅的
次數分配。向上突破的最經常發生漲幅低於 10%。請參考圖
17.3，漲幅超過 90%的向上突破案例佔 15%，漲幅超過 50%的
案例超過三分之一。這些偏高的漲幅會造成平均漲幅向上扭曲。

　　圖 17.4 顯示向下突破的情況。請注意，橫軸的刻度單位
是 5%。雖然最高欄位發生在 10%，但 5%欄位的讀數也很高，
所以我把最經常發生跌幅視爲 5%到 10%之間。

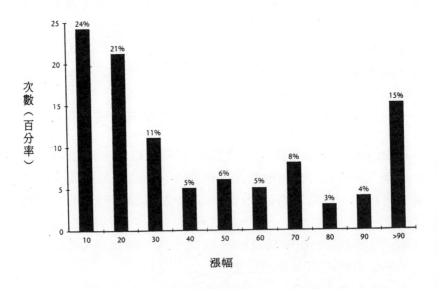

圖 17.3　吊人線形向上突破的漲幅次數分配　最經常發生漲幅爲 10%。

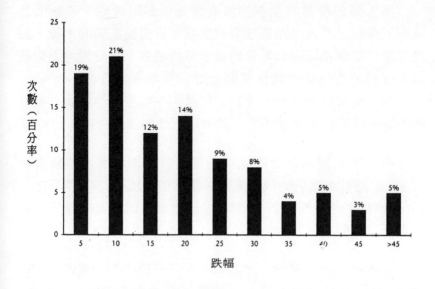

圖 17.4　吊人線形向下突破的跌幅次數分配　大最經常發生跌幅介於 5% 與 10%之間。

成功向上突破的案例，平均花費 78 天到達最終高點。向下突破到達最終低點的平均時間為 41 天，大約是前者的一半。相互對照之下，結果還算合理，因為向上突破漲幅大約是向下突破跌幅的兩倍──價格距離愈長，所花費的時間愈久。

我把最終高點或低點設定為趨勢顯著變動的轉折點，至少出現 20%的價格反轉走勢。對於向上突破而言，最終高點之後必須發生 20%或以上的跌幅。有些情況下，20%的價格變動幅度或許太過分，必要的時候會向下調整。向下突破也採用相同的方法，決定最終低點。

　　吊人線形經常發生在年度高價或低價附近呢？不論向上或向下突破，吊人線形最經常發生在年度價格區間的下緣。如果考慮年度價格區間三等份的線形平均績效，我發現向上突破吊人線形發生在年度價格區間上緣，平均漲幅最高（53%）。至於向下突破吊人線形，不論它們發生在年度價格區間三等份的位置，平均跌幅都差不多，其中以上緣的讀數稍高（17%）。

　　吊人線形發生當時的成交量都高於平均水準。請參考表 17.3，排列發生當天的成交量較正常水準高出 15%（換言之，25 天移動平均成交量的 115%）。線形發生前一天與隔天的成交量也稍微偏高。

　　此處把「大成交量」定義為 25 天移動平均成交量的 1.5 倍或以上，把「小成交量」定義為 25 天移動平均成交量的 0.5 倍或以下。

　　吊人線形當天出現大成交量，績效是否比較理想？沒有任何證據顯示這種情況。吊人線形當天的成交量是 25 天移動平均成交量的 1.5 倍或以上，向上突破案例的平均漲幅只有 28%（低於整體平均漲幅 40%）。反之，如果吊人線形當天的成交量是 25 天移動平均成交量的 0.5 倍或以下，向上突破案例的平均漲幅為 48%，顯著高於整體平均漲幅 40%。至於向下突破，不論當時發生大成交量或小成交量，平均跌幅都大約是 16% 或 15%，約略等於整體平均跌幅。

　　成交量與失敗率之間是否存在關聯？為了回答這個問題，我把向上突破案例的成交量劃分為三個等級：大成交量（成

交量超過 25 天移動平均的 150%)、小成交量（成交量低於 25
天移動平均的 50%）與正常成交量（介於大成交量與小成交
量之間）。對於小成交量的向上突破，40%的案例呈現失敗。
大成交量向上突破的失敗率則只有 18%。這些數據意味著，
你必須特別留意上升趨勢中的小成交量吊人線形，隨後的行情
可能繼續上漲，不是向下反轉。

交易戰術

經過周詳的考慮之後，我建議不要操作這個排列。當吊人線形
發生在上升趨勢中，一般相信它代表頭部反轉的訊號。實際的
情況並非如此，大約只有三分之一的吊人線形發生在頭部，其
他案例都呈現後續漲勢。

關於吊人線形的操作，我只能提供一個看法。如果吊人
線形當天的開盤價遠低於盤中高價，而且價格收在盤中高價，
這意味著股票具有上升動能*。在這種情況下，隔天出現更高
盤中高價的機會稍大。所以，如果你考慮賣出既有的持股，或
許可以等待隔天更高的高價。

如果你在臨收盤前買進，當時的價格在最高價附近（假

❖ 譯按：我們不知道「開盤價遠低於盤中高價」的程度究竟如何，只要不太
過分，這個線形應該是：沒有上影線／實體不短／下影線很長的陽線。如果
根據正文下一段的說法「開盤價位在盤中低價附近」，這顯然不符合吊人線
的傳統定義——吊人線形的實體長度不應該超過整天價格區間的三分之一。

設開盤價位在盤中低價附近），或許可以期待明天出現更高的高價。我必須重複強調，雖然隔天出現高價的機會超過一半，但超過的程度很有限，絕對不值得投下重大的賭注。

頭肩底排列

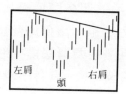

摘要資料

外觀	呈現三個谷底的排列,中間谷底的位置較低。
反轉或整理	短期的(長達 3 個月)多頭反轉排列。
失敗率	5%。
平均漲幅	38%,最經常發生漲幅為 20%~30%。
成交量趨勢	下降趨勢;左肩的成交量通常大於右肩。
回挫	52%。
價格目標 達成率	83%。
參閱排列	(19)複雜頭肩底排列。

我覺得頭部比較容易辨識，這或許是因爲我花費很多時間研究何時賣出。進場建立部位相對容易，困難的是如何出場。爲了掌握理想的賣出時機，我經常忽略對應的買進問題：如何辨識底部反轉排列。頭肩底型態（head-and-shoulders pattern）就是這類的排列之一，很容易辨識，而且獲利能力很高。

「摘要資料」列示這個多頭反轉排列的重要統計數據。如同對應的頭肩頂排列一樣，這個底部排列的失敗率極低，只有 5%。換言之，一旦潛在頭肩底排列形成之後，價格很少向下發展，也很少向上突破之後，沒有出現 5%以上的跟進走勢。對於成功向上突破的頭肩底排列，平均漲幅爲 38%。

頭肩底排列的目標價位達成率爲 83%，我認爲 80%以上的水準就屬於可靠排列。

緣起

頭肩底排列的形狀如何呢？圖 18.1 顯示一個典型的例子。這支股票起漲於 1993 年 11 月，峰位出現在 1994 年 2 月。由這個峰位展開一波跌勢，隨後形成頭肩底排列。首先，下降趨勢在 3 月底形成一個谷底，這是「左肩」。稍做反彈之後，股價再度下跌，形成一個更低的谷底，這是「頭」。頭部的反彈走勢結束之後，價格又下跌形成另一個較高的谷底，這是「右肩」。整個排列夾著兩個峰位，繪製一條直線銜接這兩個峰位，即是頭肩底排列的頸線（neckline）。

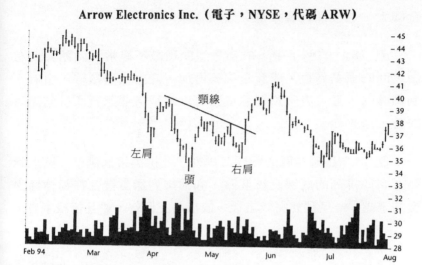

圖 18.1　頭肩底排列。較低的「頭」夾在「左肩」與「右肩」之間。左肩的成交量通常大於右肩。

　　當左肩-頭-右肩出現之後，即是潛在的頭肩底排列；一旦價格向上突破頸線，頭肩底排列即告完成（或經過確認）。在圖 18.1 的例子中，價格確實向上突破頭肩底的頸線，但漲勢沒有持續很久，很快又跌到先前的右肩位置。經過長達 4 個月的盤整之後，最後才完成另一個頭肩底排列，並且向上突破而展開一段較可觀的漲勢。截至 1995 年 8 月中旬，這支股票的交易價格稍低於$60。

　　對於正常的頭肩底排列，左肩的成交量應該最大，頭部稍微縮小，右肩更小；由頭到右肩之間的漲勢，成交量應該配

合擴大，最後又夾著大量突破頸線。

圖 18.1 的例子中，成交量型態稍微不尋常。由頭部到右肩之間的漲勢過程，成交量沒有增加。向上突破頸線，也看不到顯著的大量。成交量型態或許可以解釋這個頭肩底排列為何缺乏上漲動能。

圖 18.2 是週線圖的頭肩底排列。我挑選這個例子，藉以說明頭肩底排列的底部反轉型態。底部排列通常發生在延伸性跌勢的末端。一旦型態完成之後，價格向上反轉，並且繼續攀升。

Allen Telecom Inc.（電訊設備，NYSE，代碼 ALN）

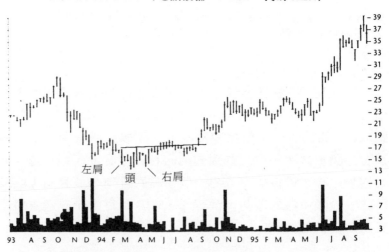

圖 18.2 週線圖上的頭肩底排列。這隻股票花費數個月的時間才完成頭肩底排列，並且向上突破。成交量呈現典型的結構：左肩最大，其次是頭，右肩的成交量很小。

　　頭肩底排列爲何會形成呢？這代表一段探底的過程，最低價往往代表市場認同的理想價值。隨著股價下跌到 1994 年 2 月份，愈來愈多的投資人開始逢低承接。雖然股價持續下滑，但成交量還是放大，左肩出現的當週，甚至爆出突兀性大量。在買盤的推動下，價格止跌回升，但漲勢只維持一個星期。隔週，價格再度下滑。同樣地，當價格創新低的「頭」部，成交量又顯著放大。精明資金持續進場逢低承接，相信股價必然向上反彈。股價確實向上發展，右肩停頓過程中，成交量萎縮。

　　三個谷底的成交量持續下降。左肩的成交量最大，頭部稍微萎縮，右肩的成交量明顯縮小。唯有當價格由右肩翻升而開始進行突破的過程中，成交量才會再度放大。

　　圖 18.2 的突破量似乎沒有顯著放大——取決於突破點的認定位置。8 月底，價格明確向上突破頸線，但成交量在兩個星期之後才顯著放大。

辨識準則

表 18.1 列示頭肩底排列的辨識準則。相關的說明，請對照圖 18.3。這個範例並不是發生在延伸性下降趨勢的末端，而屬於短期（3 個月以內）的整理型態。整波段的漲勢起始於 1994 年 6 月份的另一個頭肩底排列。由 1995 年 3 月中旬到 5 月初之間，股價呈現稍微朝下的橫向走勢，所以目前這個頭肩底也可以視爲短期下降趨勢的底部反轉型態，但屬於長期上升趨勢的連續型態。

表 18.1　頭肩底排列的辨識特質

特質	討論
形狀	由三個谷底構成的底部排列，中間谷底的位置最低。類似人體上半身的顛倒形狀：左肩-頭-右肩。三個谷底與所夾兩個轉折高點的形狀必須非常明確。
對稱性	左肩與右肩必須分別位在「頭」的兩側，兩肩與頭之間的時間距離大約相等，兩肩的價位也大約相同。雖然每個排列的實際形狀各自不同，但基本上必須以頭部爲準而左右對稱。
成交量	一般來說，左肩或頭的成交量最大，右肩的成交量很小。
頸線	三個谷底夾著兩個轉折高點，繪製一條直線銜接兩個轉折高點，稱爲頸線。價格向上突破頸線，代表頭肩底完成的訊號。如果頸線的斜率太陡峭，則採用較高的轉折高點做爲突破水準。
向上突破	突破方向朝上，價格通常夾著大成交量進行突破，顯示充分的向上動能。小量突破未必代表突破可能失敗。

　　整個排列呈現三個具有預測意義的谷底：左肩、頭與右肩。左肩與右肩的價位大致相同，它們與頭之間的寬度也大約相當。頭肩排列通常都具備這種左右對稱的性質——不論是頭肩頂、頭肩底或複雜頭肩型態。如果左肩的轉折相當尖銳或圓滑，右肩也應該呈現相同形狀。

　　頭與兩肩應該保持合理的價格距離。我特別指出這點，主要是爲了區別頭肩底與三重底排列——後者也是由三個谷底構成的底部排列，但三個谷底的價位大約相同。

3 Com Corp. (電腦週邊設備,NASDAQ,代碼 COMS)

圖 18.3　　罕見案例:發生在主要上升趨勢中的頭肩底連續排列。

請參考圖 18.3,左肩突然出現 3 天的跌勢,然後回升而出現轉折高點。頭與右肩之間的漲勢也大約上漲到相同價位的轉折高點,然後下跌形成右肩,右肩與左肩的價位大約相同。這五個轉折點──三個谷底與兩個轉折高點──都非常清楚,形狀明確。這個特性非常重要,尤其是瀏覽走勢圖篩選頭肩排列的時候。

對稱性是篩選有效頭肩排列的另一個重要準則。以「頭」為基準,排列的左、右兩側應該相互對稱。左肩與右肩的價位大約相同,兩肩與頭之間的時間距離也應該約略相同。每個實際案例的排列結構當然各自不同,但對稱性能夠有效區別頭肩

底與任何三個谷底構成的排列。

　　成交量也經常能夠協助辨識有效的頭肩底排列。左肩的成交量通常最大，其次是頭部，右肩的成交量最小。所以，就**排列整體**而言，成交量型態呈現下降趨勢，直到向上突破為止。

　　頭肩底排列的三個谷底夾著兩個轉折高點，利用一條直**線銜接**這兩個峰位，就是所謂的頸線。頸線可能向上或向下傾**斜**。理想的頭肩底排列，頸線的傾斜角度最好不要太大，但也**不能因為**頸線陡峭而排除頭肩底型態的可能性（請參考圖**18.1**，其中的頸線就非常陡峭）。

　　另外，即使成交量呈現不規則型態，也不能因此而排除頭肩底的可能性。舉例來說，圖 18.1 與 18.3 的兩個例子，頭部的成交量都較大。

　　價格向上突破頸線的過程中，通常會發生大量。可是，在成功向上突破的頭肩底排列中，大約有四分之一的案例，突破當天的成交量小於前一天。事實上，大部分的 5%失敗案例都是夾著大量向上突破，相關資料請參考「失敗案例」一節。總之，突破當天通常——但不必然——發生大成交量。

失敗案例

如同大多數其他排列一樣，頭肩底也有兩種失敗類型。第一種失敗類型，是在右肩形成之後，價格沒有向上突破頸線，反而向下跌破頭部的價位。請參考圖 18.4，這個頭肩底發生在延

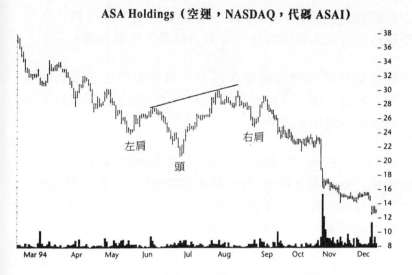

圖 18.4 頭肩底排列的失敗案例。價格沒有向上突破頸線。

伸性下降趨勢中,這段跌勢起始於 1994 年 2 月份的峰位$38¾,
6 月份的最低價為$21¼(頭肩底的「頭」),跌幅為 45%。當
右肩出現時,趨勢似乎即將向上反轉。

請注意,在圖 18.4 的例子中,左肩與右肩的形狀幾乎完
全相同,價格大約相差$1,頭部價位遠低於兩肩。右肩與頭的
時間距離稍長於左肩。大體上來說,這屬於典型的頭肩底排列。

整個排列過程中,成交量都很小。左肩與頭的成交量大約
相同,右肩的成交量反而稍大。當然,我們不能因為成交量呈
現不規則型態而剔除頭肩底的可能性,但至少應該特別留意。

右肩形成之後的上漲走勢，成交量呈現下降趨勢，這段漲勢顯然沒有向上突破頸線，事實上距離還相當遙遠。

仔細觀察排列的每個構成部分，實在看不出來這個型態之所以失敗的理由。交投或許不夠熱絡，成交量型態或許不規則，但理由畢竟不夠充分。

圖 18.5 則顯示另一類的失敗案例，也是我所謂的 5%失敗。頭肩底排列確實向上突破，但沒有出現 5%或以上的跟進漲勢。三個谷底非常凸顯。左肩與右肩的形狀不同，但兩個轉折高點的形狀非常類似。兩肩的價位差距並不離譜。

Airborne Freight（空運，NYSE，代碼 ABF）

圖 18.5 頭肩底排列的 5%失敗案例。價格向上突破頸線之後，沒有出現 5% 以上的跟進漲勢（價格上漲到$39³/₈之上，才超過 5%）。

成交量不太尋常,唯一的大量發生在頭部形成之後的向上走勢中。右肩的成交量實在太小。

右肩形成之後,漲勢相當果斷,尤其是最後向上突破頸線的走勢。可是,向上突破之後,就沿著頸線附近盤整,經過兩個星期之後,價格向下反轉。

這個排列雖然向上突破,但價格穿越頸線的程度不足 5%。價格必須上漲到 $39^3/_8$,才滿足 5% 的最低門檻,但實際上並沒有。結果就是 5% 失敗的情況:價格向上突破之後,必須出現 5% 或以上的跟進漲勢,否則就白忙一場。

我仔細觀察資料庫內的失敗案例,嘗試瞭解排列失敗與成交量偏低之間是否存在關聯。結果,我發現兩者之間沒有顯著的關聯。在 18 個失敗案例中,只有 8 個排列(44%)的突破成交量偏低。可是,我必須承認一點,失敗案例的樣本數量太少(通常至少需要 30 個樣本才具有統計意義)。

統計數據

表 18.2 列示頭肩底排列的一般統計數據。排列的樣本數量很恰當,在 2,500 年的日線資料中,總共有 330 個案例,包括 281 個反轉型態(85%)與 49 個連續型態。幾乎所有的案例都發生預期中的行為(失敗率只有 5%):價格向上突破頸線,而且出現 5% 以上的跟進漲勢。向上突破案例的平均漲幅為 38%。

表 18.2　頭肩底排列的一般統計數據

說明	統計數據
排列數量： 1991 年~1996 年的 500 支股票	330 個
反轉或整理排列	49 個整理，281 個反轉
失敗率	18/330 相當於 5%
成功排列的平均漲幅	38%
最經常發生漲幅	20%~30%
成功排列中，符合 或超越目標價位者	258/312 相當於 83%
排列平均長度	2.5 個月（73 天）
成交量呈現下降趨勢的 成功排列數量	193/312 相當於 62%
頸線向上／向下傾斜的 平均漲幅	38% ／ 40%
左肩／右肩價位較高的 平均漲幅	41% ／ 36%

附註：失敗率偏低（5%），平均漲幅很高（38%），頭肩底排列屬於非常值得操作的排列。

　　由於漲幅偏高的離群值將造成平均漲幅向上扭曲，所以我編製漲幅的次數分配，請參考圖 18.6。頭肩底就如同大多數排列一樣，鐘鈴狀次數分配曲線的右側尾部拉得很長。請注意，漲幅超過 90%的案例佔 12%，漲幅超過 50%的案例佔 39%，這些偏高漲幅把平均漲幅向上推升。圖 18.6 顯示的最經常發生漲幅介於 20%與 30%之間，稍低於平均漲幅 38%。

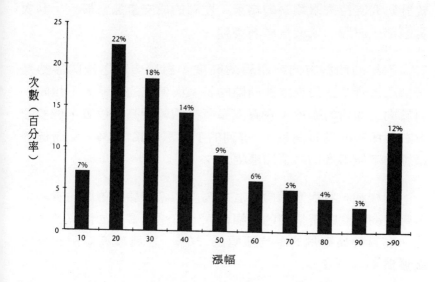

圖 18.6 頭肩底排列的漲幅次數分配 最經常發生漲幅爲 20%~30%。

稍後的「交易戰術」一節會討論目標價位的衡量方法。頭肩底排列的目標價位達成率爲 83%，相當不錯（我認爲達成率在 80%以上就屬於可靠的型態）。

排列長度是由左肩谷底衡量到右肩谷底，平均爲 2½個月。這個數據顯然低估，因爲沒有包括左肩的下跌走勢與右肩上漲到突破點的過程。某些情況下，右肩完成之後，還要幾個星期才能向上突破。

在排列發展過程內，大約三分之二案例（62%）的成交量型態呈現下降趨勢。我針對兩肩之間的成交量進行迴歸分析，

統計研究支持肉眼觀察的結果：左肩的成交量通常最大，其次是頭部，右肩的成交量顯著萎縮。

頸線的傾斜方向或兩肩的高度，對於突破之後的漲勢是否構成影響？我發現這些問題的答案與傳統的預期大不相同。對於向上傾斜的頸線（左肩與頭所夾的轉折高點位置，低於頭與右肩所夾的轉折高點），排列的平均漲幅為 38%，反而低於頸線向下傾斜案例的平均漲幅 40%。

同樣地，我觀察兩肩谷底的高度，希望驗證傳統的看法：右肩較高，意味著排列的漲幅較大。可是，實際的情況並非如此。右肩較高案例的平均漲幅為 36%，左肩較高案例的平均漲幅為 41%。

請注意，關於頸線傾斜方向與兩肩高度對於排列漲幅的影響，前述結論都不具備統計上的顯著意義。換言之，前述的結論可能純屬巧合。

表 18.3 列示突破相關的統計數據。幾乎所有的頭肩底排列都向上突破（98%），總共只有 8 個案例向下突破。在向上突破的案例中，總共有 10 個排列沒有發生 5%以上的跟進漲勢。

排列向上突破之後，價格回挫到頸線的案例佔 52%。這意味著突破之後的漲勢可能發生躊躇不前的情況。完成回挫走勢的平均期間為 11 天，類似於大多數其他排列。

突破過程的成交量偏低，是否比較容易發生回挫走勢？沒有證據顯示如此。我比較突破當天與前一天的成交量，如果

表 18.3　　頭肩底排列突破的統計數據

說明	統計數據
向上突破	322/330 或 98%
向下突破	8/330 或 2%
向上突破的 5%失敗案例	10/322 相當於 3%
回挫	167/322 相當於 52%
完成回挫走勢的平均期間	11 天
小量突破是否更可能發生回挫？	否
對於成功的排列，突破與 最終峰位的相隔時間	7 個月(215 天)
突破點位在最近 12 個月價格區間 的下緣、中央或上緣	下緣 29% 中央 41% 上緣 30%
前述突破位置的 平均漲幅	下緣 37% 中央 34% 上緣 44%
相對於突破前一天，突破當天 與隨後 5 天的成交量	163%，125%，104%， 　95%，　97%，　95%
大量的成功突破	164 個或 74%
小量的成功突破	59 個或 26%
失敗排列呈現小量突破案例	8/18 或 44%

附註：絕大部分頭肩底排列都向上突破。

突破當天成交量是前一　　天的 125%以上，定義爲「大量」，
如果該比率小於 75%，則定義爲「小量」。結果，不論是大量
突破或小量突破，發生回挫走勢的比率都是 49%。換言之，

沒有證據顯示回挫與突破量之間存在關聯。

向上突破之後，價格到達最終高點的平均期間爲 7 個月（215 天）。可是，按照排列到達最終高點的時間長度編製次數分配圖，結果顯示大部分案例都屬於 3 個月之內的短期排列。所以，我把頭肩底排列歸納爲短期型態。

排列通常發生在年度價格區間的哪個位置呢？大部分頭肩底排列的突破點落在年度價格區間三等份的中央。由於突破點位在排列本身的上端，因此比較不可能發生在年度價格區間三等份的下緣。如果考慮排列落在前述三個位置的平均漲幅，則上緣的平均漲幅最大（44%）；這意味著動能玩家對於這種排列的參與興致最高。

突破當天的成交量，平均是前一天成交量的 163%，但隨後一個星期的成交量迅速減少。此處所謂的「大量」與「小量」，仍然採用稍早的定義（請參考第 409 頁）。幾乎有四分之三的案例夾著大量向上突破，但仍然有 26%的小量突破案例*。請注意，小量突破並不意味著排列隨後可能出現 5%失敗。在 18 個失敗排列中，小量突破的案例只佔 8 個，相當於 44%。

---

* 譯按：似乎不應該如此。請參考表 18.3 的相關數據：大量的成功突破 164 個，小量的成功突破有 59 個，成功突破的案例總共有 304 個（=322-8-10），這意味著正常量的成功突破有 81 個。所以，大量成功突破爲 164/304 或 54%，小量成功突破爲 59/304 或 19%（正常量成功突破爲 81/304 或 27%）。

交易戰術

表 18.4 列示頭肩底排列的交易戰術。運用衡量法則估計頸線突破之後的最低目標價位。請參考圖 18.7，頭部也是排列的最低點，計算該價位（$13^1/_8$）與頸線（$17^1/_2$）之間的垂直距離（$4^3/_8$）。接著，等待價格向上突破頸線，這發生在 3 月 28 日。我習慣採用保守的衡量方法，以突破當天的最低價（$15^1/_2$）為基準，向上衡量排列距離（$4^3/_8$），最低目標價位為$19^7/_8$。這個目標價位完成於 7 月中旬。

表 18.4　頭肩底排列的交易戰術

交易戰術	解釋
衡量法則	計算頭部谷底最低點與頸線之間的垂直距離，這是排列高度。由頸線突破點向上衡量排列高度，結果就是最低目標價位。如果頸線向右上方傾斜的角度過於陡峭，則由頭與右肩所夾轉折高點向上衡量排列高度。
不要等待確認	如果你能夠判斷潛在的頭肩底排列，儘早在右肩出現之後買進，因為絕大部分的潛在排列都會向上突破。可是，你必須確定頭肩底排列的結構已經發生，否則還是等待價格向上突破頸線。
停損	在兩肩較低者的下方 1/8 點處設定停損。對於成功的排列，價格通常不會跌破兩肩的較低者。
留意回挫	如果錯失向上突破的進場機會，可以等待回挫走勢。向上突破之後，大約有半數的案例會發生回挫走勢。一旦發生這種現象，可以進場買進或加碼。

圖 18.7 頭肩底排列。計算排列最低與頸線之間的垂直距離，由頸線突破點向上衡量排列距離，結果就是最低目標價位。7 月份曾經出現擴張頂排列。

　　如果你能夠提早判斷頭肩底排列正在形成之中，沒有必要等到排列完成或經過確認（換言之，收盤價向上突破頸線），可以儘早進場買進。由於失敗率只有 5%（其中 3%屬於 5%失敗情況，即使你等待排列完成，也不能規避這方面的風險），提早進場的額外風險非常有限，但獲利差額很可觀。當然，重點還是如何正確判定潛在的頭肩底排列。如果沒有把握，還是等待價格向上穿越頸線。

　　頭肩底排列完成──向上突破頸線──之後，半數的案例會發生回挫走勢，也可以考慮在回挫走勢完成之後進場。買進價格或許稍高,但獲利的機率也較大。如果當時已經持有股票,

也可以考慮在此加碼。

　　兩肩具備支撐的功能。請參考圖 18.7，兩肩的較低者（右肩）成為 10 月底下跌走勢的支撐。

　　建立部位之後，停損可以考慮設定在兩肩較低者的下方 1/8 點處。對於成功的頭肩底排列，價格通常不會跌破兩肩的較低者。如果這個停損點與進場點之間的距離太遠，就必須把停損設定在最近支撐的下方 1/8 點處。如果行情朝有利方向發展，應該調高停損點（或停止點）。

交易範例

某些人認為老包很倒楣，但他有一位賢慧的老婆，還有兩個可愛的小孩。身為汽車廠的黑手工人，他覺得生活很美滿，沒有什麼好抱怨的。可是，最近工會決定罷工，這對於老包的儲蓄構成嚴格的考驗，只好想辦法增加一些收入。

　　自從孩提時代開始，老包就認為華爾街是一個充滿夢想的地方。當他看到圖 18.7 的頭肩底排列，決定試試自己的手氣。當價格向上穿越頸線的時候，他進場買進，成交價格為 $16。

　　經過一個星期，情況的發展還算正常。股價緩步走高，但觸及 $16^5/_8 的高點之後就向下反轉。股價回挫到頸線附近，直接貫穿頸線而繼續下跌。突然之間，部位發生虧損，老包應該認賠賣出，或者繼續持有，等待股價回升？

他決定等待。股價很快就在$14½見底反彈。不久，股價向上穿越先前的高價$16⁵/₈，而且繼續攀升一段距離，然後出現橫向整理，甚至小幅回檔。老包不太擔心，因為目前已經處於獲利狀態。雖然賺錢不多，但只要有耐心，他相信應該沒有問題。

進入夏季旅遊旺季之後，航空類股開始出現顯著的漲勢，股價一路上揚，屢創新高。不久，股票在上檔形成擴張頂空頭型態，但老包根本不瞭解這種排列的意涵，仍然陶醉在股價飆漲的氣氛中。最後，終於在$21³/₈撞上鐵板。

當這支航空股票在 9 月中旬遇到亂流之後，幾乎是一路衝向地面。老包實在難以置信。整個暴跌過程中，老包只能看著獲利化為烏有。他與老婆商量之後，決定繼續持有股票。老包自言自語說著：「股價總有一天會回到原先的高點。然後，我就賣出。」

股價繼續下跌，部位很快就轉盈為虧。老包還是繼續持有，除非股價回到先前的水準，否則絕對不賣。

10 月份，情況開始發生變化。股價向上反彈，然後又暴跌到$13⁵/₈的低價，接著又回升。大約一個月之後，股價回到當初的買進價位。

新一年開始，出現一個下降擴張楔形的排列，股價雖然走低，但蘊含著多頭徵兆。1 月中旬，突然爆出大量，股票終於由谷底回升。成交量繼續放大，推動價格持續走高。

　　看著股價走高，老包決定在先前的高價$21³/₈賣出股票，於是打電話給經紀人，預先在該價位設定賣單。2 月底，股票出現一段飆漲行情，價格不只穿越老包設定在$21³/₈的賣單，而且在一個月左右的時間就挺進到$30。

　　從此以後，老包不再涉足股票市場。

❖ 19 ❖

複雜頭肩底排列

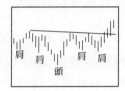

肩　肩　　肩　肩
頭

摘要資料

外觀	多個肩／多個頭的頭肩底排列。
反轉或整理	長期的（超過 6 個月）多頭反轉排列。
失敗率	6%。
平均漲幅	37%，最經常發生漲幅為 20%~30%。
成交量趨勢	下降趨勢。
回挫	47%。
價格目標 　達成率	82%。
意外發現	頸線朝右下方傾斜，績效較理想。 大量突破的績效較理想。
參閱排列	（9）帶柄杯狀排列，（12）雙重底排列，（18）頭肩底排列，（22）雙角底排列，（34）圓形底排列。

複雜頭肩底排列（complex head-and-shoulders bottom）的辨識困難程度，稍高於常態的頭肩底排列，但相差有限。畢竟來說，如果你知道如何辨識常態的排列，自然就能辨識複雜的型態。如果你觀察常態頭肩底的兩側，發現還有另外的肩部，就屬於多肩的複雜頭肩底型態。更深入探討型態辨識準則之前，或許應該稍微討論這個排列的重要統計數據。

排列的失敗率只有 6%，非常不錯的績效。在全部 239 個案例中，只有 15 個排列沒有發生預期中的走勢。排列的平均漲幅高達 37%，目標價位的達成率為 82%，這些績效讀數都很高。複雜頭肩底排列屬於值得操作的型態。

關於這個排列，我有兩個有趣的發現。當頸線朝右下方傾斜，股票的績效表現較好，平均漲幅為 39%（頸線朝右上方傾斜的案例，平均漲幅為 34%）。突破過程出現大量的排列，績效比較理想，平均漲幅為 39%（小量突破的案例，平均漲幅為 32%）。細節內容請參考「統計數據」一節。

緣起

複雜頭肩底排列有兩種不同的基本類型：多肩與多頭。請參考圖 19.1 的例子，這是一個雙肩的型態，總共有兩個左肩，一個頭，兩個右肩。當你瀏覽價格走勢圖，很容易從這份圖形中發現常態的頭肩底排列，介於 11 月初到 1 月底之間的兩肩與頭部非常明確。可是，如果繼續觀察這個常態排列的兩側，還會發現另一組肩部，另一個左肩發生在 10 月初，另一右肩發

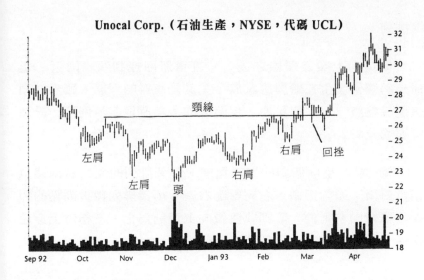

圖 19.1 雙肩的複雜頭肩底排列。請注意水平狀頸線與回挫走勢。這個排列屬於圓形底的一部分。

生在 2 月底。以頭爲中心，左、右肩相當對稱——不論就價位或時間距離而言。

由價格走勢本身來說，這是一個相當典型的複雜頭肩底型態。可是，成交量的情況有些不尋常，因爲右半邊的成交量大於左半邊。

由另一個角度觀察，圖 19.1 也是圓形底排列（rounding bottom），雖然成交量沒有呈現向下凹的圓弧狀，但整個走勢外觀是平緩的半圓形（利用一條曲線銜接轉折低點，看起來更清楚）。不論是圓形底或複雜頭肩底排列，兩者都屬於多頭反

轉排列。

　　價格向上突破頸線之後，一度重新回挫到頸線附近，這種走勢經常發生在頭肩底家族，尤其是複雜的型態。雖然在頸線邊緣盤整 1、2 個星期，但隨後的漲勢還是非常俐落，最高曾經觸及 $32^5/_8$。

　　圖 19.2 是兩個頭的複雜型態。整個排列的左、右兩邊也相當對稱：頭對應頭，左肩對應右肩。銜接排列轉折高點的頸線，繼續向右延伸，直到收盤價向上穿越爲止。價格向上穿越頸線，稱爲突破，也是型態完成的時候。

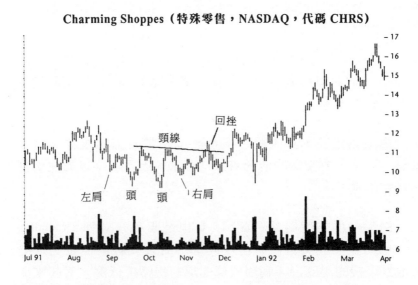

Charming Shoppes（特殊零售，NASDAQ，代碼 CHRS）

圖 19.2　　兩個頭的複雜頭肩底排列。左半邊的成交量大於右半邊。

　　圖 19.2 的突破發生在 11 月中旬，然後立即回挫，停留在頸線之下大約一、兩個星期。股價回升，向上穿越頸線；可是，不久，價格又短暫跌破頸線，但立即彈升，並且緩步走高。3 月底，股價創16^5/_8$的高價，相對於排列最低點為$9$^3/_{16}$。

　　在這個例子中，排列左半邊的成交量大於右半邊。相對於圖 19.1，圖 19.2 的成交量型態比較標準。

辨識準則

是否有一組簡易的準則可供辨識頭肩底排列？有的，請參考表 19.1。如同前文說明的，複雜頭肩底排列有兩種基本類型：多肩與多頭的型態（很少排列同時呈現多頭與多肩的情況）。圖 19.3 顯示多肩的頭肩底排列案例。「頭」的位置顯著低於兩「肩」，有別於三重底排列（triple bottoms）。就目前這個例子而言，我們可以看見一個清楚的常態頭肩底，兩側又各出現一個額外的肩部。整體排列形狀仍然呈現對稱。左側兩肩與右側兩肩的時間距離大致相同。可是，遠邊右肩的價位則顯著高於對應的遠邊左肩。然而，大體上來說，這個案例還是呈現複雜頭肩底排列的典型對稱性質。

　　圖 19.3 顯示正常的成交量型態：兩個左肩的成交量稍高於兩個右肩。成交量的整體趨勢向下發展。

　　銜接「頭」部兩側最高峰位的直線，稱為頸線。頸線大多為水平狀；雖然這是主觀的認定，但我瀏覽整個資料庫的案

表 19.1　複雜頭肩底排列的辨識特質

特質	討論
形狀	多肩或多頭的頭肩底排列（在很罕見的情況下，也可能同時出現多肩與多頭）。頭的價位低於肩部，但差距通常不大。
對稱性	以頭部為中心，排列呈現明顯的左、右對稱性。不論是肩部的價位，或肩部與頭的時間距離，大約都彼此對應。另外，左、右兩邊的肩部形狀也大致相同，都呈現圓滑或尖銳的結構。
成交量	一般來說，左半邊的成交量大於右半邊。整體成交量型態呈現下降趨勢。
近乎水平狀的頸線	銜接排列中心兩側的轉折高點，這條直線即是頸線。大多數排列的頸線都呈現水平狀或近似水平狀。
向上突破	收盤價向上穿越頸線，即是向上突破。如果頸線朝右上方傾斜的角度過大，把突破點設定為頭與最右側肩部之間的最高價。

例，確實有 74%的排列頸線大體呈現水平狀（包括本章提供的例子）。

　　如果頸線向上傾斜的角度很大，不妨考慮把排列最高價視為突破點。利用過度傾斜的頸線衡量突破點，進場時效可能太遲；當收盤價突破頸線的時候，上檔空間或許已經不大，不值得進行操作。

　　一旦收盤價穿越頸線，排列即告突破，這也是頭肩底型態正式完成的時刻。向上突破之後，價格經常回挫到頸線附近，甚至跌破頸線之後才回升。請參考圖 19.2，12 月份曾經發生回挫走勢，價格由11\frac{1}{2}$下跌到$9$\frac{7}{16}$，兩天之內幾乎暴跌 20%。

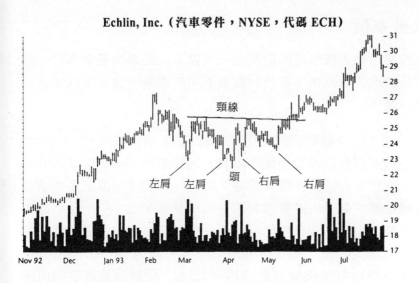

圖 19.3 複雜頭肩底整理排列。排列完成之後，繼續先前的漲勢。

當盤勢止跌之後，回升的速度也很快。

圖 19.3 的例子相當不尋常，因為這個頭肩底排列屬於上升趨勢的連續排列——不是正常情況的下降趨勢反轉型態。由 1992 年 11 月份到 1993 年 2 月底之間，整波段的漲勢非常穩定。一直到價格在$27 之上創峰位之後，才拉回而呈現橫向整理，過程內出現複雜頭肩底排列。

大多數情況下，複雜頭肩底排列都發生在下降趨勢的末端。圖 19.1 就是典型的例子。雖然統計數據應該留待稍後討論，但此處不妨指出：75%的案例屬於反轉型態，而且排列的「頭」部（排列最低點）大多落在年度價格區間的低點附近。

失敗案例

在股票市場求取生存的關鍵之一，就是由錯誤中學習教訓。綜觀所有的失敗案例，就可以察覺其中的趨勢，就如同股價走勢圖一樣。

在 239 個複雜頭肩底排列中只有 15 個失敗案例，但 66% 的失敗案例屬於連續型態。當然，這項事實不能提供真正的助益，因為唯有排列完成（突破）之後，我們才知道它是連續或反轉型態。很多失敗案例發生在延伸性跌勢之中；一旦型態失敗之後，當時的價格可能已經非常接近最終低點，最終低點通常距離排列「頭」部（排列最低點）不超過 10%。可是，某些失敗排列可能繼續下跌 25%或以上，所以還是應該利用停損單侷限損失。

圖 19.4 顯示一個典型的失敗案例，這個複雜頭肩底排列沒有把當時的下降趨勢向上反轉。股價在 1991 年 9 月份創 $106^3/_8$ 的峰位，然後開始緩步下滑，但在 1992 年 7 月中旬出現反彈高點之後，下跌步調轉快。1993 年 1 月份，股價創$45^7/_8$ 的低點，並且在此形成複雜頭肩底排列的雙「頭」部。

當潛在頭肩底排列形成之後，價格確實向上突破頸線，但只到達$57^1/_8$。收盤價只停留在頸線之上三天，然後又貫穿頸線。最後，股價在 8 月份創$40^5/_8$ 的低價。

這個例子幾乎呈現標準的成交量型態。左肩的成交量非常大，雙「頭」位置的成交量顯著萎縮，右肩的成交量更小。唯一比較不正常的地方是突破量太小，這或許也是排列失敗的

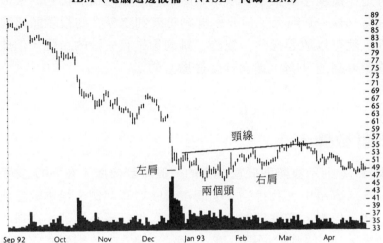

圖 19.4 複雜頭肩底排列的 5%失敗案例。排列完成之後，沒有出現 5%以上的跟進漲勢。複雜頭肩底的失敗率爲 6%，包括目前這種失敗情況，以及排列根本無法向上突破。

原因之一。我觀察全部 15 個失敗案例，發現其中只有 3 個排列（20%）出現小量突破（譯按：請參考下一段的說明，實際上只有 8 個案例曾經向上突破）。所以，小量突破並不足以判斷排列的成敗。我們的案例中畢竟有 41 個小量突破的成功排列。

失敗的排列包括兩種類型，一是向上突破之後沒有發生 5% 或以上的跟進漲勢，另一是價格向下突破排列「頭」部；在全部 15 個失敗案例中，5%失敗情況佔 8 個，另外 7 個向下突破。

總之，沒有任何可靠線索足以顯示複雜頭肩底可能失敗。

可是，這項事實並不構成嚴重的瑕疵，因為這個排列的失敗率
只有 6%。原則上，只要你能夠正確判定潛在的複雜頭肩底排
列，就可以放心操作。沒錯，排列還是有失敗的可能，但成功
的機會高達 94%，還有什麼好擔心的？

統計數據

表 19.2 列示複雜頭肩底排列的一般統計數據。在 500 支股票
的 5 年資料中，我找到 239 個複雜頭肩底案例。樣本數量或許
不多，但對於這種相對罕見的排列而言已經不錯了。在這些排
列中，181 個屬於反轉型態（76%）；換言之，排列完成之後，
價格的發展方向與先前的趨勢相反。絕大部分案例屬於下降趨
勢的反轉型態。

　　排列的失敗率為 6%。幾乎所有的潛在排列都向上突破，
而且出現 5%以上的跟進漲勢。

　　向上突破之後，平均漲幅為 37%。可是，最經常發生漲
幅介於 20%與 30%之間。圖 19.5 是排列漲幅的次數分配圖，
漲幅 20%與 30%的案例個數顯然最多，遠超過其他漲幅欄位。
另外，漲幅超過 90%的案例佔 10%，這也是平均漲幅之所以
偏高的理由。由於偏高離群值會造成平均數向上扭曲，這是我
採用次數分配圖的根本原因。

　　關於向上突破之後的最低目標價位，這是計算排列的高
度，然後由突破點向上衡量（細節請參考「交易戰術」）。複雜

表 19.2   複雜頭肩底排列的一般統計數據

說明	統計數據
排列數量： 1991 年~1996 年的 500 支股票	239 個
反轉或整理排列	58 個整理，181 個反轉
失敗率	15/239 相當於 6%
成功排列的平均漲幅	37%
最經常發生漲幅	20%~30%
成功排列中，符合 或超越目標價位者	184/224 相當於 82%
排列平均長度	3.5 個月（105 天）
成交量呈現下降趨勢的 成功排列數量	150/239 相當於 63%
頸線向上／向下傾斜的 平均漲幅	34% / 39%
遠邊左肩／遠邊右肩價位 較高的平均漲幅	36% / 38%
頸線近乎水平狀	176/239 或 74%

附註：複雜頭肩底排列的成功率高達（94%），平均漲幅爲（37%）。

頭肩底排列的目標價位達成率爲 82%，我認爲 80%以上的水準屬於可靠排列。

　　排列的平均長度爲 105 天，這是衡量兩側最遠邊肩部的距離，所以會低估實際的排列長度，因爲我的統計數據沒有考慮左肩的下跌波段與右肩上漲到突破點的過程。

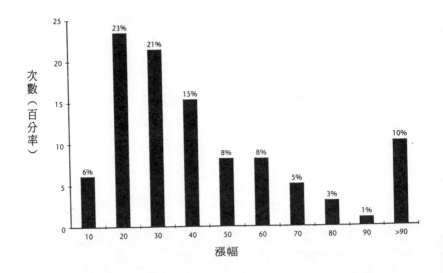

圖 19.5　複雜頭肩底排列的漲幅次數分配　最經常發生漲幅為20%~30%。

　　我計算排列內成交量時間序列的迴歸直線斜率，藉以判斷成交量究竟是呈現上升或下降趨勢。幾乎有三分之二案例（63%）的成交量趨勢呈現下降趨勢。事實上，只要透過肉眼觀察，就很容易發現左肩的成交量通常大於右肩。

　　某些分析家認為，頸線傾斜方向與肩部高度將反映排列的強度。我透過統計方法測試這些看法，結果發現頸線向下傾斜的排列強度，經常超過頸線向上傾斜的案例，前者的平均漲幅為 39%，後者為 34%。兩者之間的差異具有統計上的顯著意義，這意味著前述結果不太可能純屬巧合。

　　關於肩部高度，右肩價位較高的排列，突破之後的上漲
力道是否比較強勁？沒錯，右肩價位較高排列的平均漲幅爲
38%，左肩價位較高的平均漲幅爲 36%。雖然兩者之間的差異
不具有統計上的顯著意義，但我們認爲這是相當合理的現象。
如果價格下跌的轉折低點愈來愈高（右肩價位高於左肩），意
味著趨勢開始發生變化，逐漸由跌勢過渡爲漲勢。投資人察覺
這種力量變化，自然傾向於買進股票。

　　向上突破之後的漲幅與右肩高度之間，是否存在關聯？
沒有證據顯示如此。針對資料庫內的案例，我繪製右肩跌幅與
突破漲幅（都表示爲百分率）的相關散佈圖（correlation scatter
chart），預料兩者之間應該存在反方向變動的關係（右肩跌幅
愈小，突破漲幅愈大，反之亦然）。結果，散佈圖基本上顯示
兩者之間呈現隨機關係。

　　複雜頭肩底排列的頸線，是否大多呈現水平狀？沒錯，74%
的案例是如此。當然，何謂「大多呈現水平狀」，其中多少涉
及主觀的判斷。我的「大多數」定義爲「例外情況不超過 30%」。
相關的結果支持我把這個條件納入辨識準則。

　　表 19.3 顯示突破的相關統計數據。大部分排列（97%）
向上突破，只有 3%的案例向下突破。在 232 個向上突破的案
例中，只有 8 個排列沒有發生 5%以上的跟進漲勢；加上 7 個
向下突破案例，失敗的排列總共有 15 個。

　　向上突破之後，幾乎半數排列（47%）的價格在 30 天之
內回挫到頸線（如果超過 30 天，就視爲正常價格波動，不屬

表 19.3　　複雜頭肩底排列突破的統計數據

說明	統計數據
向上突破	232/239 或 97%
向下突破	7/239 或 3%
向上突破的 5%失敗案例	8/232 相當於 3%
回挫	108/232 相當於 47%
完成回挫走勢的平均期間	12 天
對於成功的排列，突破與 最終峰位的相隔時間	8 個月(241 天)
突破點位在最近 12 個月價格區間 的下緣、中央或上緣	下緣 20% 中央 44% 上緣 37%
前述突破位置的 平均漲幅	下緣 34% 中央 37% 上緣 38%
相對於突破前一天，突破當天 與隨後 5 天的成交量	163%，138%，115%， 103%，　98%，　99%
大量突破與小量突破 的平均漲幅比較	39% / 32%

附註：幾乎所有的案例都向上突破，於 8 個月內到達最終高點。

於回挫走勢）。完成回挫走勢的平均期間為 12 天。

　　向上突破的成功排列，平均花費 8 個月才到達最終高點。所以，我把這個排列歸納為長期型態。可是，我也依照個別案例到達最終高點的時間長度，編製次數分配圖。結果，大部分

的排列到達最終高點的時間都超過 6 個月（6 個月是區分中期
與長期趨勢的門檻）。

這個排列通常發生在年度價格區間的哪個位置？大部分排
列的突破點落在年度價格區間三等份的中央。這是很合理的現
象，因為複雜頭肩底通常發生在下降趨勢的末端，但價格需要
經過一段漲勢才能到達頸線突破點。對於落在這三個價格區間
的排列，各自的平均漲幅都差不多，介於 34%到 38%之間；其
中以突破點落在年度價格區間上緣的案例，平均漲幅最大。這
似乎意味著動能玩家最偏愛年度高價附近的頭肩底排列。

突破過程的成交量，是另一個值得考慮的統計參數。突
破過程發生大成交量，隨後的漲幅是否較高？沒錯，大量突破
的平均漲幅為 39%，小量突破為 32%。兩者之間的差異具有
統計上的顯著意義。

對於每個案例，我計算突破當天與隨後兩天的平均成交
量（因為突破量可能延遲發生），然後比較這個平均值與突破
前一天的成交量，如果前者是後者的 125%以上，歸類為「大
量」；如果前者是後者的 75%以下，歸類為「小量」。接著，
我分別計算大量突破與小量突破的平均漲幅，結果的數據如同
前述。

交易戰術

表 19.4 列示交易戰術的摘要內容。關於目標價位的衡量方法，
請參考圖 19.6 的說明。這是顯示在週線圖上的複雜頭肩底排

表 19.4　　複雜頭肩底排列的交易戰術

交易戰術	解釋
衡量法則	計算頭部谷底最低點與頸線之間的垂直距離，這是排列高度。由頸線突破點向上衡量排列高度，結果就是最低目標價位。
不要等待確認	如果你能夠判斷潛在的複雜頭肩底排列，儘早建立多頭部位或回補空頭部位。
停損	對於成功的排列，價格通常不會跌破最低的右肩。所以，考慮把停損設定在最低右肩或「頭」下方 1/8 點處。
留意回挫	在回挫走勢中買進或加碼。等待價格止跌之後才採取行動，因為回挫走勢可能持續下跌。

列，「頭」部最低點為13\frac{1}{2}$，該點對應的頸線位置為$18$\frac{5}{8}$，所以排列高度為5\frac{1}{8}$。由頸線突破點（$17）向上衡量排列高度，最低目標價位為22\frac{1}{8}$（=17+5$\frac{1}{8}$）。

　　向上突破之後的兩個星期，股價就達到目標價位。雖然漲勢沒有就此結束，但繼續上漲之前，出現將近一年的橫向盤整。最後，價格創39\frac{3}{8}$的高價，大約是複雜頭肩底最低點$13$\frac{1}{2}$的三倍，由突破點衡量的漲幅也有 100%以上。

　　在圖 19.6 中，由 1991 年底到 1993 年底之間，曾經出現將近 2 年的上升趨勢，然後是長達 6 個月的回檔整理，複雜頭肩底即是這波下跌走勢的反轉型態。排列一旦向上突破之後，很快就達成目標價位，然後橫向盤整 2 個月，接著躍升到較高水準繼續盤整 7 個月，一直到 1995 年 6 月中旬才向上飆漲。

Allen Telecom Inc.（電訊設備，NYSE，代碼 ALN）

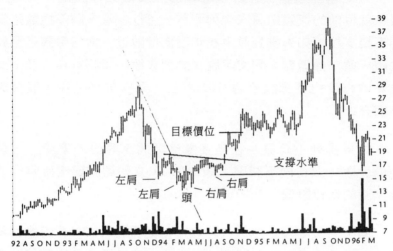

圖 19.6 週線圖的複雜頭肩底排列。計算排列「頭」部與頸線之間的距離，由突破點向上衡量，結果就是向上突破之後的最低目標價位。右肩的低點經常能夠提供支撐。

　　由於複雜頭肩底排列通常都會向上突破，所以沒有太大的必要等待實際突破。只要察覺這個潛在的複雜型態，就可以考慮買進。當然，重點還是在於如何明確辨識複雜頭肩底的排列。很多情況下，應該先挑選中心的常態頭肩底排列，然後繼續向兩側觀察，看看是否存在額外的肩部。圖 19.6 的案例就可以由此角度處理。

　　如果排列內存在兩個「頭」，結構就不同了。這種情況下，兩個「頭」之間通常相隔不足 1 個月，相當於典型的雙重底排列。另外配合對稱的肩部與水平狀頸線，型態應該很容易辨識。

　　只要建立短線操作部位，就應該養成立即設定停損的習慣。就目前的複雜頭肩底排列而言，可以在眾多肩部挑選適當的下檔支撐。如果排列發生在年度低價附近，價格應該不至於跌破「頭」部低點；即使頭肩底排列失敗，價格貫穿「頭」部低點的程度也不應該超過 10%左右。探底成功之後，股價應該回升。

　　如果排列不是發生在年度價格區間三等份的下緣，一旦型態失敗（價格向下突破「頭」部），立即認賠賣出持股，不要無謂的期待股價回升。

　　向上突破之後，股價大約有一半的機會（47%）回挫到頸線。一旦回挫走勢止跌回升，考慮買進或加碼。務必等待回挫走勢止跌，否則很可能遭遇圖 19.2 的情況：頸線不能有效緩和跌勢，價格繼續下挫 1 個星期左右。如果多等待幾天，或許——取決於進場的實際位置——可以避開一些帳面損失。

交易範例

如果天氣不錯的話，我偶爾會騎著單車四處逛逛，讓那些汽車駕駛羨慕一番。就是在這種情況下，我認識小惠。當我把自己的謀生之道告訴她之後，她也告訴我，她在一家夜總會擔任歌舞女郎，賺取不錯的小費。我不確定自己是否應該相信她的故事，不過她確實長得不錯（戴著頭盔與太陽眼鏡，誰知道？）。

　　總之，小惠告訴我一筆她所進行的交易（參考圖 19.6）。

1994 年 2 月，當價格由低點$15（第二個左肩）向上反彈之後，
她由前一年 10 月份的峰位沿著最近轉折高點繪製一條下降**趨
勢線**，當時的反彈走勢似乎正要向上穿越這條趨勢線。正因為
如此，她開始注意這支股票。

小惠知道，價格正式上漲之前，通常都會重新測試底部，
所以決心等待。結果，股價再度下跌到$14（頭）。然後出現一
段橫向走勢，曾經觸及 $14³/₈（第一個右肩）——這也是小惠
發現頭肩底排列的時候。

小惠繪製這個頭肩底排列的頸線，發現這條頸線向上傾
斜的角度實在太大，不可能把突破點設定在頸線上。所以，**她
把（第一個）右肩的最高價視為突破點，並且決定在此買進**。

5 月底，價格觸及小惠設定的買點，成交價格為$17½。
詳細觀察走勢圖之後，她發現另外兩個肩部（圖形沒有標示），
一在 2 月初，一在 5 月中旬，兩者的價位大約都在$16。所以，
整個排列演變為複雜頭肩底型態。

可是，不論常態或複雜的格式，對於小惠的投資計畫都
沒有影響，只是變得更有趣而已。她懷疑是否會再發生兩個肩
部。確實如此，7 月底又出現一個折返低點（第二個右肩），
剛好對應 1993 年 12 月中旬的轉折低點（第一個左肩），**兩者
的價位大約都是$15¾。不久，價格開始上漲。8 月中旬，部位
已經解套，而且展開複雜頭肩底的向上突破。現在，小惠按照
傳統衡量方法估計上檔的目標價位**，結果是$22¹/₈。

　　兩個星期之後，走勢就滿足目標價位。由於她不急著用錢，決定繼續持有部位。小惠認為這支股票具有足夠的動能挑戰先前的高點$29¼，所以把長期目標設定在此。只要價格不跌破買進成本，她就準備長期抗戰。

　　1994 年底到 1995 年 6 月初，股票在$21 到$26 之間盤整，很難判斷後續的發展。當然，股價可能向下突破這個盤整區域，所以小惠把停止點提高到$21。

　　6 月中旬，大約是買進股票的一年之後，股價突然向上飆漲，直奔她設定在$29 的賣點。小惠獲利了結之後，股票繼續攀升，但她需要這筆錢支付房子的頭期款。

　　我完全沉迷在這段故事中，沒有注意她已經下車了。小惠表示，她準備回家另外找些新的投資機會。於是，她對我搖搖屁股，然後就走了。

　　我由單車上跌下來。

❖ 20 ❖

頭肩頂排列

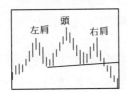

摘要資料

外觀	呈現三個峰位的排列,中間峰位最高。
反轉或整理	短期的(長達 3 個月)空頭反轉排列。
失敗率	7%。
平均跌幅	23%,最經常發生跌幅為 15%。
成交量趨勢	下降趨勢;左肩的成交量通常最大,然後是頭,右肩的成交量最小。
回升	45%。
價格目標 　達成率	63%。
意外發現	頸線向下傾斜或右肩低於左肩,跌幅通常較大,但不具有統計上的顯著意義。
參閱排列	(21)複雜頭肩頂排列。

本書討論的股價型態中，頭肩頂排列（head-and-shoulders top）或許是最著名者。這一方面是因為該排列的可靠性。在我篩選的案例中，93%的排列向下突破，而且價格繼續走低，操作上不需等待型態完成（價格突破頸線）。就這方面而言，持股者或許可以避開不必要的損失，放空者可以提高獲利潛能。除此之外，頭肩頂排列之所有受到普遍認同，一方面也因為型態容易辨識——三個清楚的峰位，中間的「頭」高於兩「肩」。

我的研究有兩個意外發現，頸線向下傾斜或右肩價位低於左肩，這兩種情況往往意味著突破之後的跌幅加重。不幸地，前述結論缺乏統計上的顯著意義；換言之，結果可能是（或不是）純屬巧合。雖說如此，這些現象還是很有趣，細節請參考「統計數據」一節。

緣起

圖 20.1 是一個很好的範例，三個峰位非常清楚，中間的峰位較高。左肩通常發生在延伸性漲勢之後。由整個年度價格區間觀察，頭肩頂排列相當凸顯，很容易辨識。

在圖 20.1 的例子中，頭部的成交量最大。可是，大多數情況下，左肩的成交量最大，其次是「頭」，右肩的成交量顯著萎縮。這種成交量型態是辨識頭肩頂排列的重要參考，但不屬於必要條件。

銜接三個峰位所夾的兩個谷底，這條直線稱為頸線。頸

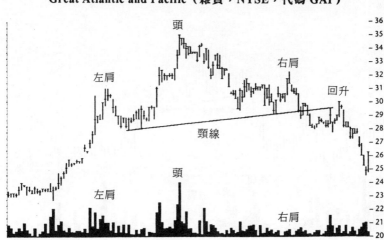

圖 20.1 頭肩頂排列。中央是較高的「頭」，兩側分別為「左肩」與「右肩」。向下突破之後，幾乎有半數案例重新回升到頸線。

線可能向上或向下傾斜，前者所佔比率為 52%，後者為 43%，剩餘的 7%為水平狀。頸線的傾斜方向可能影響隨後的價格跌勢嚴重程度。關於頸線斜率與右肩高度對於價格走勢的影響，請參考稍後的「統計數據」一節。

　　這類排列的形成原因是什麼？假定你是一位大金主，或代表所謂的「精明資金」。目前是 7 月中旬，你正在觀察圖 20.2 股票。查核基本面的情況，一切都相當不錯，於是你在 7 月中旬的回檔低點開始買進，結果造成價格向上反轉。

　　不久，你已經取得所需要的全部股票，於是開始等待。

Toll Brothers（住宅營建，NYSE，代碼 TOL）

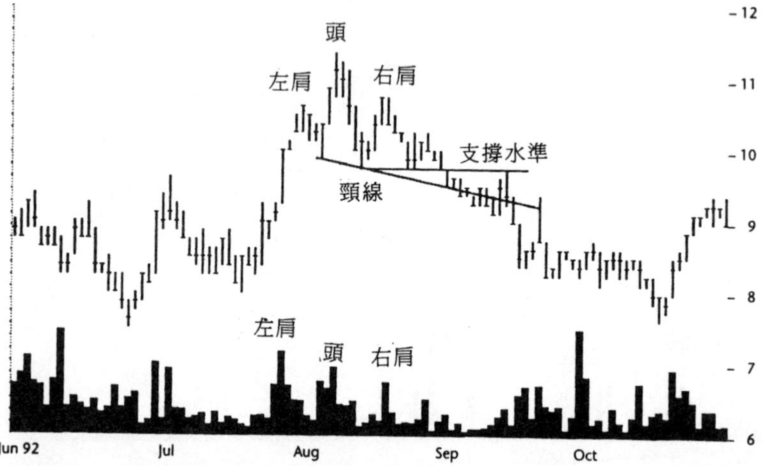

圖 20.2 頭肩頂排列。這個例子的成交量符合正常型態：左肩最大，右肩最少。頸線向下傾斜，代表弱勢。

正如同你所預期的，公司方面宣佈一些利多消息。其他投資人紛紛跟進，股價更進一步走高。當股價上漲超過$10 之後，你決定開始賣出，因為 2 個星期的獲利已經超過 20%。由於你拋出股票，股價開始小幅回檔。

發覺到走勢轉弱，你暫停賣出，嚴密觀察後續發展。其他等待低價買進機會的動能玩家，趁著回檔走勢進場。於是，股價再度回升。

當股價重新攀升到$10 以上，你又開始賣出；由於先前已經出清大部分股票，目前需要拋出的股票數量已經不多。可是，

其他動能玩家還是察覺你的出貨動作，股價稍微穿越$11 就反轉下滑。

　　你在回檔過程繼續拋光持股。由於其他玩家也開始出場，把股票轉手給後知後覺的投資人，成交量明顯放大。股票繼續下跌，最後終於跌破$10。由於大部分投資人相信股票已經處於超賣狀態，買盤再度進場，於是股價又上漲。

　　你在場外冷眼旁觀，對於已經了結的獲利非常滿意。股價回升到$10¾做出右肩。由於缺乏支撐，走勢夾著小量向下反轉。某些熟悉技術分析的投資人，發現整個走勢形成頭肩頂排列，並且察覺其中的空頭意涵，紛紛獲利了結或認賠初場。另一些玩家甚至放空股票，希望低檔回補。

　　價格下跌到圖 20.2 標示的「支撐水準」，試圖做最後的掙扎。股票於支撐區盤整一個星期左右，呈現最後一波弱勢反彈。由於反彈走勢全然缺乏攻堅動能，很快就向下回挫，終於貫穿頸線。這個時候，成交量又開始放大，股價跌勢轉劇。最後，價格終於回到起漲點$8。

辨識準則

表 20.1 列示頭肩頂排列的辨識準則。請注意，頭肩頂排列的實際形狀可能千奇百怪，辨識準則畢竟只是「準則」而已。請參考圖 20.3 的例子，其中總共有 4 個肩部，但只有 1 個「頭」。如果頭肩頂排列不是呈現標準的「一個左肩 / 一個頭 / 一個右

表 20.1 頭肩頂排列的辨識特質

特質	討論
形狀	在一段價格上升趨勢之後，形成三個峰位構成的排列，中間峰位的價格最高。類似人體上半身的形狀：頭與兩肩。
對稱性	左肩與右肩必須分別位在「頭」的兩側，兩肩與頭之間的時間距離大約相等，兩肩的價位也大約相同。雖然每個排列的實際形狀各自不同，但基本上必須以頭部為準而左右對稱。
成交量	一般來說，左肩的成交量最大，其次是頭，右肩的成交量很小。
頸線	三個峰位夾著兩個轉折低點，繪製一條直線銜接兩個轉折低點，稱為頸線。頸線通常向上或向下傾斜。當價格向下穿越頸線，通常代表賣出訊號。
向下突破	價格向下突破頸線之後，可能回升到頸線附近，重新測試頸線的壓力，然後又繼續下跌。

肩」，就稱為複雜頭肩頂型態（complex head-and-shoulders top pattern），這部分的細節討論請參考第 21 章。可是，任何複雜的型態，畢竟也只是頭肩頂排列而已。

頭肩頂排列通常發生在延伸性價格上升趨勢的末端。先前漲勢的涵蓋期間如果不長，頭肩頂排列反轉之後，價格可能只會回到當初的起漲點（參考圖 20.2 的案例）。可是，頭肩頂引發的跌勢，通常代表短期（3 個月以內）或中期（3 個月到 6 個月之間）的下降趨勢，甚至可能是長期空頭走勢的起點。我們無法事先判斷頭肩頂排列引發的跌勢規模。

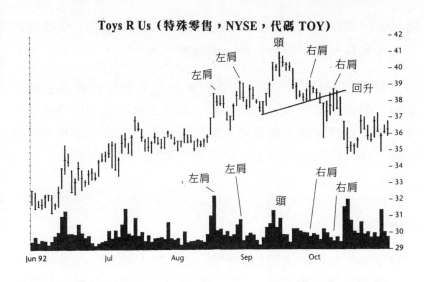

圖 20.3 複雜頭肩頂排列。這個例子說明頭肩頂排列可能呈現的變形。

　　即使是圖 20.3 顯示的古怪排列，還是存在明顯的左右對稱性質。兩個左肩與其個別對應的右肩，大約都發生在相同價位。另外，兩個左肩與「頭」部的時間距離，大體上也與右側情況相互對稱。總之，在整個排列當中，「頭」處在中心位置。所以，「左右對稱」是辨識有效頭肩頂排列的重要參考準則。

　　大體上來說，左肩的成交量大於頭部，頭部的成交量又大於右肩。在圖 20.3 中，如果只考慮內側的三個峰位，成交量的型態稍有變化，左肩的成交量小於頭部，但還是大於右肩。

　　銜接三個峰位所夾兩個谷底的直線，稱為頸線，請參考

圖 20.3。頸線是排列完成的確認點。價格一旦向下穿越頸線之，如果沒有發生回升走勢，通常會快速下跌。

頭肩頂排列向下突破之後，大約有半數案例會發生回升走勢，價格拉高而重新測試頸線。回升走勢通常不超過 2 個星期，不要被這類的走勢愚弄。回升走勢完成之後，價格會繼續下跌，這往往代表多頭部位出場或空頭部位進場的良機。

失敗案例

頭肩頂排列失敗的情況相對罕見，圖 20.4 提供一個案例。這個型態的結構相當完美，「頭」部位在正中央，左肩與右肩位在對稱的兩側，價格大致相同（$29^1/$_8$）。左肩的成交量大於頭部，頭部成交量又大於右肩。

價格為何沒有跌破頸線而反轉先前的上升趨勢呢？我們不知道明確的答案。排列雖然失敗，但我們不能否認型態的完美程度。這個頭肩頂屬於上升趨勢的連續型態。在此之前，曾經出現兩個下降三角形（圖形沒有顯示），兩者都向上突破，也都屬於上升趨勢的連續型態。由事後的角度說，這兩個三角形或許足以顯示上漲的力道，似乎意味著隨後的頭肩頂排列也可能失敗——可是，畢竟沒有人預先知道這點。

頭肩頂排列不經常失敗。類似如圖 20.4 的失敗狀況（換言之，屬於連續型態而沒有向下突破），在所有的 431 個案例中，總共只有 25 個，相當於 6%。

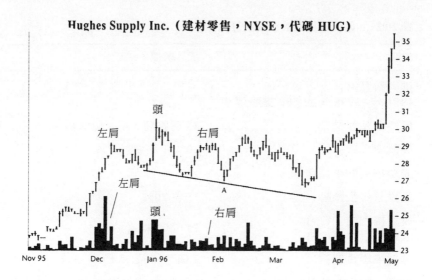

圖 20.4 頭肩頂排列。這個排列沒有向下跌破頸線。左右對稱性質與成交量型態都沒有顯示任何失敗的徵兆。

統計數據

表 20.2 列示頭肩頂排列的一般統計數據。這屬於經常發生的股價型態，在我的資料庫內，總共有 431 個案例，幾乎（94%）都屬於上升趨勢的頭部反轉排列。失敗案例有 30 個（7%），包括兩種失敗類型：向上突破，以及向下突破之後沒有出現跟進的 5%跌勢。由上述數據發現，潛在排列大多能夠完成（向下跌破頸線），所以操作上沒有必要等待向下突破的確認訊號。操作上的細節，請參考「交易戰術」一節。

表 20.2　頭肩頂排列的一般統計數據

說明	統計數據
排列數量： 1991 年~1996 年的 500 支股票	431 個
反轉或整理排列	25 個整理，406 個反轉
失敗率	30/431 相當於 7%
成功排列的平均跌幅	23%
最經常發生跌幅	15%~20%
成功排列中，符合 或超越目標價位者	254/401 相當於 63%
排列平均長度	2 個月（62 天）
右肩 / 左肩價位較低的 平均跌幅	24% / 22%，不具統計顯著意義
頸線向下 / 向上傾斜的 平均跌幅	23% / 22%，不具統計顯著意義

附註：失敗率只有 7%，操作上沒有必要等待向下突破。

　　一旦價格跌破頸線之後，平均跌幅為 23%。可是，跌幅次數分配圖顯示最經常發生跌幅大約只有 15%，請參考圖 20.5。圖形顯示鐘鈴狀的分配，使我們對於結果更有信心。最高欄位代表最經常發生的跌幅，因為該跌幅的發生次數最多。

　　關於目標價位，細節請參考「交易戰術」一節，但此處可以簡單說明：計算頭部最高價到頸線之間的垂直距離，由頸線突破點向下衡量該距離，結果就是突破之後的最低目標價

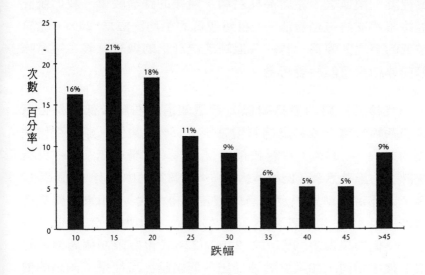

圖 20.5　頭肩頂排列的跌幅次數分配　最經常發生漲幅為 15%，低於平均跌幅 23%。

位。這個排列的目標價位達成率為 63%，但我認為達成率超過 80% 才屬於可靠的型態。

　　頭肩頂排列由左肩峰位發展到右肩峰位的平均期間為 2 個月（62 天），由於其中不包括左肩的上漲走勢與右肩下跌到頸線的時間，所以實際的排列完成期間會超過 2 個月。如果納入右肩下跌到頸線的時間，前述期間增長到 79 天（我沒有考慮左肩上漲階段的時間）。

　　某些分析家認為，兩肩的高度差異會影響隨後的跌勢嚴

重程度。換言之，左肩高於右肩，隨後的跌勢較重。我的統計數據雖然支持這種看法——右肩較低的平均跌幅爲 24%，左肩較低的平均跌幅爲 22%——但缺乏統計上的顯著意義。這意味著前述結果可能純屬巧合。

我檢視兩肩的價格關係。希望知道：右肩較低，是否意味著跌幅較重？我考慮兩肩價差至少 5%的案例，雖然平均跌幅的差異——34%（右肩較低）／ 19%（左肩較低）——具有統計上的顯著意義，但樣本太小（431 個案例中只有 11 個或 12 個，因爲辨識準則限定兩肩的價差不得太大）。如果兩肩最低價差採用 4%，平均跌幅爲 25%／22%，樣本增加爲 35 個。可是，這個結果與表 20.2 的 24%／22%（沒有限制兩肩價差幅度）幾乎相同。如果要勉強提出一個結論，可能是：兩肩的價差愈大，表現的差異也愈大。右肩價位顯著較低，意味著跌幅顯著較大。

同樣地，某些分析師認爲，頸線向下傾斜的技術結構弱於頸線向上傾斜。我的統計數據也支持這種看法，平均跌幅分別爲 23%與 22%，但兩者的差異仍然缺乏統計顯著意義。由於絕大部分的技術分析者都相信如此，而且統計上也找不到相反的證據，所以——或許可信吧。

表 20.3 顯示一些突破的統計數據。絕大部分（98%）的案例都向下突破，向上突破的排列只有 9 個。可是，向下突破而沒有出現 5%以上跟進跌勢的案例有 21 個（5%）。這些統計數據意味著，頭肩頂排列通常都會向下突破，而且會繼續下跌。

表 20.3　頭肩頂排列突破的統計數據

說明	統計數據
向上突破	9/431 或 2%
向下突破	422/431 或 98%
向下突破的 5%失敗案例	21/422 相當於 5%
回升	191/422 相當於 45%
完成回升走勢的平均期間	11 天
對於成功的排列，突破與 最終低點的相隔時間	3 個月(91 天)
突破點位在最近 12 個月價格區間 的下緣、中央或上緣	下緣 11% 中央 40% 上緣 49%
前述突破位置的 平均跌幅	下緣 22% 中央 22% 上緣 21%

附註：絕大部分頭肩頂排列都向下突破，並且在 3 個月左右到達最終低點。

　　在向下突破的案例中，發生回升走勢的比率大約佔 45%；換言之，價格跌破頸線之後，又重新回升到頸線附近，請參考圖 20.1 與 20.3 的例子。由價格向上反彈，一直到觸及頸線為止，回升走勢的完成期間平均為 11 天。

　　由頸線突破點起算，平均大約需要 91 天，價格才會到達最終低點。這似乎是本書討論的空頭排列典型情況。當然，某些排列可能代表較長期趨勢的變動，由突破點到最終低點的期間通常介於 3 個月到 6 個月之間（短、中期的操作意涵）。

　　如果觀察前述價格到達最終低點的時間次數分配，結果也顯示頭肩頂排列屬於短期型態。絕大部分的案例（256 個或66%）落在 3 個月之內，83 個案例介於 3 個月到 6 個月之間，53 個案例超過 6 個月。

　　考慮排列發生在最近 12 個月價格區間的位置，可以感受頭肩頂排列的可能績效。首先，我剔除研究期間起點一年之內結束的案例（因為這些案例涵蓋的年度價格期間不完全處在研究期間之內）。其次，我把每個排列的年度價格區間劃分為三等份。按照突破價位把每個排列歸納到三等份之內——上緣、中央或下緣。結果顯示大部分排列（49%）的突破點位在年度價格區間高點附近，這意味著大部分頭肩頂發生在上升趨勢的末端。

　　相對於其他位置，那些在年度價格區間上緣發生突破的排列，績效是否更理想（隨後的跌幅是否更大）？沒有證據顯示如此，不論突破位置發生在年度價格區間的哪個位置，隨後的跌幅都大約相同，介於 21%到 22%之間。對於其他大多數的空頭排列，發生在年度價格低點附近的型態績效往往最理想。

　　表 20.4 顯示頭肩頂排列的成交量統計數據。篩選排列的過程中，我對於成交量型態沒有採取任何假設。可是，針對我所篩選的案例進行迴歸分析，結果顯示明確的趨勢傾向。幾乎三分之二的排列（62%）呈現成交量萎縮的情況。本章提供的許多圖形也清楚顯示這種成交量下降趨勢。

　　如果只觀察三個峰位的成交量，最大的成交量通常發生

表 20.4　頭肩頂排列成交量的統計數據

說明	統計數據
成交量顯示下降趨勢的成功排列	247/401 或 62%
哪個峰位的成交量最大？	左肩，49%
哪個峰位的成交量次大？	頭，51%
哪個峰位的成交量最小？	右肩，74%
相對於突破前一天，突破當天 與隨後 5 天的成交量	159%，146%，111%， 99%，99%，98%

附註：原則上，左肩的成交量最大，右肩的成交量最小。

在左肩，其次是「頭」部，右肩的成交量最小。

　　為了評估成交量在三個峰位的分配狀況，我觀察每個排列的最大成交量發生在哪個峰位，以及第二大成交量與最小成交量分別發生在哪個峰位。然後，加總所有排列的數據，結果顯示最大成交量發生在左肩的情況最多（49%），發生在頭部的情況次多（37%），發生在右肩的情況最少見（13%）。第二大成交量發生在頭部的情況最多（51%）。最小成交量發生在右肩的案例最多（74%），發生在左肩的情況爲 14%，發生在頭的情況爲 12%。

　　至於突破當天的成交量，我發現突破量是前一天的 159%，大體上類似於其他空頭排列的情況。有關突破之後一星期的成交量演變，請參考表 20.4 的數據。 請注意，成交量很快就下降到正常水準，這凸顯一項事實：價格可以因爲本身的重量而下跌，不需要特別仰賴大成交量。

交易戰術

表 20.5 顯示頭肩頂排列的交易戰術，圖 20.6 說明目標價位的衡量方法。如果不考慮成交量，圖 20.6 的型態相當不錯。三個峰位都很平滑，整體形狀左右對稱。衡量法則利用排列高度估計目標價位。在「頭」部，計算最高盤中價格與頸線之間的垂直距離（排列高度）。就圖 20.6 而言，最高盤中價格發生在 9 月 13 日的$51，當天對應的頸線價格為$47³/₈，兩者之間的差距為$3⁵/₈。

表 20.5　頭肩頂排列的交易戰術

交易戰術	解釋
衡量法則	計算頭部最高點與頸線之間的垂直距離，這是排列高度。由頸線突破點向下衡量排列高度，結果就是最低目標價位。另一種衡量方法，計算排列最高價減去兩個谷底較高者之盤中低價，此為排列高度。由兩個谷底較高者之盤中高價減去排列高度，結果即是目標價位。這種方法使得目標價位達成率提高到 69%，而且也不需仰賴頸線或突破點（適用於傾斜角度過大的頸線）。
不要等待確認	如果你能夠判斷潛在的頭肩頂排列，儘早在右肩出現之後賣出持股或放空，因為 93%的潛在排列都會向下突破。
停損	對於空頭部位，停損設定在下列兩者的較高位置：兩肩較低者或頸線。
留意回升	等待回升走勢，藉以建立或加碼空頭部位。採取行動之前，應該等待價格向下反轉，因為某些回升走勢可能繼續上漲。

一旦價格跌破頸線之後，由頸線突破點向下衡量前述排列高度，結果就是突破之後的最低目標價位。在圖 20.6 的例子中，頸線突破點為 $48^1/_2$，目標價位為 $44^7/_8$。11 月底的下跌走勢完成目標價位。如此衡量的目標價位為最低水準，所以排列完成目標價位之後，可能繼續下跌，就如同圖 20.6 的情況。可是，在我們的研究案例當中，頭肩頂排列的目標價位達成率只有 63%，顯著低於我認為可靠型態的最低門檻 80%。

前述說明是衡量目標價位的傳統方法。可是，這種方法存在瑕疵。請參考圖 20.7，相對於左肩與「頭」所夾的谷底

Arco Chemical Co.（基礎化工，NYSE，代碼 RCM）

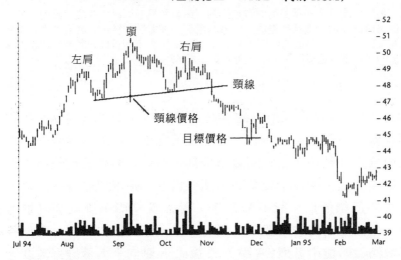

圖　20.6　　頭肩頂排列的目標價位。首先計算排列高度；換言之，計算峰位最高點到頸線之間的垂直距離。由頸線突破點向下衡量排列高度，結果就是突破之後的最低目標價位。

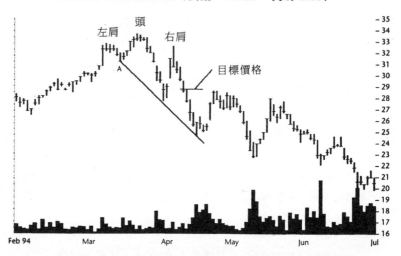

圖 20.7 頸線太過傾斜的頭肩頂排列。由於頸線的傾斜角度過於陡峭，不適合採用傳統方法衡量目標價位。此處利用另一種方法計算排列高度：排列最高價減去兩個谷底較高者的低價（A 點）。由 A 點向下衡量排列高度。這種方法衡量的目標價位達成率為 69%，傳統方法為 63%。

$31¼，「頭」與右肩所夾的谷底太深$27¾，使得這兩點銜接的頸線傾斜角度太過於陡峭。在這種情況下，經驗告訴我們，即使價格跌破頸線而完成頭肩頂排列，這個型態恐怕也沒有太大的操作價值。所以，如果採用頸線為準，進場訊號實在太遲，衡量的目標價位可能不夠保守。對於圖 20.7，排列高度是考慮下列兩點之間的距離：「頭」部最高價的盤中高價，兩個谷底較高者的盤中低價（A 點）。然後由 A 點向下衡量排列高度，結果即是最低目標價位。在這個例子中，「頭」部最高價的盤中高價是$33⅝，A 點是$31¼，排列高度是$2⅜。由 A 點向下

衡量 $2^3/_8$，目標價位是 $28^7/_8$。請參考圖 20.7 標示的「目標價位」，這個目標完成於 4 月中旬。

這種替代衡量方法有兩個優點。第一，不需仰賴頸線。第二，目標價位達成率較高（相對於傳統方法而言）。

讓我們回頭討論表 20.5，由於潛在的頭肩頂排列大多能夠完成，所以進場訊號不必要等待價格突破頸線。反之，一旦你確定潛在頭肩頂已經發生（換言之，在右肩形成之後），就可以及早賣出持股或放空股票，藉以侷限損失或擴大利潤。

價格向下突破之後，偶爾可能反彈而重新向上穿越頸線。遇到這種情況，可以考慮買回或回補股票。在下跌過程中，價格通常都會再度跌破趨勢線，所以不要太早決定回補。價格可能反彈到趨勢線附近，稍做橫向整理或順著頸線發展，最後還是繼續下跌。總之，遇到這種情況，應該參考整個大盤或類股的發展，如果大環境呈現弱勢，價格應該會繼續走低。

如果你放空股票，停損設定可以參考下列兩者的較高者：頸線或兩個谷底較低者。除此之外，也可以考慮進場點附近的上檔壓力區。

如果價格回升到頸線附近，考慮加碼空頭部位。可是，最好等待回升走勢已經向下反轉，然後才採取行動。某些情況下，回升走勢可能向上突破頸線而繼續走高。

交易範例

凱莉不是一位單純的家庭主婦。先生把薪水帶回家，她除了負責一般的預算之外，還打點相關的投資。

　　她有多年的投資經驗，金融交易已經成為日常生活的一部分。處理家庭瑣碎工作的閒暇之餘，她經常盯著電腦螢幕，觀察一些統計數據與可能的購併案，而且還可以讓女兒敲著鍵盤玩耍。

　　經過多年的努力之後，她把微薄的儲蓄累積為六位數字的投資組合。整個過程非常不簡單，遭逢許多痛苦的錯誤，但她把這些失敗視為學習經驗。

　　當凱莉看見圖 20.7 的走勢圖，覺得非常有趣。她並不打算放空這支股票，因為紙上模擬的放空操作績效始終不理想。雖說如此，她還是繼續追蹤這支股票的發展。

　　這支股票起漲於 1993 年 5 月份，沿著平緩的上升趨勢線發展，一直到 1994 年 1 月底才發生顯著的跌勢。股價跌到$26½才向上反彈，跌幅雖然不足 3 點，但走勢已經展現疲態。凱莉密切觀察行情的演變，當頭部出現時，她在筆記上記錄頭肩頂排列的可能性。隨後的發展證明她的感覺正確。

　　股價由頭部下滑的幅度很大，有些超出凱莉的預期，但很快就向上反彈，右肩峰位的高點大約等於左肩。沿著三個峰位所夾的兩個谷底繪製頸線，她覺得頸線的傾斜角度太陡峭，不適用於衡量目標價位。於是，她採用替代方法，衡量的目標

價位為$28^7/_8$。這個價位似乎也不對勁。接著,她衡量頭部高點到頭部與右肩所夾谷底的距離,由該谷底低點向下衡量前述距離,結果是$21^7/_8$。這個價位可以回溯到前一年 7 月份的水準,看起來似乎頗為合理。

可是,感覺上還是怪怪的,所以凱莉不打算交易。這個時候,有人按門鈴,她起身應門,讓女兒獨自留在電腦前面。不久,電話鈴響了,她的經紀人打電話過來回報空單。凱莉趕快跑到電腦旁,看見女兒站在椅子上,敲著鍵盤,綻露一臉笑容,帶著些微的惡意。凱莉希望這一切只是自己疑神疑鬼,但顯然不是如此。她已經建立空頭部位,在$31 放空股票。

凱莉有些擔心,但稍做研究之後,還是決定保留這個部位。放空的數量只有 100 股,勉強還能夠應付。不久,價格開始下跌,一直到頸線附近才獲得支撐而反彈,當價格向上穿越頭與右肩所夾谷底的低點,凱莉有點在意。接著,出現幾天的橫向盤整。根據凱莉的盤算,如果這波反彈代表另一段漲勢的開始,她準備在$29 回補。所以,如果股價繼續上漲,這個空頭部位在$29 回補之後還有些微獲利;反之,如果股價下跌,她可以繼續保有空頭部位。

兩個星期之後,終於有了答案。股價連跌五天,然後又快速反彈,但反彈走勢沒有觸及先前的高點。由於價格波動轉劇,凱莉覺得有些受不了,決定在先前的低點附近回補。結果,她在$22¾回補空頭部位,股價隨後下跌到$20 附近。扣掉佣金費用之後,這筆交易獲利 25%。凱莉送給女兒一個特大號的親吻做為獎賞。

❖ 21 ❖

複雜頭肩頂排列

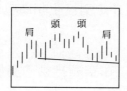

摘要資料

外觀	多個肩／多個頭的頭肩頂排列。
反轉或整理	短期（3 個月以內）的空頭反轉排列。
失敗率	8%。
平均跌幅	27%，最經常發生跌幅為 20%。
成交量趨勢	下降趨勢。
回升	64%。
價格目標 　達成率	67%。
意外發現	頸線向下傾斜或左肩價位較高，績效稍微理想。
參閱排列	（13）雙重頂排列，（20）頭肩頂排列，（23）雙角頂排列，（35）圓形頂排列，（43）三重頂排列。

除了外觀以外，常態頭肩頂與複雜頭肩頂（complex head-and-shoulders tops）之間幾乎沒有差別。只要加上一個頭或幾個肩，常態排列就演變爲複雜型態。兩種排列本身的成交量都呈現下降趨勢。左側肩部的成交量通常大於右側的對應肩部。

複雜頭肩頂的失敗率很低（8%），但稍高於常態頭肩頂（7%）。突破之後的回升走勢發生頻率也稍微提高，大約每三個案例就會發生一次。

平均跌幅爲 27%，在空頭排列內屬於偏高水準。可是，最經常發生跌幅只稍高於均勻分布，介於 10%到 30%之間（跌幅單位刻度爲 5%）。

頸線與肩部高度有兩個意外發現。頸線向下傾斜的排列，績效稍優於頸線向上傾斜，前者的平均跌幅爲 27%，後者爲 26%。同樣地，最外側左肩高度超過對應的右肩，平均跌幅爲 28%；反之，最外側右肩高度超過對應的左肩，平均跌幅爲 27%。可是，這兩種情況的績效差異都不存在統計上的顯著意義（換言之，可能純屬巧合）。

緣起

複雜頭肩頂排列有兩種基本的類型，請分別參考圖 21.1 與 21.2。在圖 21.1 內，頭肩頂排列發生在一個長期多頭行情的末端。這個多頭行情起始於 1992 年 11 月的低點\$15¼，1995 年 7 月中旬出現\$36⁵/₈的峰位，10 月中旬向下修正到\$28⁵/₈，

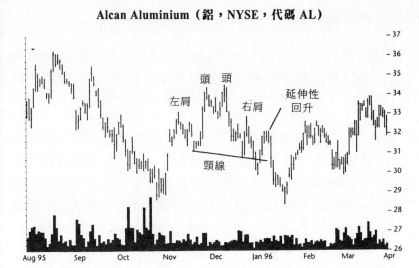

圖 21.1 　兩個頭的複雜頭肩頂排列。左肩與第一個頭構成三波段衡量漲勢。兩個「頭」本身呈現雙角頂排列。第二個頭與右肩構成三波段衡量跌勢，雖然有些拖泥帶水。

然後向上反彈而開始形成頭肩頂。反彈走勢完成左肩之後，在 $31~$32 呈現橫向盤整，又突然向上展開三波段衡量走勢（measured move；譯按：這段走勢應該由$$31 到$35½，對等於左肩出現之前的漲勢距離$28⅝~$33⅛）。這波衡量漲勢距離上檔目標大約差$1 左右，轉折高點即是排列的第一個頭部。

稍微回檔之後，股價又回升到原先高點，做出第二個頭部。價格由第二個頭部下滑，跌勢在左肩底部獲得支撐，向上反彈形成右肩。隨後的跌勢貫穿頸線——銜接兩肩谷底的直線——但很快又拉回到頸線之上。這波回升走勢在$32 附近被

壓回，然後直接下跌到$28^3/_8$。

　　針對兩肩之間的成交量時間序列進行迴歸分析，結果顯示成交量確實呈現下降趨勢。這種現象在圖 21.1 內雖然不明顯，但大約三分之二的複雜頭肩頂排列都具有這種特質。

　　圖 21.1 的兩個頭部看起來似乎是雙重頂排列（double tops），實際不然，理由有幾點。首先，兩個峰位的時間距離太接近。對於標準的雙重頂來說，兩個峰位至少必須相隔 1 個月（我個人可以接受時間距離較近的兩個頭部）。另外，按照雙重頂的定義，兩個峰位所夾谷底的回檔幅度必須介於 15%到20%之間。目前這個例子中，回檔幅度大約是峰位的 5%，差距太大。

　　除此之外，排列內的兩個峰位也可以看成雙角頂型態（horn top），但目前的主題是複雜頭肩頂。事實上，技術分析經常發生這類現象：由不同的角度觀察某個價格走勢圖，你所看到的型態往往不同。對於圖 21.1 的走勢圖，有些人或許看到一組三波段衡量走勢（measured moves；一個漲勢接著另一個跌勢），另一些人或許看見雙角頂，但最後的結論大致相同──都是空頭意涵的排列。

　　圖 21.2 是另一種類型的複雜頭肩頂排列：一個頭與數個肩，屬於比較常見的類型。這種技術型態會讓初學投資人「搥胸頓足」。假設這位投資人在 10 月份股價起漲之前買進。短短三個月的期間內，股價由低點$13上漲到高點$27^7/_8$，漲幅超過 100%。在股價上漲過程中，這位投資人認為股票交易只不

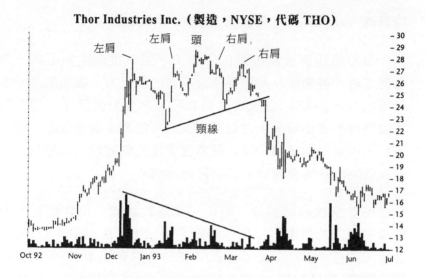

Thor Industries Inc.（製造，NYSE，代碼 THO）

左肩　　左肩　頭　右肩　　右肩　　頸線

圖 21.2 典型的複雜頭肩反轉型態。整個排列相當平緩圓滑，左右各有兩個肩部，只有一個頭部。成交量也呈現正常的下降趨勢。

過是一場簡單的遊戲，頗有「手到擒來」的感覺。

第一個左肩的價位為 $27⁷/₈，然後回檔到 $22。這位投資人對於回檔走勢自然感覺懊惱萬分，或許對自己承諾：「只要股價回到原先的高點，我一定賣出。」

1 月初，價格突然暴漲，在 $27½ 形成一個小型峰位。由於漲勢非常兇猛，這位投資人認為，*既然上漲力道如此犀利，似乎沒有賣出的道理*。他的看法沒錯。走勢稍做回檔整理之後，又向上攀升，創 $28⁵/₈ 的高價。一旦頭部完成之後，情況就開始不對勁了。他顯然被一些網路類股的走勢迷惑，誤以為這支

股票都可以在一年之內輕鬆上漲到$35 或$40。

　　價格畫出圓弧狀的頭部，緩步下跌。這波跌勢由第一個右肩下滑，停頓於左側兩肩所夾谷底的稍上方，做出最後一波上攻行情，於$27½形成第二個右肩。截至目前為止，股票有幾個理想的賣出機會，這位投資人是否能夠掌握機會呢？或許不能，因為他太樂觀，始終認為股價能夠突破壓力而創新高，沒有看到潛在的複雜頭肩頂已經隱約成形。

　　一旦價格跌破頸線，發生正式暴跌之前，這位投資人大約只有兩天的時間可以採取行動。第三天的收盤價為$23，接近當天的盤中低價。然後，股價很快下跌到低價$15，距離當初的買價只有$2 或$3。就在這個時候，他終於放棄了。當然，股票幾乎賣在最低點；一年之後，股價回升到$30 附近。

辨識準則

先前提到的初學投資人，如何辨識這種空頭反轉排列呢？表21.1 列示複雜頭肩頂型態的辨識準則。

　　請參考圖 21.3 的另一個多肩類型複雜頭肩頂。走勢圖的最左端剛完成一個頭肩頂排列，價格向下突破而展開跌勢，在7 月初見底之後，股價回升而開始另一個新的頭肩頂排列：複雜的型態。如果只考慮排列最內側的頭肩頂，其形狀看起來類似圓形頂。價格轉折非常平滑，這是複雜頭肩頂的頭部特質。當然，平坦狀頭部也是多肩類型的常見現象（例如圖 21.2）。

表 21.1 複雜頭肩頂排列的辨識特質

特質	討論
形狀	多肩或多頭的頭肩頂排列（在很罕見的情況下，也可能同時出現多肩與多頭）。頭的價位高於肩部，但差距通常不大。
對稱性	以頭部為中心，排列呈現明顯的左、右對稱性。不論是肩部的價位，或肩部與頭的時間距離，大約都彼此對應。另外，左、右兩邊的肩部形狀也大致相同，都呈現圓滑或尖銳的結構。
成交量	一般來說，左半邊的成交量大於右半邊。整體成交量型態呈現下降趨勢。
頸線	銜接左側肩部最低谷底與右側肩部最低谷底，這條直線即是頸線。一旦價格向下穿越頸線，代表突破訊號。
向下突破	收盤價向下穿越頸線，即是向下突破。如果頸線朝右下方傾斜的角度過大，把最低谷底視為突破點。

　　我們可以把圖 21.3 的排列分為兩部分，暫時不理會外側的肩部，只考慮常態的頭肩頂型態，這是辨識複雜頭肩頂的最容易方法。首先找到正規的頭肩頂，然後向兩側延伸，納入其他的肩部。在這個例子中，頭部突出於肩部之上，兩側肩部與頭部的距離相等或幾乎相等。左右兩側對應肩部的價位大約相同。所以，複雜頭肩頂的左右對稱程度，更超過正規頭肩頂。

　　對於常態的頭肩頂排列，某個肩部的價位可能高於另一肩部，或某個肩部與頭部之間的距離可能超過另一個肩部。複雜頭肩頂通常不會如此；換言之，對稱性是更重要的辨識特質。

　　關於外側的肩部，左右對應肩部的價格應該相等，它們

Brinker International（餐廳，NYSE，代碼 EAT）

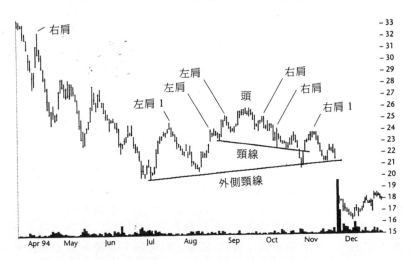

圖 21.3 形狀更圓滑的複雜頭肩頂排列。「左肩 1」與「右肩 1」之間的排列可以視爲內側頭肩頂，這個頭肩頂本身看起來是一個圓形頂。

與頭部之間的距離也應該相同。在圖 21.3 中，標示爲「左肩 1」與「右肩 1」的兩個峰位屬於相同排列的肩部，雖然它們與頭部的距離較遠。

　　如果把內側兩個左肩與兩個右肩都視爲頭部的一部分，這個排列則是常態的頭肩頂：左肩 1／圓形頂（由 5 個轉折高點構成）／右肩 1。甚至由這個角度繪製的頸線，也提供顯著的支撐功能，曾經多次受到觸及，最後才在單日 4 點的重挫走勢下跌破。

　　如果把成交量柱狀圖放大，就可以發現左側的成交量稍

微大於右側，至少內側排列是如此（標示爲「頸線」的部分）。這屬於複雜頭肩頂排列的典型現象，大約有三分之二的案例是如此。

銜接左右兩側最低谷底的頸線，其代表的意義與常態頭肩頂相同。價格一旦跌破頸線，稱爲「向下突破」，通常會發生後續的跌勢。成交量在突破過程通常會放大，甚至持續發生幾天的大成交量，這取決於跌勢的嚴重程度。

失敗案例

複雜頭肩頂有兩種失敗類型，兩者都很罕見。圖 21.4 顯示第一種類型。我把向下突破定義爲收盤價跌破頸線，如果頸線向下傾斜的角度過大，則定義爲收盤價跌破肩部最深谷底。在圖 21.4 中，只有 5 月 8 日的盤中價格一度穿越頸線，但當天價格收在頸線之上。接著，股價持續走高，直接向上穿越頭肩頂的最高價，潛在型態宣告失敗。

排列本身的結構相當不錯。兩個頭部大約位在相同水準，兩肩的價格也大約相等。左右對稱的程度看起來很好，兩肩距離頭部的距離大約相同。成交量型態也很正常，左肩的量大於右肩。可是，第二個頭部出現之後，下跌過程出現大量，這點有些不尋常。總之，預先沒有任何徵兆顯示這個排列將失敗。

圖 21.5 顯示另一種失敗類型，這個多肩的複雜型態比較缺乏對稱性，兩側對應肩部與頭部之間的時間距離有些差異。

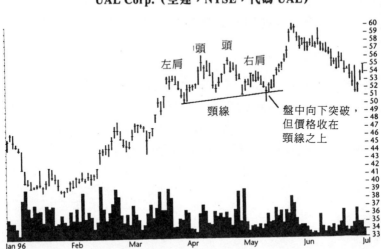

UAL Corp.（空運，NYSE，代碼 UAL）

圖 21.4　　不屬於反轉型態的複雜頭肩頂。價格向下穿越頸線之前，先向上穿越排列的頭部。

這個複雜頭肩頂雖然向下突破，但沒有發生持續性的跌勢。11月底，單日之內發生 2 點的跌勢，直接貫穿頸線，但隨後的上升擴張楔形雖然也是空頭排列，向下突破之後卻沒有發生重大跌勢。幾個月之後，股價又創新高。

在這個例子中，價格跌破頸線之後，必須下跌到 \$49⁵/₈ 才滿足 5%的跌幅，但實際的最低價遠高於此。所以，這是一個5%失敗的案例。

這個排列是否有任何徵兆足以預先顯示失敗的可能性？整個排列的發展過程中，成交量相當平坦，沒有萎縮的現象。

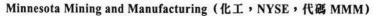

Minnesota Mining and Manufacturing（化工，NYSE，代碼 MMM）

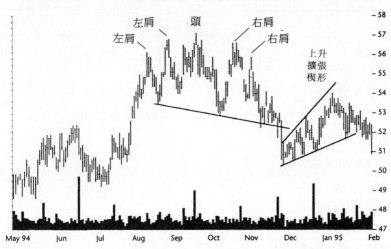

圖 21.5　複雜頭肩頂的另一種失敗類型。價格向下穿越頸線之後，沒有發生 5%以上的跟進跌勢。11 月底與 12 月份期間，出現上升擴張楔形排列。

可是，成交量呈現下降趨勢並不是必要條件，我不認為目前這個例子有什麼不尋常之處。總之，我看不出來這個排列為什麼失敗。進一步研究基本面的情況，或許可以找到一些線索。

統計數據

圖 21.4 與 21.5 代表兩種失敗的可能性，但這些現象畢竟不經常發生。請參考表 21.2，在 141 個案例中，總共只有 11 個 5%失敗排列；換言之，成功率有 92%左右。在所有的案例中，

表 21.2　複雜頭肩頂排列的一般統計數據

說明	統計數據
排列數量： 1991 年~1996 年的 500 支股票	141 個
反轉或整理排列	15 個整理，126 個反轉
失敗率	11/141 相當於 8%
成功排列的平均跌幅	27%
最經常發生跌幅	20%
成功排列中，符合 或超越目標價位者	87/130 相當於 67%
排列平均長度	3 個月（83 天）
成交量呈現下降趨勢的 成功排列數量	89/141 相當於 63%
頸線向下 / 向上傾斜的 平均漲幅	27% / 26%
遠邊左肩 / 遠邊右肩價位 較高的平均漲幅	28% / 27%

附註：相對於常態頭肩頂，複雜頭肩頂的發展需要耗費較長的時間，平均跌幅也較重。

大約九成的排列屬於反轉型態；一旦價格向下突破之後，通常繼續出現 5%以上的跟進跌勢。價格平均跌幅為 27%。

　　目前這個排列的最經常跌幅有些難以決定。請參考圖 21.6 的次數分配，橫軸刻度取 10%為單位，所顯示的最經常發生跌幅為 20%。如果橫軸刻度取 5%為單位，則 10%到 30%欄位

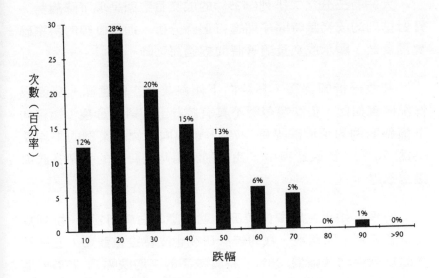

圖 21.6   複雜頭肩頂排列的跌幅次數分配   最經常發生跌幅為 20%。

的發生次數都大約相同。

　　「交易戰術」一節會詳細討論目標價位的衡量方法，原則上是取排列的高度，由突破點向下衡量，結果就是突破之後的最低目標價位。複雜頭肩頂的目標價位達成率為 67%，低於我設定的 80% 最低門檻；所以，就操作角度來說，應該謹慎看待目標價位。

　　排列完成的時間平均為 83 天，較常態排列（62 天）稍長。這個結果似乎很合理，因為發展另一組肩或另一個頭需要耗費時間。

大約有三分之二排列（63%）的成交量型態呈現下降趨勢。針對排列的成交量時間序列進行迴歸分析，迴歸直線的斜率確實爲負數，顯示成交量隨著時間經過而下降。

某些分析師認爲，頸線向下傾斜具有空頭意涵。我發現情況確實如此，但跌幅差距不具有統計上的顯著意義（頸線向下傾斜案例的平均跌幅爲 27%，頸線向上傾斜案例的平均跌幅爲 26%）。比較過程中，我分別利用兩側肩部的較深谷底銜接爲頸線。

同理，如果左肩價位較高（就對應的右肩而言），排列具有空頭意涵。同樣地，我的統計研究也支持這種觀點。左肩較高的排列平均跌幅爲 28%，右肩較高的平均跌幅爲 27%。這方面的比較，是採用最外側的肩部爲基準。由於兩種情況的平均跌幅差距很小，很可能不代表任何意義。

表 21.3 顯示突破的統計數據。向上突破的案例總共只有 3 個，其餘的 138 個都是向下突破（佔 98%）。向下突破之後，價格沒有出現 5%以上跟進跌勢的排列視爲失敗。這類 5%失敗案例共有 8 個（佔 6%）。

回升走勢——價格跌破頸線之後，在 30 天之內重新回升到頸線的走勢——的發生頻率很高，共有 88 個（64%）。這意味著，如果你沒有掌握向下突破的訊號，還可以寄望稍後發生的回升走勢，出脫手中的持股，或在更高價位放空。當然，如果沒有發生回升走勢，那就另外尋找交易對象。不論買進或放空，千萬不要追價，因爲風險／報酬關係已經朝不利方向發展。

表 21.3　複雜頭肩頂排列突破的統計數據

說明	統計數據
向上突破	3/141 或 2%
向下突破	138/141 或 98%
向下突破的 5%失敗案例	8/138 相當於 6%
回升	88/138 相當於 64%
完成回升走勢的平均期間	10 天
對於成功的排列，突破與 最終低點的相隔時間	3.5 個月(110 天)
突破點位在最近 12 個月價格區間 的下緣、中央或上緣	下緣　6% 中央 47% 上緣 48%
前述突破位置的 平均跌幅	下緣 22% 中央 28% 上緣 26%
相對於突破前一天，突破當天 與隨後 5 天的成交量	175%，170%，138%， 120%，112%，106%

附註：絕大部分（98%）的頂排列都向下突破。

　　回升走勢拉到頸線的平均期間為 10 天。很多回升走勢完成於突破之後的幾天內。少數超過 20 天以上的離群值，使得平均期間向上扭曲。

　　平均而言，排列向下突破之後，需要花費 3½個月的時間才能到達最終低點。就表 21.2 的統計數據顯示，排列的寬度愈大，突破之後的跌勢愈凶，需要花費較長的時間到達最終低

點。就這方面而言，複雜頭肩頂的力道勝過對應的常態排列。

　　大多數排列的突破位置落在年度價格區間三等份的中央
（47%）或上緣（48%），只有 6%案例落在年度價格區間的低
點附近。這個現象很合理，因爲向下突破點雖然位在排列的下
端，但排列本身通常位在延伸性價格漲勢的末端，所以就整個
年度價格區間而言，突破點經常是在中央或上緣。就前述三個
突破位置的平均跌幅而言，落在年度價格區間中央的排列最大
（28%），但落在上緣位置的排列平均跌幅也差不多（26%）。

　　向下突破之後，通常會保持幾天的大成交量。請參考表 21.3
的數據，突破當天的成交量是前一天水準的 175%，然後逐漸
縮小，五天之後就大體上恢復正常狀況。

交易戰術

利用衡量法則估計向下突破之後的最低目標價位。請參考表
21.4 的說明與圖 21.7 的例子。首先計算排列的高度，這是取
排列最高價（$31^5/$_8$），減去當天對應的頸線價位（$27）。所以，
排列高度是$4^5/$_8$。由頸線突破價位（$25^3/$_4$），向下衡量排列高
度，即是最低目標價位$21^1/$_8$。這個目標價位完成於 3 月初。

　　這是傳統的衡量方法，達成率有 67%，低於我認爲可靠
型態應該具備的最低達成率 80%。如果頸線向下傾斜的角度
太大，不適合採用傳統衡量方法，因爲除非股價暴跌，否則根
本不可能觸及頸線。非常幸運地，複雜頭肩頂排列很少出現陡

表 21.5   複雜頭肩頂排列的交易戰術

交易戰術	解釋
衡量法則	計算頭部最高點與頸線之間的垂直距離,這是排列高度。由頸線突破點向下衡量排列高度,結果就是最低目標價位。如果排列形狀看起來像平坦底部聳出的一座高山,價格可能回到底部的價位,請參考圖 21.2 與 21.5。
不要等待確認	如果你能夠預先判斷複雜頭肩頂排列,儘早在潛在型態出現之後賣出持股或放空,因為潛在排列通常都會向下突破。如果價格回升到頸線,可以考慮重新建立部位。
停損	把銜接頸線的谷底視為上檔壓力水準。空頭部位的停損設定在較高肩部谷底的稍上方。肩部與頭部峰位也是設定停損的理想位置。
留意回升	等待回升走勢,藉以建立或加碼空頭部位。採取行動之前,應該等待價格向下反轉,因為某些回升走勢可能繼續上漲。

峭的頸線。可是,萬一碰到這種情況,可以採用肩部最低谷底做為突破價位。仍然按照傳統衡量方法計算排列高度,但由肩部最低谷底向下衡量排列高度。

　　關於排列高度,另外有一種比較保守的估計方法:取排列最高價,減去銜接頸線的較高谷底價位。由前述較高谷底價位,向下衡量排列高度,結果就是最低目標價位。如果採用這種衡量方法,複雜頭肩頂排列的目標價位達成率提高為 76%,仍然低於我設定的最低標準 80%。

Standard Microsystems Corp.（電腦週邊，NASDAQ，代碼 SMSC）

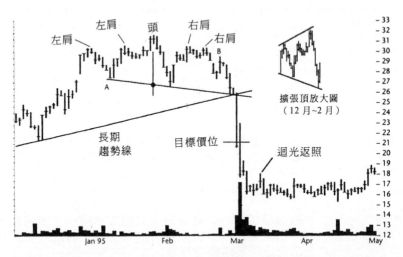

圖 21.7 複雜頭肩頂排列。衡量最低目標價位的方法：計算排列最高價與頸線之間的距離，由頸線突破點向下衡量該距離，結果就是最低目標價位。12 月份到 2 月份之間，陸續出現擴張頂排列與迴光返照。

　　利用圖 21.7 做為例子來說明，排列最高價是\$31$\frac{5}{8}$，銜接頸線的較高谷底價位是 A 點的\$27$\frac{1}{2}$（採用當天的盤中低價）。排列高度是\$4$\frac{1}{8}$（31$\frac{5}{8}$-27$\frac{1}{2}$），目標價位是\$23$\frac{3}{8}$（27$\frac{1}{2}$-4$\frac{1}{8}$）。這個目標價位完成於 3 月 2 日的單日重挫走勢。

　　如果頭肩頂排列不是發生在延伸性漲勢末端——類似圖 21.1 的情況——排列完成之後，價格可能跌回排列起始當初的低點。在圖 21.1 中，排列開始之前的低價大約是\$28，這就是排列完成之後的下檔目標。

某些情況下，突兀狀的頭肩頂型態可能出現於橫向走勢，類似如圖 21.2 與 21.5。型態完成之後，價格經常回到原先的橫向盤整價位。

由於複雜頭肩頂排列非常可靠，一旦認定型態有效之後，就可以及早採取行動。如果持有股票，應該賣出。如果空手，可以考慮放空。對於空頭部位，停損應該設定在上檔壓力區的稍上方，例如：肩部谷底、肩部峰位或頭部峰位。如果價格向上穿越排列的最高價（頭部峰位），頭肩頂排列已經失敗，立即回補空頭部位，因爲價格可能繼續走高。

請注意，價格跌破頸線之後，可能回升到頸線之上，重新測試之後才正式下跌（例如圖 21.1 與 21.3 的情況）。這類延伸性或正規的回升走勢，往往是進場建立部位或加碼的機會。

交易範例

亨利管理一個小型避險基金，考慮買進圖 21.7 的股票，但還需要等待一些有利的技術訊號。兩個星期之後（1994 年 8 月），價格突破長期下降趨勢線，日線圖上的其他指標也發出買進訊號，所以他進場買進，平均成本是 $17¼。

隨著股價走高，亨利繼續追蹤，定期查核基本面的數據。這段上升走勢並不平穩，10 月份到 12 初之間開始出現一些奇怪的現象。某段期間內，看起來似乎正在形成擴張頂排列，但價格波動非常劇烈，很快就破壞整個型態。

　　股價在$21 與$25 之間數度來回游走，最後向上突破創新高。亨利覺得漲勢即將結束，更謹慎追蹤公司基本面的演變。由於他太專注於公司的營運狀況，沒有察覺價格型態的發展。當他與其他基金經理人閒聊時，彼此交換意見，發現該公司的基本面情況不太理想。

　　「這就是股價呈現擴張頂排列的理由，」某位基金經理人指出。亨利皺著眉頭，在腦海裡冥想股價走勢圖，似乎真的是擴張頂排列。

　　隔天，亨利叫出股價走勢圖，仔細觀察。他看見不斷墊高的高點與持續下滑的低點（請參考圖 21.7 的放大圖），典型的擴張排列特質。配合基本面的資料，他知道賣出的時機已經不遠，但還沒有到。他希望在上側趨勢線附近賣出。

　　2 月初，價格向上測試前一波的高點失敗，回檔整理幾天，又再度向上攻堅，仍然失敗（結果形成兩個右肩）。第二度嘗試的峰位更低，意味著盤勢轉弱，於是亨利立即開始賣出持股。

　　就擴張頂排列的角度觀察，由於上升走勢沒有觸及上側趨勢線，這代表部分漲勢。部分漲勢發生之後，擴張頂排列經常向下突破。

　　當價格再度拉回到兩個右肩底部附近（B 點），亨利已經完全賣出持股。就在這個時候，他發現擴張頂排列已經演變為複雜頭肩頂型態，頭部的兩側各有兩個肩部。

　　面對這個新發展，亨利與同事商量之後，決定放空股票。

當價格下跌到長期上升趨勢線附近，他已經持有少量的空頭部位。

兩天之後，價格開始暴跌。一天之內，股價下跌 $5，相當於 20%的跌幅，而且還欲罷不能。不到一個星期，股價直接跌到 $16 附近才獲得支撐，跌幅大約是 36%。

亨利瞭解這種迴光返照的走勢。股價通常在一個星期之內都會向上反彈，然後又繼續下跌。

沒錯，股價稍微回升（ $18^1/_8 ），但不是預期中的平滑弧狀反彈。幾天之後，價格又開始下跌，於是亨利立即停止抱怨，密切觀察走勢的後續演變。

股票在 $16 附近打底，呈現水平狀的橫向走勢。亨利認為，這支股票可能在此築底，準備向上反攻，所以回補一半的空頭部位。

4 月底，股價突然躍升到 $18½，他立即回補剩餘的空頭部位。當天晚上，他與朋友在酒吧聊天，覺得心情非常愉快，決定自掏腰包請客。

❖ 22 ❖

雙角底排列

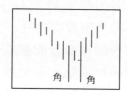

摘要資料

外觀	週線圖上，兩個突兀狀向下長線形，中間隔著另一支小線形。
反轉或整理	長期（超過 6 個月）的多頭整理排列。
失敗率	11%。
平均漲幅	37%，最經常發生漲幅爲 20%~30%。
意外發現	不正常的突兀狀長線形，績效比較理想。
參閱排列	（12）雙重底排列，（30）長管底排列。

雙角底排列（horn bottoms）發現於我處理雙重底的過程。雙重底的兩個底部距離愈近，績效表現往往愈理想。如果兩個底部只相隔一個星期左右，結果又如何呢？經過測試之後，我發現這類排列的績效很理想，失敗率只有 11%，遠低於我對於可靠型態設定的最高門檻 20%。

平均報酬率為 37%，稍低於一般多頭排列的平均漲幅 40%。如此偏高的漲幅顯然不會發生在一夜之間。按照排列突破之後到達最終高點的時間次數分配圖顯示，大多數雙角底排列屬於長期性質（到達最終高點的時間超過 6 個月）。

我檢驗雙角底排列的一些構成條件，藉以提高型態的績效。結果發現，雙角的線形長度超過最近一年內大多數長線形的長度（至少超過一倍），這種雙角底的績效最棒，平均漲幅為 43%。

緣起

圖 22.1 說明雙角底排列的形狀。1993 年 12 月底出現峰位$50¾之後，價格一路走低，1994 年 3 月與 4 月份形成雙角底排列，低點為$30¾。左角長線形涵蓋的價格區間大約為$7，成交量相當大，看起來是單週反轉的線形（結構與單日反轉相同，只是發生在週線圖上），代表趨勢即將發生變化的徵兆。

隔週，週線價格雖然收低，但遠高於前一週線形的最低價。又隔一週，行情再度測試先前的低點，形成另一支向下的

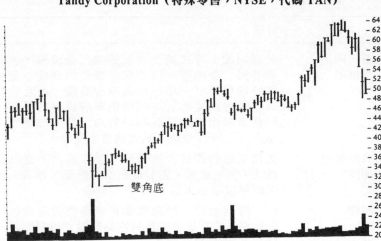

圖 22.1 雙角底排列範例。兩支向下測試底部的突兀長線形，中間隔著一星期，看起來就像公鹿的兩支角，只是方向朝下。

突兀線形，但價格幾乎收在最高價附近，較前一週收盤價只下跌 1/8 點。這即是潛在的雙角底排列：兩支突兀長線形，中間隔著單週線形，代表趨勢向上反轉的訊號。由雙角底最低點的位置起算，隨後一年半內出現 100%以上的漲勢。

辨識準則

如何辨識雙角底排列呢？表 22.1 列示一些辨識準則。原則上，這些準則只希望在週線圖的底部找到兩支凸顯的長線形。

表 22.1　雙角底排列的辨識特質

特質	討論
週線圖，向下突兀長線形	在週線圖上尋找兩支向下的突兀長線形，中間隔著另一支線形。兩支突兀線形的長度，至少應該類似最近一年內的長線形長度，而且它們的低點應該遠低於中間所夾單週線形的低點。形狀看起來就像公鹿的一對角，但方向朝下。兩支突兀線形愈長，績效通常愈理想。
兩個底部價格大致相同	雙角低點的價位大致相同，差距通常不應該超過 3/8 點。當然，對於高股價的股票，兩者的差距也可以超過 1 點。
清楚明確	在下降趨勢中，雙角低點應該遠低於週遭線形的低點，尤其是對於排列左側的數支線形而言。雙角底排列通常發生在延伸性跌勢末端，但也可能發生在上升趨勢的修正走勢或橫向整理走勢末端（在這種情況下，相對於排列左側，型態比較不明確）。
線形重疊部分很多	構成雙角底排列的兩支長線形，價格重疊部分應該很多。
大成交量	左角成交量高於平均水準（54%的案例是如此），右角成交量低於平均水準（52%的案例是如此）。可是，這只是參考準則而已，個別案例的成交量型態變化很大。

　　請參考圖 22.2 的兩個雙角底排列案例。左側的第一個排列，結構非常類似圖 22.1 的例子。這個底部排列發生在一段下降趨勢的末端，該波段跌勢起始於 1991 年 8 月份的峰位$25，低點則發生在將近 2 年之後的雙角底排列右角低點$6½。價格跌勢在此向上反轉。

Tenet Healthcare Corp.（醫療服務，NYSE，代碼 THC）

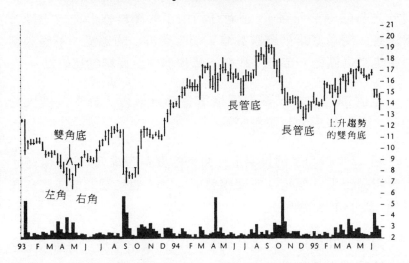

圖 22.2 兩個雙角底排列案例。第一個排列發生在下降趨勢，第二個排列發生在上升趨勢。請注意，第二個長管底排列剛好發生在趨勢轉折點上。

雙角底排列雖然也出現在日線圖上，但週線圖比較容易觀察。對於圖 22.2 的左側例子，兩支向下的突兀長線形非常清楚，中間夾著另一支線形；中間線形的低點，顯著高於兩側突兀線形的低點，這也是排列的辨識準則之一。

回顧排列發生之前的幾個月，我們看不到任何類似長度的長線形。換言之，這兩支長線形非常突兀，值得投資人留意。

雙角底的兩支線形低點差距很小，大約是 3/8 點或以內。當然，對於高價股來說，差距金額可以稍微大些，但差距百分率很小。圖 22.2 的左側案例，兩個低點的價格差距只有 1/4 點。

　　左側的例子發生在價格下降趨勢，排列的形狀非常突兀（相對於先前的線形而言），沒有任何向下的離群線形造成干擾。請注意，雙角底排列應該具有「鶴立雞群」的感覺，不應該屬於密集交易區的一部分，代表下降趨勢向上反轉的樞紐點。

　　這個排列的兩支線形價格重疊部分很大，線形長度大約相同，左側線形的位置稍高。

　　圖 22.2 右側案例說明上升趨勢的雙角底排列狀況。當時，上升趨勢出現 3 個星期的回檔整理，這 3 個星期即構成雙角底排列，形狀相當清楚。

　　兩支突兀線形的低價相同（$14½），價格重疊部分很多（左側線形幾乎完全涵蓋右側線形）。讀者或許認為，雙角底的低點並沒有從週遭線形中凸顯出來，尤其是相對於 12 月初與 6 月底的長管狀排列（pipe formations）。這種說法當然沒錯，但這個排列還是顯示圓滑的底部，沒有參差不齊的外緣。

　　圖 22.2 兩個例子的成交量型態都不尋常，右側案例兩支角的成交量都低於平均水準，左側案例的兩支角成交量都高於平均水準。根據我統計的結果顯示，54%案例的左角成交量高於平均水準，52%案例的右角成交量低於平均水準。由於這兩個數據都非常接近 50%，實際的大小關係可能剛好相反，所以我不希望過分強調成交量型態。

失敗案例

雖然雙角底排列的失敗率很低（11%），還是應該留意失敗的
可能性。請參考圖 22.3 的 5%失敗案例。所謂「5%失敗」，是
指價格最初朝正確方向發展，但沒有出現足夠程度的走勢（跟
進漲幅不超過 5%），就開始朝另一個方向反轉。這兩支向下
的突兀線形看起來很不錯，長度足夠，價格重疊部分也很多。
這個案例發生在回檔過程中；回檔整理結束之後，價格很可能
回升到先前的高點（形成雙重頂排列），甚至再創新高。如果
你認為隨後的走勢可能演變為雙重頂型態，目前這個雙角底排

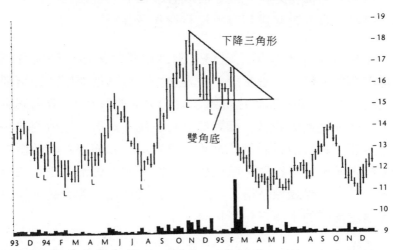

Acuson Corp.（醫療用品，NYSE，代碼 ACN）

圖 22.3 雙角底排列的失敗案例。除了其他徵兆之外，許多類似長度的突兀
線形（標示為 L），使得這個排列的有效性值得懷疑。下降三角形排列也顯示
價格可能走低。

列就不值得操作，因為上檔的空間不夠大。

另外，你也可能懷疑目前——雙角底排列發生當時——是處在頭肩頂排列的「頭部」下跌過程中。「左肩」已經出現在1994年5月底，對應的「右肩」可能發生在1995年4月或5月份。若是如此，你也應該放棄這個機會，因為「右肩」的高度頂多在$16附近。換言之，這是假定目前的雙角底排列將失敗，價格繼續下跌到$11~$12之間（假設頸線為水平狀），然後反彈形成「右肩」。如果你預期價格將下跌（雙角底排列將失敗），當然沒有買進的道理。

型態可能失敗的另一個徵兆，是排列線形的長度。如果你回顧稍早的價格走勢，就會發現許多線形甚至超過雙角的長度。這意味著雙角底排列可能沒有特殊意義。

型態的可見度也不太理想，因為稍早的價格走勢使得底部排列相當模糊。在正常的下跌走勢中，線形低價應該持續創新低（例如：1995年2月份到4月份之間的跌勢）。雙角底排列應該代表加速的跌勢，相對於排列左側的走勢，當時的線形非常突兀。就目前這個例子來說，雙角底與先前線形的低價大約相當，結構並不顯著。整個排列告訴我們，底部似乎正在形成當中，但高點繼續下滑。換言之，當時價格型態看起來是投資人應該謹慎的下降三角形排列。

總而言之，當時似乎有許多徵兆都顯示這個雙角底排列很可能失敗。可是，由統計的觀點來說，雙角底排列的失敗頻率到底有多高？

統計數據

表 22.2 顯示雙角底排列的一般統計數據。這種型態的例子很多，在 500 支股票的 5 年走勢中，案例將近有 300 個。在這些案例當中，整理排列有 160 個，反轉排列有 136 個。進一步觀察顯示，88%的反轉排列發生在價格下跌趨勢中——換言之，它們代表下降趨勢的底部反轉型態。

大多數整理排列也發生在下跌修正走勢中，大約有 70% 的案例顯示排列發生當時的價格低於前一個月的水準。可是，稍微長期（超過 3 個月）的趨勢還是朝上。換言之，雙角底排列是發生在中、長期上升趨勢的回檔整理過程，排列完成之後，價格通常繼續朝上發展。

表 22.2　雙角底排列的一般統計數據

說明	統計數據
排列數量： 1991 年~1996 年的 500 支股票	296 個
反轉或整理排列	160 個整理，136 個反轉
失敗率	34/296 相當於 11%
成功排列的平均漲幅	37%
最經常發生漲幅	20%~30%
左角／右角成交量相對於 25 天移動平均的水準	146%，116%
對於成功排列， 到達最終高點的天數	9 個月（265 天）

　　排列的失敗率爲 11%，遠低於可靠型態的最高門檻 20%。幾乎所有的排列都會按照預期發展，出現 5%以上的漲幅。排列的平均漲幅爲 37%，最經常發生漲幅介於 20%與 30%之間。

　　關於平均漲幅的計算，我把進場點設定爲排列完成之後隔週（換言之，右角的次一支線形）最高價與最低價的平均數。這是假定投資人察覺雙角底排列之後進場，成交價格爲隔週價格區間的中點價位。另外，出場點設定爲價格上升趨勢發生重大變動之前（價格發生 20%或以上的跌幅之前）的最高價位（最終高點）。

　　圖 22.4 顯示價格漲幅的次數分配。爲了避免平均數受到少數偏高離群值的扭曲，此處利用次數分配圖顯示該排列最經常發生的漲幅。由圖 22.4 可以發現，最右側欄位很高，漲幅超過 90%的排列佔所有案例的 11%。除了這個欄位之外，其餘欄位勾畫出鐘鈴狀的曲線。

　　我把最經常發生漲幅定義爲發生次數百分率最高的欄位（不考慮最右側欄位）。在圖 22.4 中，發生次數百分率最高的欄位爲 20%與 30%，這也代表最經常發生漲幅。可是，兩側 10%與 40%欄位的發生次數也很高，所以最經常發生漲幅或許應該界定在 10%~40%之間。當然，實際案例的個別狀況都不同。

　　以 25 天移動平均成交量做爲基準，雙角底排列的左角線形成交量是 146%，右角線形成交量是 116%。這些數據顯示，左角的成交量很大，右角的成交量稍見縮小。實際的統計數據顯示，54%案例的左角線形成交量大於平均水準，52%案例的

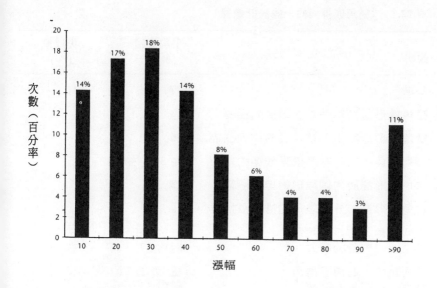

圖 22.4　雙角底排列的漲幅次數分配　如果不考慮最右側的欄位，最經常發生漲幅為 20%~30%。

右角線形成交量小於平均水準。

　　在成功的排列中（出現 5%以上跟進漲勢的案例），到達最終高點的平均時間為 9 個月（265 天），超過其他多頭底部排列的平均水準。

　　表 22.3 顯示雙角底排列的平均漲幅與失敗率相關統計數據，兩者的基準分別為 37%與 11%。

　　比較雙角線形的盤中低價，兩個低價之間存在差異的排列平均漲幅為 38%，兩個低價之間不存在差異的排列平均漲

表 22.3　雙角底排列的一些統計數據

說明	平均漲幅 (%)	失敗率 (%)
基準	37	11
雙角線形低點存在差異的排列漲幅	38	
雙角線形低點不存在差異的排列漲幅	36	
排列左角／右角線形低點較低的績效	左 37，右 40	
右角線形屬於內側線形的排列漲幅	33	
右角線形屬於外側線形的排列漲幅	39	
排列左角／右角／兩角 發生大成交量的績效	左 38，右 37， 兩角 37	左 13， 右 13
排列左角／右角／兩角 發生小成交量的績效	左 37，右 37， 兩角 35	
左角大成交量，右角小成交量	40	7
右角大成交量，左角小成交量	38	
線性迴歸價格趨勢： 3 個月上升	37	
線性迴歸價格趨勢： 3 個月下降	38	
特長線形（平均長度的 2 倍）	43	12
左角大成交量，右角小成交量， 3 個月價格趨勢向下傾斜	34	14

幅爲 36%。原則上，雙角低價不相等的排列績效較理想。可是，對於這類的排列，左角低點較低或右角低點較低的排列績效更理想呢？右角低點較低的排列，平均漲幅爲 40%；左角

低點較低的排列，平均漲幅爲 37%，前者比較理想。

另外，我也觀察雙角線形的盤中高價，右角屬於內側線形的排列績效比較不理想（平均漲幅只有 33%）。所謂「內側線形」是指該線形的盤中高價低於前一支線形的盤中高價，該線形的盤中低價高於前一支線形的盤中低價；換言之，該線形完全被前一支線形「吞噬」或「吃掉」。前述的比較不考慮雙角所夾的中間線形。

右角爲外側線形的排列——右角盤中高價高於左角盤中高價，右角盤中低價低於左角盤中低價（不包含價格相等的情況）——平均漲幅爲 39%。同樣地，前述比較不考慮雙角所夾的中間線形。

接下來，我把「大成交量」定義爲成交量高於 25 天移動平均，「小成交量」定義爲成交量低於 25 天移動平均。雙角呈現大成交量，績效是否比較理想？沒錯，但差別非常有限。左角發生大成交量，排列的平均漲幅爲 38%；左角發生小成交量，排列的平均漲幅爲 37%。右角發生大成交量或小成交量，排列的平均漲幅都是 37%。雙角都發生大成交量，排列的平均漲幅爲 37%；雙角都發生小成交量，排列的平均漲幅爲 35%。當雙角都發生大成交量，失敗率稍微提高爲 13%。

左角發生大成交量，右角發生小成交量，排列的平均漲幅爲 40%，失敗率爲 7%。反之，左角發生小成交量，右角發生大成交量，排列的平均漲幅爲 38%。

　　我針對排列發生之前 3 個月的收盤價時間序列進行線性迴歸分析，藉由線性迴歸直線的斜率來判斷排列發生當時的短期價格趨勢。我希望知道排列在哪種情況下——先前 3 個月處於上升趨勢或下降趨勢——的績效比較理想。結果顯示，發生在上升趨勢的排列平均漲幅為 37%，發生在下降趨勢的排列平均漲幅為 38%。

　　向下突兀線形的長度愈長，績效是否愈理想？沒錯，平均漲幅為 43%，但失敗率稍微提高到 12%。比較過程中，首先決定排列發生之前 1 年內的向下突兀線形平均長度。針對每支向下突兀線形，計算該線形最低價與相鄰——之前與之後——線形最低價的差值，其次計算這些差值在最近 1 年內的平均數。

　　就你的手指來說（指尖朝下），衡量中指指尖與相鄰兩指較長者（較接近中指指尖者）之間的距離。表 22.3 的「特長線形」是指該線形差值至少是平均水準的兩倍（「差值」與「平均」都採用前一段的定義）。如果雙角線形都屬於「特長線形」，排列的平均漲幅為 43%。

　　綜合各項條件——左角發生大成交量，右角發生小成交量，最近 3 個月的價格趨勢朝下（線性迴歸直線的斜率為負數）——排列的平均漲幅為 34%，失敗率為 14%。我們採用各種篩選條件，主要是為了挑選績效最理想的排列；所以，採用不同的篩選條件，結果也不同。觀察表 22.3，我們發現特長線形（線形長度至少是最近 1 年內平均水準的兩倍）構成的雙角底排列，它們的平均績效最理想。

交易戰術

表 22.4 列示雙角底排列的交易戰術。這個排列沒有特定的方法衡量目標價位。由於沒有辦法決定目標價位，所以很難預先設定獲利了結的位置，也沒有辦法評估目標價位的達成率。雖說如此，但你只要能夠利用表 22.1 的準則辨識雙角底排列，就可以考慮買進。

雙角底排列的最重要特點是：線形應該繼續保持鹿角的

表 22.4　雙角底排列的交易戰術

交易戰術	解釋
衡量法則	無。
辨識	利用表 22.1 列示的準則，謹慎辨識雙角底排列。右角發生之後的隔週價格行為很重要。該週的價格應該顯著向上挺升，最低價絕對不應該接近右角最低價（換言之，右角看起來還是應該像是鹿角，不能被隔週的低價影響而顯得模糊）。
上升趨勢	某些雙角底排列發生在價格上升趨勢末端；在這種情況下，應該留意價格趨勢變動。
下降趨勢	雙角底排列通常不會剛好發生在下降趨勢的最末端，但應該相當接近了。價格可能繼續向下滑動（跌破雙角底的最低價），但幅度應該不大，然後就向上翻升。
停損	如果你禁得起損失，停損可以設定在雙角底最低價下方$1 處，避免價格重新測試低點而引發停損。

突兀形狀（參考表 22.1 的「清楚明確」）。雙角底排列發生之後，隨後的線形應該向上移動，但可以等待 1、2 個星期的時間。

　　排列發生之前的價格趨勢可能朝上或朝下。雙角底型態發生在上升趨勢的末期，通常意味著價格漲勢即將告一段落。價格或許可以繼續走高（持續上漲 10%左右），然後就停頓。當然，如果雙角底排列發生在下降趨勢的末端，通常意味著趨勢將向上反轉，漲幅或許非常可觀。

　　雙角底排列通常都發生在下降趨勢中。可是，如果當時的下降趨勢只是上升趨勢的回檔走勢，我還是把當時的趨勢視為上升趨勢。在這種情況下，如果排列發生在延伸性漲勢之後，雖然價格在型態完成之後可能繼續上漲，但上檔的空間恐怕很有限，最好另外尋找投資目標。

　　反之，如果下降趨勢已經持續很長一段期間（幾個月），雙角底排列即使不是最低點，距離真正的低點也應該不遠了。大體上來說，雙角底排列通常都發生在實際反轉點的前、後 1 個月之內。

　　如果雙角底排列發生當時的趨勢朝下，或許應該稍微等待，確定價格已經向上反轉之後才買進。反之，如果雙角底排列發生在上升趨勢中，或許應該立即買進，因為稍做等待就必須追價買進。

　　停損點可以設定在雙角最低價下側$1 處。對於低價股來說，$1 代表可觀的潛在損失；所以，或許應該放棄這類的機

會。設定偏大的停損，主要是避免正常的價格波動引發停損。某些情況下，雙角底排列出現之後，價格可能重新向下測試低點（跌破雙角底最低點），然後才正式展開漲勢。

交易範例

瑪麗看見圖 22.5 的雙角底排列，她認為價格將繼續走高。排列出現之後的隔週，線形最低價顯然遠高於右角的最低價，使得原先的雙角底排列仍然保留突兀的鹿角形狀。

回顧整個股價走勢圖，她發現長期上升趨勢起漲於 1992 年 10 月份的 $8^5/_8$，整體走勢劃分為數個波浪，上升浪的涵蓋期間大約是 4、5 個月，修正浪大約是 3 個月。

雙角底排列發生當時，剛好處在 5 個月的上升浪中——至少瑪麗認為如此。於是，在右角出現之後的隔週，她在 $35 買進股票。她希望雙角底排列代表短期修正走勢的結束，價格將因此而恢復漲勢。同時，停損設定在 $30^7/_8$，相當於雙角底最低價下方 1/8 點處。雖然瑪麗懷疑這個停損點可能不夠低，但12%已經是她所願意承擔的最大損失。

12 月初，她最擔心的情況發生了。當價格由 $33 回挫到 $29 的過程中，停損單被引發。又經過 3 個星期，股價在 $28½ 觸底反彈。由峰位到谷底之間，整波段跌勢歷經的時間超過預期的 3 個月。接著，價格展開一段凌厲的漲勢，在 $57 創峰位，由谷底衡量的漲幅剛好是 100%。

Watkins Johnson Co.（半導體資本設備，NYSE，代碼 WJ）

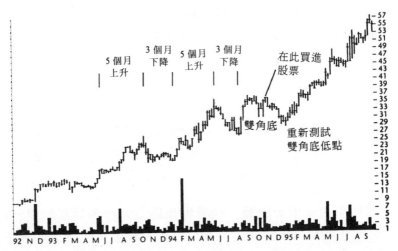

圖 22.5 週線圖上的雙角底排列。瑪麗在回挫走勢中遭到停損出場，結果股價上漲超過 100%。

　　瑪麗所遭遇的不幸情況，純粹只是運氣不佳，或因為態度過分保守，停損設定得太緊密而浪費一個絕佳機會？這是我們遲早都必須面臨的問題。你知道這個問題的答案嗎＊？

＊ 譯按：本章始終沒有說明，雙角底排列在什麼情況下才算完成。實際觀察本章的走勢圖，譯者歸納兩種可能的結論。第一，右角之後的線形低價不得跌破雙角最低價，否則視為失敗；右角之後的收盤價高於雙角最高價，排列即算完成。可是，在這種情況下，譯者沒有辦法決定右角之後的「之後」，究竟允許多久的時間，或許不應該超過 2 週。第二，右角發生之後，只要隔週線形低價遠高於雙角低價，排列就算完成。在這種情況下，就不需考慮右角「之後」的時間長短。譯者個人偏愛第一個方法；換言之，右角發生之後，隨後兩週內的某收盤價向上穿越雙角最高價，排列即告完成；排列完成之前，線形低價不得跌破雙角最低價，否則視為失敗。

雙角頂排列

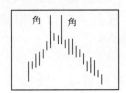

摘要資料

外觀	週線圖上，兩個突兀狀向上長線形，中間隔著另一 支小線形。
反轉或整理	短期（長達 3 個月）空頭排列。
失敗率	16%。
平均跌幅	21%，最經常發生跌幅爲 10%。
意外發現	雙角的成交量都低於 25 天移動平均水準， 失敗率降低爲 6%。
參閱排列	（13）雙重頂排列，（31）長管頂排列。

仔細觀察「摘要資料」的數據，讀者或許會興起一個疑問：雙角頂排列（horn tops）難道值得操作嗎？最經常發生跌幅只有10%，針對這種排列放空股票，恐怕不太適當吧？可是，如果交易的筆數夠多，再加上一些運氣，這類排列的平均跌幅為21%，似乎還是值得考慮。另外，由雙角頂排列完成開始起算，價格到達最終低點的平均期間少於 4½個月。所以，在 4½個月的期間內取得 21%的獲利，年度化報酬率相當於 58%，這個排列還是值得進一步研究。

這個型態有一個意外發現：雙角的成交量都低於 25 天移動平均，排列的失敗率下降為 6%，但平均漲幅仍然維持 21%。如果你打算操作雙角頂排列，或許應該記得這個特點。

緣起

許多股價型態都存在對應的頭部或底部排列，雙重底與雙重頂就是一個例子。目前這個排列也是如此。第 22 章處理雙角底排列，這一章準備討論對應的雙角頂型態。首先，讓我們說明雙角頂排列的形狀。

圖 23.1 提供一個典型的雙角頂排列範例。如果你熟悉第22 章討論的雙角底型態，對於雙角頂的特質應該不覺得陌生。在週線圖上，雙角頂是由兩個峰位構成，中間夾著一支線形，通常發生在上升趨勢的末端。雙角線形的成交量通常較大，但不會顯著大於當時的 25 天移動平均。右角出現之後，價格應該會朝下發展，甚至出現重大的跌勢。

Advanced Micro Devices, Inc.（半導體，NYSE，代碼 AMD）

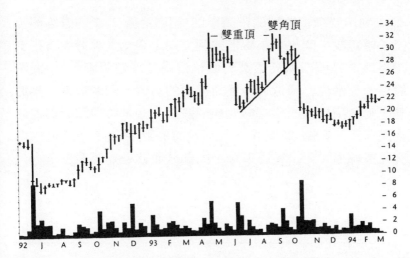

圖 23.1 雙角頂排列範例。雙角頂排列完成之後，股價幾乎腰斬。請注意，這是一份週線圖，雙重頂型態的兩個峰位分別發生在 4 月份與 8 月份。

在圖 23.1 中，雙角頂排列所處的漲勢起始於 1993 年 6 月中旬的 $20³/₈，由這個起點衡量到雙角頂最高價 $32⁵/₈，2 個月內的漲幅高達 60%。如此陡峭的漲勢很難持續，結果發生雙角頂反轉頭部。配合先前 4 月底的峰位，構成雙重頂的空頭排列。

雙角頂排列完成之後，價格直接跌到 $26，然後回升到排列底部，大體上遵循上升趨勢線的軌跡發展。接著，價格正式貫穿上升趨勢線，展開另一波跌勢。1994 年 1 月初，價格觸及 $16¾的低點，由峰位衡量的跌幅幾乎高達 50%。

辨識準則

表 23.1 列示雙角頂排列的辨識準則。請參考圖 23.2 的週線圖，我們希望尋找中間夾著小線形的兩支向上突兀長線形。這兩支突兀長線形必須凸顯於週遭的價格行為（清楚明確），中間所夾線形的高價也必須遠低於雙角線形的高價。回顧最近一年的走勢，雙角頂排列的兩支突兀線形長度，必須明顯超過其他向上突兀線形。在圖 23.2 中，足以媲美的對手只有 9 月底的向上突兀長線形（至少就圖形顯示的部分而言是如此。）

表 23.1　雙角頂排列的辨識特質

特質	討論
週線圖，向上突兀長線形	在週線圖上尋找兩支向上的突兀長線形，中間隔著另一支線形。兩支突兀線形的長度，至少應該類似最近一年內的長線形長度，而且它們的高點應該遠高於中間所夾單週線形的高點。形狀看起來就像公鹿的一對角。
兩個峰位價格大致相同	雙角高點的價位大致相同，差距通常不應該超過 3/8 點。當然，對於高股價的股票，兩者的差距也可以超過 1 點。不要預期兩個高點的價位完全相同，這類的案例只佔 20%。
清楚明確	雙角排列應該非常凸顯，高點遠高於週遭的線形。發生在延伸性上升趨勢末端，這類反轉排列的績效最理想。
線形重疊部分很多	構成雙角底排列的兩支長線形，價格重疊部分應該很多。
小成交量	雙角線形的成交量低於平均水準，排列績效反而較理想。

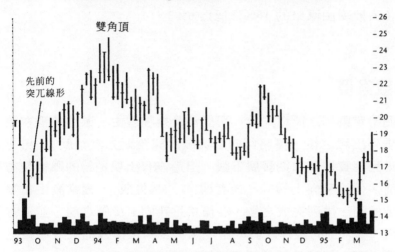

Homestake Mining（金銀礦，NYSE，代碼 HM）

雙角頂

先前的
突兀線形

圖 23.2　這個雙角頂排列呈現兩個異常高聳的峰位，線形長度顯然超過先前
的突兀線形。

　　雙角最高價之間的差距非常小，通常不超過 3/8 點。某些
情況下，前述的差距可能稍大，但通常都發生在高價股。就目
前這份研究而言，沒有任何案例的雙角高價差距超過 1¼點。
圖 23.2 例子的價差爲 3/8 點。由另一個角度說，雙角高價也
很少完全相等，大多會有一些差異。

　　雙角線形應該大部分重疊。根據這個準則，兩支長線形
的長度應該大約相等，發生的價位也應該約略相同。圖 23.2
的兩支長線形基本上相互重疊。

　　最後一點說不上是辨識準則，只是一項參考特質。如果

雙角的成交量分別小於 25 天移動平均，排列失敗的可能性大減（失敗率由原來的 16%降低爲 6%）。

失敗案例

某個特定案例之所以失敗，可能涉及幾種理由。某些於潛在頭部排列出現之後，價格卻向上突破（與預期方向相反）；另一些排列確實按照預期發展下跌，但還沒有出現足夠的跟進跌勢之前，價格又向上攀升。後者稱爲「5%失敗」，經常發生在雙角頂排列。排列完成之後，在價格重新向上反彈之前，並沒有出現 5%以上的跟進跌勢。請注意，雙角頂排列的失敗率雖然高達 16%，但還是低於可靠型態的門檻水準 20%。

不幸地，5%失敗率並不能充分反映整體的操作情況。雙角頂排列的最經常發生跌幅只有 10%，扣除交易成本之後，所剩無幾。不過，這種操作績效也是空頭反轉型態在多頭市場內的平均水準。

研究失敗的案例，能夠得到什麼啓示呢？總共有 30 個失敗案例，其中的 15 個排列隨後曾經出現重大的跌勢；所謂「隨後」的時間落後程度平均爲 2.7 個月，但個別案例的落後時間大多少於 2 個月。這是頗值得重視的現象：某個雙角頂排列出現之後，雖然沒有立即發生價格反轉，但趨勢很可能在不久之後產生變化。

從事股票操作，應該觀察整體情況。請參考圖 23.3 的雙

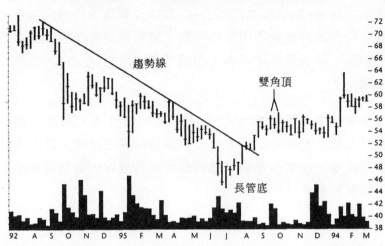

圖 23.3　延伸性跌勢之後的雙角頂排列。雙角頂排列發生在不該發生的地方，最好忽略這類的型態。趨勢轉折點出現長管底排列。

角頂排列案例。大約經過一年的盤跌走勢之後，價格穿越下降趨勢線，開始向上攀升。這就是雙角頂排列發生的背景。

　　請注意排列發生當時的背景：經過長期的下降走勢之後，股票通常都會向上反彈，然後稍做回檔重新測試底部支撐。所以，當雙重頂排列出現的時候，很可能意味著股價即將拉回，重新測試底部。雖然沒有顯示在圖 23.3，股價隨後確實走低；不過，在回檔之前，價格挺在高檔幾個月之久，而且一度上揚到 $63½。最後，股價回檔到 $49¹/₈，然後才恢復漲勢。

　　面對這個頭部反轉排列，實際採取行動之前，應該特別

留意價格貫穿下降趨勢線的意涵：就大方向考慮，股票可能反轉爲上升趨勢。如果股票即將上漲，似乎沒有放空股票的道理。雖然雙角頂排列意味著價格將下跌（就短期走勢而言，事實上也是如此，隨後幾個星期內，股價曾經下跌$1 左右），但是否值得操作？

如果存在明顯的顧忌或衝突，就不要勉強，應該另外尋找交易對象。抱持著這種心態，你偶爾確實可能錯失賺大錢的機會；可是，如果你準備掌握每個可能的機會，交易資本恐怕很快就會耗盡。

統計數據

表 23.2 列示雙角頂排列的一般統計數據。在 500 支股票的 5 年走勢內，我總共找到 188 個案例。就股價型態來說，雙角頂或許屬於相對罕見的排列，但其數量也足以做爲可行的操作對象。

連續型態與反轉型態的案例大約相當，分別爲 92 個與 96 個。反轉型態的績效比較理想：雙角頂排列發生在上升趨勢的末端，意味著價格將向下反轉。

失敗率爲 16%，還算不錯；我認爲失敗率只要不超過 20%，就屬於可靠的型態。成功排列的平均跌幅爲 21%*，但最經常

---

* 譯按：成功的排列，是指排列完成之後出現 5%以上跟進跌勢的案例。至於何謂「排列完成」，請參考第 498 頁的註腳。

表 23.2　雙角頂排列的一般統計數據

說明	統計數據
排列數量： 1991 年~1996 年的 500 支股票	188 個
反轉或整理排列	92 個整理，96 個反轉
失敗率	30/188 相當於 16%
成功排列的平均跌幅	21%
最經常發生跌幅	10%
左角／右角成交量相對於 25 天移動平均的水準	138%，125%
對於成功排列， 到達最終低點的天數	4.5 個月（134 天）

發生跌幅只有 10%。圖 23.4 提供雙角頂排列案例的跌幅次數分配圖，顯示沒有經過重大跌幅扭曲的情況。請注意，大約有五分之一的案例（22%），跌幅不超過 10%；另外五分之一的案例（18%），跌幅介於 10%與 15%之間。換言之，如果你操作某個雙角頂排列，最可能發生的跌幅應該在 15%之內──跌幅不超過 15%的案例總共佔 40%。當然，如果你的個性比較樂觀，也可以說：「在所有的案例中，總共有 60%的排列跌幅超過 15%。」持平而論，對於多頭市場的空頭排列來說，這已經是不錯的績效了。

表 23.2 也顯示雙角頂排列的成交量概況。平均而言，左角的成交量大於右角，兩者都超過 25 天移動平均量。

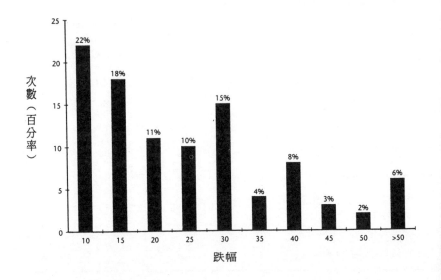

圖 23.4　雙角頂排列的跌幅次數分配　最經常發生跌幅爲 10%，跌幅爲 15% 或以下的案例佔 40%。

對於那些排列完成之後曾經發生 5%以上跟進跌勢的案例（否則視爲失敗），價格到達最終低點的平均期間爲 134 天（大約 4½個月）。

表 23.3 顯示某些篩選條件下的排列平均跌幅與失敗率，其中以整體案例的平均跌幅 21%與失敗率 16%爲基準。

雙角線形的最高價彼此不同，績效是否更理想？顯然不是如此，雙角線形最高價相同的排列績效，平均優於最高價不同的案例，前者爲 23%，後者爲 21%。

表 23.3　雙角頂排列的一些統計數據

說明	平均跌幅 (%)	失敗率 (%)
基準	21	16
雙角線形高點存在差異的排列跌幅	21	
雙角線形高點不存在差異的排列跌幅	23	
排列左角／右角／兩角 發生大成交量的績效	左 21，右 22， 兩角 21	左 18， 右 18
排列左角／右角／兩角 發生小成交量的績效	左 22，右 21， 兩角 21	
左角大成交量，右角小成交量	21	
右角大成交量，左角小成交量	22	
線性迴歸價格趨勢： 3 個月上升	22	20
線性迴歸價格趨勢： 3 個月下降	20	
特長線形（平均長度的 3 倍）	25	43

附註：特長線形的績效很理想，但失敗率幾乎是原來的 3 倍。

　　雙角的成交量型態有什麼特點？左角發生小成交量（成交量小於當時的 25 天移動平均量），績效稍優於左角發生大成交量的案例（平均跌幅分別為 22% 與 21%）。右角的情況剛好相反，右角發生小成交量的排列平均跌幅為 21%，發生大成交量的平均跌幅為 22%。雙角都發生大成交量，排列的平均跌幅為 21%（雙角都發生小成交量，平均跌幅也是 21%）。左

角發生大成交量，右角發生小成交量，排列的平均跌幅為 21%。反之，左角發生小成交量，右角發生大成交量，排列的平均跌幅為 22%。由於 21%與 22%之間的差異實在太小，我甚至懶得檢定這方面的差異是否具有統計上的顯著意義。平均跌幅為 21%或 22%，難道會造成操作上的影響嗎？應該不至於。順便提及一點，所謂「大成交量」與「小成交量」，都是比較當時成交量與 25 天期移動平均量。如果成交量大於移動平均，稱為大成交量；反之，如果成交量小於移動平均，稱為小成交量。

我針對排列發生之前 3 個月的收盤價時間序列進行線性迴歸分析，藉由線性迴歸直線的斜率來判斷排列發生當時的短期價格趨勢。我希望知道排列在哪種情況下——先前 3 個月處於上升趨勢或下降趨勢——的績效比較理想。結果顯示，發生在上升趨勢的排列平均跌幅為 22%，發生在下降趨勢的排列平均跌幅為 20%。同樣地，這方面的差異也太小，恐怕沒有操作上的意義。

雙角頂排列呈現「特長線形」，績效顯著優於基準數據，平均跌幅為 25%，但失敗率則大幅提高為 43%。我首先計算排列發生之前 1 年內的向上突兀線形平均長度*，然後挑選線形長度至少是前述平均長度 3 倍的雙角頂向上突兀線形，這類的案例總共只有 28 個。如果挑選正常長度 2 倍的雙角頂向上突兀線形，排列的平均跌幅為 22%，失敗率為 27%。

❖ **譯按**：此處所謂的「線形長度」，請參考第 494 頁的說明。針對每支向上突兀線形，計算該線形最高價與相鄰——之前與之後——線形最高價的差值，將此差值定義為向上突兀線形的長度。

觀察表 23.3 的數據,你可能會得到一項結論:雙角頂排列的形狀或成交量究竟如何,實際上不會構成重大影響。排列的平均跌幅基本上都介於 20%到 22%之間。可是,為了降低失敗率,或許應該挑選雙角成交量都偏低的型態(失敗率由 16%降低為 6%)。

交易戰術

表 23.4 摘要列示雙角頂排列的交易戰術。最經常發生跌幅只有 10%(雖然平均跌幅為 21%),這個排列究竟是否值得操作?答案絕對是肯定的,問題只在於操作戰術。如果你持有的股票在一段漲勢之後出現雙角頂排列,就應該考慮獲利了結。

最重要的一點,或許是如何正確辨識有效的雙角頂排列。一旦找到有效的型態之後,其次是觀察周遭的價格行為。既有的趨勢是否朝上?上升趨勢是否已經持續幾個月?若是如此,雙角頂排列很可能代表頭部反轉的訊號。某些情況下,雙角頂恰好構成向下反轉的峰位;另一些情況下,真正的趨勢反轉可能發生在幾個月之後(換言之,訊號與趨勢反轉之間,存在幾個月的時間落差)。

如果雙角頂排列發生在下降趨勢中,這意味著趨勢將繼續朝下發展。可是,如果雙角頂發生在延伸性的下降趨勢中,價格繼續下跌的空間或許十分有限,尤其是排列發生在向上折返走勢的末端。因為向上折返走勢可能代表趨勢已經發生變化;在這種情況下,雙角頂排列完成之後的價格跌勢,只不過

表 23.4　雙角頂排列的交易戰術

交易戰術	解釋
辨識	利用表 23.1 列示的準則，在週線圖上謹慎辨識雙角底排列。
評估徵兆	尋找長達數個月的價格上升趨勢。雙角頂排列經常發生在這類上升趨勢的末端。如果雙角頂排列發生在長期下降趨勢末端，最好不要進場操作。如果雙角頂發生在下降走勢中，當趨勢變動而價格走高時，必須特別謹慎。價格可能下跌，但跌勢通常很短暫（例如：雙重底排列出現第一個底部之後，反彈走勢末端可能發生雙角頂，然後價格下跌做出第二個底部）。
小成交量	如果雙角頂排列的兩支突兀線形成交量都低於平均水準，失敗率降低到 6%。這個特性值得考慮。
趨勢變動	雙角頂排列代表趨勢變動的訊號，訊號的領先程度通常短於 2 個月。

是重新測試底部支撐而已。一旦底部測試完成，價格可能正式向上反轉。

在延伸性下降趨勢的末期，放空股票務必謹慎，尤其是下降趨勢已經告一段落，雙角頂排列發生在向上折返走勢的末端，這種情況顯然不該放空，因為價格已經不太可能出現重大跌勢。盤勢或許會繼續下跌，但主要的空頭走勢已經過去了。

「統計數據」一節中曾經提到，如果雙角成交量都低於 25 天移動平均，排列的失敗率顯著下降，但平均跌幅仍然維持在

21%。實際進行交易之前，或許應該考慮這項特性。

　　雙角頂排列出現之後，即使隨後的價格走高，或排列完成之後沒有出現 5%以上的跟進跌勢，雖然都意味著排列已經失敗，但仍然可能是趨勢向下反轉的有效早期警訊。因此，每當你看見雙角頂排列，就必須留意當時的上升趨勢可能在幾個月之內告一段落。

交易範例

你可能認為：「這只不過是紙上談兵而已，實際上如何操作呢？」請考慮圖 23.5 的情況。周小姐發現自己所持有的股票逐漸發展為複雜頭肩頂排列。遠邊左肩的成交量大於「頭」部，遠邊右肩的成交量更進一步萎縮，完全符合預期。總之，整個結構看起來非常悲觀。當右肩峰位出現雙角頂排列的時候，她知道股價即將邁入新的下降趨勢。

　　右角出現之後的第二個星期，周小姐賣出手中持股，獲利非常有限。可是，操作還沒有結束。隔週，她在$34¼放空股票。利用傳統方法衡量頭肩頂排列的高度為 18 點，她估計下檔目標價位為$16，不是$12，前者是以放空價位$34 做為基準向下衡量，後者的基準則是突破點$30（周小姐是在複雜頭肩頂排列完成之前進場放空，當時還不知道突破點的價位）。

　　放空價位在$34，把目標價位設定在$16，似乎有些過分樂觀。雖說如此，當股價開始下跌時，她還是覺得很高興。周小姐回顧週線圖的走勢，希望找當下檔的重要支撐價位；結果，

Bassett Furniture Ind.（傢俱，NASDAQ，代碼 BSET）

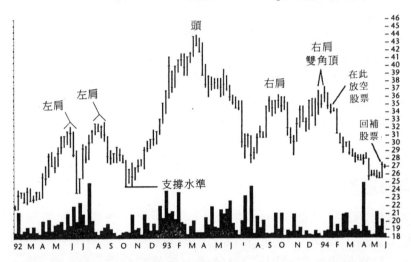

圖 23.5　雙角頂排列構成複雜頭肩頂的右肩。

第一個支撐是 1993 年 10 月份的低點$24½，其次是 1993 年 6 月份的低點$23¾，兩者都很接近整數價位$25，目前的下跌走勢可能很難穿越這個水準。

　　股價觸及$25 的支撐之後，展開橫向盤整；5 月底，走勢向上反彈，周小姐在$27 回補空頭部位。在 4 個多月的期間內，每股獲利大約是$7。一年之後，周小姐重新拿起股價走勢圖，發現股價確實進一步走低。1994 年 11 月初，股價曾經創$20¹/₈ 的低價，還是遠高於當初設定的目標價位——不論$16 或$12。由另一個角度說，當她回補股票之後，股價一度攀升到$30¾，較放空價位只有 10%的差距。

寰宇圖書分類

技　術　分　析

分類號	書名	書號	定價	分類號	書名	書號	定價
1	波浪理論與動量分析	F003	320	41	技術分析首部曲	F257	420
2	股票K線戰法	F058	600	42	股票短線OX戰術 (第3版)	F261	480
3	市場互動技術分析	F060	500	43	統計套利	F263	480
4	陰線陽線	F061	600	44	探金實戰・波浪理論 (系列1)	F266	400
5	股票成交當量分析	F070	300	45	主控技術分析使用手冊	F271	500
6	動能指標	F091	450	46	費波納奇法則	F273	400
7	技術分析&選擇權策略	F097	380	47	點睛技術分析一心法篇	F283	500
8	史瓦格期貨技術分析 (上)	F105	580	48	J線正字圖・線圖大革命	F291	450
9	史瓦格期貨技術分析 (下)	F106	400	49	強力陰陽線(完整版)	F300	650
10	市場韻律與時效分析	F119	480	50	買進訊號	F305	380
11	完全技術分析手冊	F137	460	51	賣出訊號	F306	380
12	金融市場技術分析(上)	F155	420	52	K線理論	F310	480
13	金融市場技術分析(下)	F156	420	53	機械化交易新解：技術指標進化論	F313	480
14	網路當沖交易	F160	300	54	趨勢交易	F323	420
15	股價型態總覽(上)	F162	500	55	艾略特波浪理論新創見	F332	420
16	股價型態總覽(下)	F163	500	56	量價關係操作要訣	F333	550
17	包寧傑帶狀操作法	F179	330	57	精準獲利K線戰技(第二版)	F334	550
18	陰陽線詳解	F187	280	58	短線投機養成教育	F337	550
19	技術分析選股絕活	F188	240	59	XQ洩天機	F342	450
20	主控戰態K線	F190	350	60	當沖交易大全(第二版)	F343	400
21	主控戰態開盤法	F194	380	61	擊敗控盤者	F348	420
22	狙擊手操作法	F199	380	62	圖解B-Band指標	F351	480
23	反向操作致富術	F204	260	63	多空操作秘笈	F353	460
24	掌握台股大趨勢	F206	300	64	主控戰略型態學	F361	480
25	主控戰略移動平均線	F207	350	65	買在起漲點	F362	450
26	主控戰略成交量	F213	450	66	賣在起跌點	F363	450
27	盤勢判讀的技巧	F215	450	67	酒田戰法一圖解80招台股實證	F366	380
28	巨波投資法	F216	480	68	跨市交易思維一墨菲市場互動分析新論	F367	550
29	20招成功交易策略	F218	360	69	漲不停的力量一黃綠紅海撈操作法	F368	480
30	主控戰略即時盤態	F221	420	70	股市放空獲利術一歐尼爾教賺全圖解	F369	380
31	技術分析・靈活一點	F224	280	71	賣出的藝術一賣出時機與放空技巧	F373	600
32	多空對沖交易策略	F225	450	72	新操作生涯不是夢	F375	600
33	線形玄機	F227	360	73	新操作生涯不是夢一學習指南	F376	280
34	墨菲論市場互動分析	F229	460	74	亞當理論	F377	250
35	主控戰略波浪理論	F233	360	75	趨向指標操作要訣	F379	360
36	股價趨勢技術分析一典藏版(上)	F243	600	76	甘氏理論(第二版)型態-價格-時間	F383	500
37	股價趨勢技術分析一典藏版(下)	F244	600	77	雙動能投資一高報酬低風險策略	F387	360
38	量價進化論	F254	350	78	科斯托蘭尼金蛋圖	F390	320
39	讓證據說話的技術分析(上)	F255	350	79	與趨勢共舞	F394	600
40	讓證據說話的技術分析(下)	F256	350	80	技術分析精論第五版(上)	F395	560

技　　術　　分　　析 (續)

分類號	書名	書號	定價	分類號	書名	書號	定價
81	技術分析精論第五版(下)	F396	500				

智　　慧　　投　　資

分類號	書名	書號	定價	分類號	書名	書號	定價
1	股市大亨	F013	280				
2	新股市大亨	F014	280	34	專業投機原理 I	F303	480
3	新金融怪傑(上)	F022	280	35	專業投機原理 II	F304	400
4	新金融怪傑(下)	F023	280	36	探金實戰・李佛摩手稿解密(系列3)	F308	480
5	金融煉金術	F032	600	37	證券分析第六增訂版(上冊)	F316	700
6	智慧型股票投資人	F046	500	38	證券分析第六增訂版(下冊)	F317	700
7	瘋狂、恐慌與崩盤	F056	450	39	探金實戰・李佛摩資金情緒管理(系列4)	F319	350
8	股票作手回憶錄(經典版)	F062	380	40	探金實戰・李佛摩18堂課(系列5)	F325	250
9	超級強勢股	F076	420	41	交易贏家的21週全紀錄	F330	460
10	約翰・聶夫談投資	F144	400	42	量子盤感	F339	480
11	與操盤贏家共舞	F174	300	43	探金實戰・作手談股市內幕(系列6)	F345	380
12	掌握股票群眾心理	F184	350	44	柏格頭投資指南	F346	500
13	掌握巴菲特選股絕技	F189	390	45	股票作手回憶錄─註解版(上冊)	F349	600
14	高勝算操盤(上)	F196	320	46	股票作手回憶錄─註解版(下冊)	F350	600
15	高勝算操盤(下)	F197	270	47	探金實戰・作手從錯中學習	F354	380
16	透視避險基金	F209	440	48	趨勢誡律	F355	420
17	倪德厚夫的投機術(上)	F239	300	49	投資悍客	F356	400
18	倪德厚夫的投機術(下)	F240	300	50	王力群談股市心理學	F358	420
19	圖風勢─股票交易心法	F242	300	51	新世紀金融怪傑(上冊)	F359	450
20	從躺椅上操作：交易心理學	F247	550	52	新世紀金融怪傑(下冊)	F360	450
21	華爾街傳奇：我的生存之道	F248	280	53	金融怪傑(全新修訂版)(上冊)	F371	350
22	金融投資理論史	F252	600	54	金融怪傑(全新修訂版)(下冊)	F372	350
23	華爾街一九○一	F264	300	55	股票作手回憶錄(完整版)	F374	650
24	費雪・布萊克回憶錄	F265	480	56	超越大盤的獲利公式	F380	300
25	歐尼爾投資的24堂課	F268	300	57	智慧型股票投資人(全新增訂版)	F389	800
26	探金實戰・李佛摩投機技巧(系列2)	F274	320	58	非常潛力股(經典新譯版)	F393	420
27	金融風暴求勝術	F278	400	59	股海奇兵之散戶語錄	F398	380
28	交易・創造自己的聖盃 (第二版)	F282	600	60	投資進化論：揭開投腦不理性的真相	F400	500
29	索羅斯傳奇	F290	450	61	擊敗群眾的逆向思維	F401	450
30	華爾街怪傑巴魯克傳	F292	500	62	投資檢查表：基金經理人的選股秘訣	F407	580
31	交易者的101堂心理訓練課	F294	500	63	魔球投資學 (全新增訂版)	F408	500
32	兩岸股市大探索(上)	F301	450	64	操盤快思X投資慢想	F409	420
33	兩岸股市大探索(下)	F302	350	65	文化衝突：投資，還是投機？	F410	550

共　同　基　金

分類號	書名	書號	定價	分類號	書名	書號	定價
1	柏格談共同基金	F178	420	4	理財贏家16問	F318	280
2	基金趨勢戰略	F272	300	5	共同基金必勝法則-十年典藏版(上)	F326	420
3	定期定值投資策略	F279	350	6	共同基金必勝法則-十年典藏版(下)	F327	380

投　資　策　略

分類號	書名	書號	定價	分類號	書名	書號	定價
1	經濟指標圖解	F025	300	26	混沌操作法新解	F270	400
2	史瓦格期貨基本分析 (上)	F103	480	27	在家投資致富術	F289	420
3	史瓦格期貨基本分析 (下)	F104	480	28	看經濟大環境決定投資	F293	380
4	操作心經：全球頂尖交易員提供的操作建議	F139	360	29	高勝算交易策略	F296	450
5	攻守四大戰技	F140	360	30	散戶升級的必修課	F297	400
6	股票期貨操盤技巧指南	F167	250	31	他們如何超越歐尼爾	F329	500
7	金融特殊投資策略	F177	500	32	交易，趨勢雲	F335	380
8	回歸基本面	F180	450	33	沒人教你的基本面投資術	F338	420
9	華爾街財神	F181	370	34	隨波逐流～台灣50平衡比例投資法	F341	380
10	股票成交量操作戰術	F182	420	35	李佛摩操盤術詳解	F344	400
11	股票長短線致富術	F183	350	36	用賭場思維交易就對了	F347	460
12	交易，簡單最好！	F192	320	37	企業評價與選股秘訣	F352	520
13	股價走勢圖精論	F198	250	38	超級績效—金融怪傑交易之道	F370	450
14	價值投資五大關鍵	F200	360	39	你也可以成為股市天才	F378	350
15	計量技術操盤策略(上)	F201	300	40	順勢操作-多元管理的期貨交易策略	F382	550
16	計量技術操盤策略(下)	F202	270	41	陷阱分析法	F384	480
17	震盪盤操作策略	F205	490	42	全面交易一掌握當沖與波段獲利	F386	650
18	透視避險基金	F209	440	43	資產配置投資策略(全新增訂版)	F391	500
19	看準市場脈動投機術	F211	420	44	波克夏教你的價值投資術	F392	480
20	巨波投資法	F216	480	45	股市獲利倍增術(第五版)	F397	450
21	股海奇兵	F219	350	46	護城河投資優勢：巴菲特獲利的唯一法則	F399	320
22	混沌操作法II	F220	450	47	賺贏大盤的動能投資法	F402	450
23	傑西‧李佛摩股市操盤術 (完整版)	F235	380	48	下重注的本事	F403	350
24	智慧型資產配置	F250	350	49	趨勢交易正典(全新增訂版)	F405	600
25	SRI社會責任投資	F251	450				

債　　券　　貨　　幣

分類號	書名	書號	定價	分類號	書名	書號	定價
1	賺遍全球：貨幣投資全攻略	F260	300	3	外匯套利I	F311	450
2	外匯交易精論	F281	300	4	外匯套利II	F388	580

財　　務　　教　　育

分類號	書名	書號	定價	分類號	書名	書號	定價
1	點時成金	F237	260	5	貴族‧騙子‧華爾街	F287	250
2	蘇黎士投機定律	F280	250	6	就是要好運	F288	350
3	投資心理學(漫畫版)	F284	200	7	財報編製與財報分析	F331	320
4	歐丹尼成長型股票投資課(漫畫版)	F285	200	8	交易駭客任務	F365	600

財　　務　　工　　程

分類號	書名	書號	定價	分類號	書名	書號	定價
1	固定收益商品	F226	850	3	可轉換套利交易策略	F238	520
2	信用衍生性 & 結構性商品	F234	520	4	我如何成為華爾街計量金融家	F259	500

國家圖書館出版品預行編目資料

股價型態總覽／Thomas N. Bulkowski 著；黃嘉斌
譯. 臺北市：寰宇，2000〔民 89〕
　　冊；　公分 . --（寰宇技術分析；162-163）
譯自：Encyclopedia of chart patterns
ISBN 957-0477-17-2（上冊：平裝）
ISBN 957-0477-18-0（下冊：平裝）

　　1. 證券　2. 投資

563.53　　　　　　　　　　　　　　　　89020207

寰宇技術分析 162

股價型態總覽（上）

作　　者：Thomas N. Bulkowski
譯　　者：黃嘉斌
出 版 者：寰宇出版股份有限公司
　　　　　106 台北市仁愛路四段 109 號 13 樓
　　　　　(02)2721-8138
劃撥帳號：第 1146743-9 號
 E-mail ：service@ipci.com.tw
網　　址：www.ipci.com.tw
登 記 證：局版台業字第 3917 號
定　　價：500 元
西元二〇〇〇年十二月初版
西元二〇一七年六月初版九刷
ISBN 957-0477-17-2

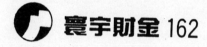

寰宇財金 162

股價型態總覽

Encyclopedia
of
Chart Patterns

（上冊）

Thomas N. Bulkowski　著

黃　嘉　斌　譯

JOHN WILEY & SONS, INC.

New York • Chichester • Weinheim • Brisbane • Singapore • Toronto

Encyclopedia of Chart Patterns

Published by John Wiley & Sons, Inc.

AUTHORIZED TRANSLATION OF THE EDITION
PUBLISHED BY JOHN WILEY & SONS, New York, Chichester,
Brisbane, Singapore AND Toronto. No part of this book may be
reproduced in any form without the written permission of John
Wiley & Sons Inc.